Pommerin | Die NS-Rassenpolitik und die Bundesrepublik

AF634678

Reiner Pommerin

# Die NS-Rassenpolitik und die Bundesrepublik

Reclam

RECLAMS UNIVERSAL-BIBLIOTHEK Nr. 14472
2024 Philipp Reclam jun. Verlag GmbH,
Siemensstraße 32, 71254 Ditzingen
Umschlagabbildung: © Shutterstock.com / Musicheart7
Druck und Bindung: Esser printSolutions GmbH,
Untere Sonnenstraße 5, 84030 Ergolding
Printed in Germany 2024
RECLAM, UNIVERSAL-BIBLIOTHEK und
RECLAMS UNIVERSAL-BIBLIOTHEK sind eingetragene Marken
der Philipp Reclam jun. GmbH & Co. KG, Stuttgart
ISBN 978-3-15-014472-5

Auch als E-Book erhältlich

www.reclam.de

# Inhalt

Anhang

# Vorwort

> »Selten, oder vielleicht tatsächlich nie in der Geschichte hat ein Herrscher, ehe er an die Macht kam, so genau wie Adolf Hitler schriftlich entworfen, was er danach tat.«[1]

Seit 1920 beschrieb Hitler in Reden, in *Mein Kampf* (1925/26) und seinem *Zweiten Buch* (1928) seine Rassenideologie. Weil aus seiner Sicht allein »Blut und Rasse« über die Fähigkeiten und Leistungen eines Volkes und dessen Platz in der Weltgeschichte entschieden, setzte er sich zum Ziel, den »Rassenwert« des deutschen Volkes zu sichern und zu steigern. Am 30. Januar 1933 erreichte Hitler die Machtposition, um eine entsprechende Politik betreiben zu können. Zur Sicherung des »Rassenwertes« folgten Zwangssterilisationen und Abtreibungen, die Ermordung psychisch und physisch Kranker, die Verfolgung und Ermordung von Juden, »Zigeunern« (Sinti und Roma) und Homosexuellen. Zur Steigerung des »Rassenwertes« diente die Förderung ehelicher wie unehelicher Geburten. Auch die von deutschen Soldaten in besetzten Ländern gezeugten »germanischen Kinder« waren hochwillkommen. Zusätzlich wurden »rassisch wertvolle« Kinder aus osteuropäischen Gebieten verschleppt und anschließend im Reichsgebiet »germanisiert«.

Das Ausmaß an Brutalität, Skrupellosigkeit und Menschenverachtung, mit dem Hitlers rassenpolitisches Programm Verwirklichung fand, lässt sich kaum erfassen. Ohne Kenntnis der von Hitler formulierten Ziele ist die NS-Rassenpolitik mit ihren verschiedenen Teilbereichen nicht zu verstehen. Gleichwohl erfuhr sie im Verlauf der NS-Herrschaft weitere rassistische, ökonomische und kriegsbedingte Ergänzungen. Daran waren Institutionen von Staat und Partei sowie Eliten aus Wissenschaft, Verwaltung und Wirtschaft maßgeblich beteiligt.

Bereits die erste Bundesregierung unter Kanzler Konrad Adenauer (CDU) fühlte sich moralisch verpflichtet, die jüdischen Opfer der NS-Rassenpolitik zu entschädigen. Allerdings sträubte sie sich, wie nachfolgende Regierungen und Parlamentsvertreter, weitere Opfergruppen in das Gesamtspektrum rassisch Verfolgter einzubeziehen. Für Zwangssterilisierte, Hinterbliebene der im Rahmen der »Euthanasie« Ermordeten, »Zigeuner«, Homosexuelle und zur »Germanisierung« verschleppte Kinder schloss die Gesetzgebung der Bundesrepublik Entschädigungsleistungen zunächst aus. Eine Kurskorrektur erfolgte zumeist erst, wenn historische Forschungsergebnisse zu den verschiedenen Bereichen der NS-Rassenpolitik vorlagen. Unterstützend wirkten dabei die Öffentlichkeitsarbeit von Opferverbänden und die Initiativen politischer Parteien im Deutschen Bundestag.

Die folgende Überblicksdarstellung wird durch mehrere Voraussetzungen erleichtert: Erstens liegen inzwischen für alle Bereiche der NS-Rassenpolitik qualifizierte Forschungsarbeiten vor. Die zahlreichen über den Holocaust verfassten Werke ermöglichen es, sich auf das Schicksal der deutschen Juden zu konzentrieren. Das Schicksal der vom Holocaust betroffenen Juden in den von der Wehrmacht besetzten Gebieten in Ost- und Südosteuropa sowie in der Sowjetunion wird in der umfassenden Edition *Die Verfolgung und Ermordung der europäischen Juden durch das nationalsozialistische Deutschland* dargestellt. Sie erfasst in 16 Bänden sowohl Opfer- und Täterdokumente als auch

Quellen zum Verhalten der Mehrheitsbevölkerung. Der einfache Zugriff auf diese Edition und die einschlägige Forschungsliteratur in den Bibliotheken erlaubt es, auf einen ansonsten überbordenden Anmerkungsapparat zu verzichten. Die verwendete Forschungsliteratur findet sich in den Literaturhinweisen.

Zweitens haben sich Haltung und Politik der Bundesregierung und des Deutschen Bundestages verändert: Seit Mitte der 1980er Jahre wurden auch nichtjüdische Opfer nationalsozialistischer Rassenpolitik anerkannt beziehungsweise rehabilitiert. Damit war in vielen Fällen auch eine finanzielle Entschädigung verbunden.

Drittens hat inzwischen die Wissenschaft die genetische Vielfalt der Menschen intensiv untersucht und alle Rassenkonzepte eindeutig als typologische Konstrukte entlarvt.

Die folgende Darstellung der NS-Rassenpolitik und der Umgang damit in der Bundesrepublik ist nicht zuletzt auch persönlich motiviert: Antisemitische Hetze und Gewalt gegen Juden sind schon wieder ebenso alltäglich wie Beschimpfungen und gewalttätige Übergriffe gegenüber Menschen anderer Herkunft, Hautfarbe oder Religion. Offensichtlich können Gedenkstätten, Gedenkfeiern und Gedenkreden die mittlerweile erschreckenden Lücken bei den Geschichtskenntnissen nicht wettmachen.

Zu besonderem Dank für Hinweise und Korrekturen bin ich meinen langjährigen Freunden und Kollegen Prof. Dr. Frank-Lothar Kroll und Prof. Dr. Manfred Nebelin verpflichtet. Ich widme das Buch meiner Frau Ulrike und meinem Sohn Frederic.

Reiner Pommerin

# 1. Einleitung

> »Der nationalsozialistische Rassismus [erschöpfte] sich nicht, wie manche glauben oder glauben machen wollen, in einem zur äußersten Konsequenz getriebenen Antisemitismus. Es war nützlich zu zeigen, dass die Judenvernichtungsaktionen der Hitlerjahre aus der nationalsozialistischen Philosophie und Politik hervorgingen, und sie in den Gesamtzusammenhang der im Namen des Nazirassismus begangenen Verbrechen gegen die Menschlichkeit einzuordnen.«[1]

Dieses Resümee zog 1950 der französische Hauptankläger am Internationalen Militärgerichtshof, François de Menthon, in der Rückschau auf den Nürnberger Prozess. Der »zur äußersten Konsequenz getriebene Antisemitismus« mit den »Judenvernichtungsaktionen der Hitlerjahre« bestimmte längere Zeit die Wahrnehmung der Öffentlichkeit. Allerdings standen noch weitere »im Namen des Nazirassismus begangenen Verbrechen gegen die Menschlichkeit« im »Kontext einer breiter angelegten Rassenpolitik« (Peter Longerich).

Die deutsche Bevölkerung zeigte nach dem Ende des Zweiten Weltkriegs nur wenig Bereitschaft, moralische und politische Verantwortung für Verbrechen der NS-Zeit zu übernehmen. Vielmehr überwog die Einstellung, die Schuld an diesen Verbrechen liege allein beim NS-Staat, den Parteigliederungen und der SS. Die übrige Gesellschaft habe dagegen lediglich eine passive Rolle gespielt. Viele Deutsche betrachteten das »Dritte Reich« als »eine Art geschichtlichen Fremdkörper« (Hans Mommsen) und als eine Last, von der es sich so schnell wie möglich zu befreien galt.

Es ging weniger um ein »Nichtwahrhabenwollen« als um ein »Nichtgenauwissenwollen« und ein »Nichtertragenkönnen« (Norbert Frei).

Dies galt in besonderer Weise für die im Rahmen der nationalsozialistischen Rassenpolitik verübten Verbrechen. Nichts Genaues wissen wollte man von der Vernichtung des europäischen Judentums und den KZ. Nichts Genaues wissen wollte man von Zwangssterilisationen und erzwungenen Schwangerschaftsabbrüchen, von der Ermordung angeblich psychisch kranker und behinderter Menschen. Nichts Genaues wissen wollte man von der Ermordung von »Zigeunern«, der Verfolgung Homosexueller und der Verschleppung »blonder und blauäugiger« Kinder aus von der Wehrmacht besetzten Ländern. Weitgehend auf Unverständnis und Ablehnung stießen daher bereits die von den Westalliierten in ihren Besatzungszonen und in den Westsektoren Berlins erlassenen ersten Entschädigungs- und Rückerstattungsregelungen für Verfolgte des NS-Regimes. Als die wahren Opfer der NS-Zeit sahen viele Deutsche in erster Linie wohl sich selbst. Ihrer Ansicht nach waren sie es, die einer Entschädigung bedurften, hatten sie doch Bombenkrieg, Flucht, Vertreibung und Kriegsgefangenschaft erlitten.

Als aus rassischen Gründen verfolgt galten eindeutig die von einem industrialisierten Völkermord betroffenen Juden. Dass weitere Personen zu den Opfern der NS-Rassenpolitik zählten, gehörte in der unmittelbaren Nachkriegszeit noch nicht zum Erkenntnisstand der politisch Verantwortlichen. Die Anerkennung und Entschädigung der nichtjüdischen Opfer der NS-Rassenpolitik erschwerte bis Ende der 1960er Jahre in der Bundesrepublik zum einen die überwiegend noch aus der NS-Zeit übernommene Verwaltungsbürokratie. Der Bundestag hatte ehemalige Beamte wiedereinstellen müssen, weil ansonsten das Defizit an erfahrenem Personal für die neu entstehenden Bundes- und Länderministerien nicht hätte bewältigt werden können. So hatten etwa 50 Prozent der Beamten des neuen Bundesministeriums der Justiz in der Rosenburg in Bonn-Kessenich zuvor der Nationalsozialistischen Deutschen Arbeiterpartei (NSDAP) angehört. In manchen Abteilungen des Ministeriums betrug ihr Anteil sogar 70 Prozent.

Zum anderen wurde die Anerkennung und Entschädigung der nichtjüdischen Opfer der NS-Rassenpolitik dadurch belastet, dass sich eine wirksame Entnazifizierung der Justiz als undurchführbar herausgestellt hatte. So mussten bereits in den drei westlichen Besatzungszonen Staatsanwälte und Richter eingestellt werden, die Mitglieder der NSDAP gewesen waren. Von den Mitte der 1950er Jahre am Bundesgerichtshof angestellten Richtern hatten fast 80 Prozent bereits in der NS-Zeit als Richter gearbeitet. In der Bundesanwaltschaft lag der Anteil der früheren NSDAP-Mitglieder unter den leitenden Bundes- und Oberstaatsanwälten bis Mitte der 1960er Jahre bei ungefähr 75 Prozent. Von den elf verantwortlichen Bundesanwälten des Jahres 1966 hatten zehn die Parteimitgliedschaft besessen. Von der Mehrheit dieser Staatsanwälte und Richter durfte kaum großes Engagement erwartet werden, wenn es um die Aufklärung und Verfolgung von NS-Verbrechen ging.

Die von mir 1979 vorgelegte Arbeit über die 1937 erfolgte illegale Zwangssterilisation von »Mischlingskindern«, deren Väter aus den Reihen der überseeischen Kolonialtruppen der alliierten Besatzer stammten, erhielt zwar ein großes Presseecho. Die Hoffnung, die Arbeit über die »Rheinlandbastarde« würde dazu beitragen, den Blick auf andere Opfer der NS-Rassenpolitik zu erweitern, blieb jedoch unerfüllt.

Die Anfang der 1980er Jahre erschienenen verdienstvollen Arbeiten von Ernst Klee und Götz Aly legten das Ausmaß der unter dem Deckmantel angeblicher medizinischer Forschung erfolgten Verbrechen bloß. Beide Autoren schilderten die an »behinderten« Jugendlichen und Erwachsenen erfolgten »Euthanasiemorde«. Sie entrissen nicht nur das Schicksal dieser Opfer dem Vergessen, sondern nannten zudem die Namen der überwiegend ungeschoren davongekommenen Täter. Eine Einordnung dieser Verbrechen in den Gesamtzusammenhang der NS-Rassenpolitik blieb allerdings wohl deshalb zunächst noch aus, weil damals zweckorientierte statt rassenpolitische Gründe als deren Ursache angesehen wurden. Dazu verwiesen beide Autoren auf Dokumente aus der NS-Zeit, die Sterilisationen und »Euthanasiemaßnahmen« mit dem Hinweis gerechtfertigt hatten, dass ansonsten die Pflege und Verwahrung von psychisch und physisch Erkrankten hohe finanzielle Belastungen für die »Volksgenossen« im NS-Staat bedeutet hätten. Rassenpolitische Gründe seien allenfalls, so etwa Aly, von solchen Tätern herangezogen worden, die ihr Gewissen entlasten wollten, weil ihnen zweckorientierte Gründe allein für ihr Handeln nicht ausgereicht hätten.

Eine Fülle von lokal- und regionalgeschichtlichen Studien bereicherte in den darauffolgenden Jahren die historische Forschung zur Geschichte der NS-Rassenpolitik. Arbeiten zu Zwangssterilisationen, zur Ermordung von Menschen mit geistiger und körperlicher Behinderung, zur

Verfolgung und Ermordung von »Zigeunern« und zum Schicksal Homosexueller stießen auch Diskussionen über eine Entschädigung und Rehabilitierung bisher unberücksichtigt gebliebener Opfer der NS-Rassenpolitik an. Allerdings forderten die Betroffenen keineswegs nur finanzielle Entschädigungen. Ihnen ging es vor allem um die Anerkennung ihres Status als aus rassischen Gründen Verfolgte. Um diese Anerkennung endlich zu erreichen, schlossen sie sich im »Zentralrat Deutscher Sinti und Roma« oder im »Bund der ›Euthanasie‹-Geschädigten und Zwangssterilisierten e. V.« zusammen. Dort bündelten sie ihre Aktivitäten, betrieben Aufklärung und vor allem gezielte Öffentlichkeits- und Medienarbeit. Dies führte schließlich zu einer wachsenden Aufmerksamkeit in Gesellschaft und politischen Parteien und schließlich zu – allerdings sehr unterschiedlich ausfallenden – Erfolgen im Bundestag und bei der Bundesregierung.

Der wissenschaftlich »ganz unergiebige« Historikerstreit (Ulrich Herbert) der Jahre 1986/87 lieferte keine Anregungen für eine Korrektur der bisherigen Anerkennungs- und Entschädigungspraxis der Bundesrepublik gegenüber den Opfern der NS-Rassenpolitik. Vielmehr kennzeichnete diesen Streit ein Exzess an Emotionen, ideologischer Voreingenommenheit und persönlicher Gehässigkeit. Offensichtlich ging es weniger um eine Auseinandersetzung mit den provozierenden Thesen von Ernst Nolte, sondern »um Deutungshoheit, um Forschungsmittel und die Besetzung von Stellen«, kurz: um »Personalpolitik und Gesinnungskontrolle« (Hans-Ulrich Wehler).

Wer neben Juden andere Betroffene als Opfer der NS-Rassenpolitik bezeichnete, schien immer noch die Einzigartigkeit und Unvergleichbarkeit des Holocaust in Frage zu stellen. Dies zeigte schließlich die Auseinandersetzung um das 2005 eröffnete Holocaust-Denkmal in Berlin. Allein schon der Vorschlag, den ›Kanon‹ der NS-Rassenpolitik um die Gruppe der Sinti und Roma zu erweitern, zog den Vorwurf nach sich, dies führe zu einer Relativierung des Holocaust. Dabei bestand und besteht nach wie vor keine Gefahr, dass der Holocaust aus dem historischen Gedächtnis der Bundesrepublik verdrängt werden könnte. Schließlich bildet das Gedenken daran für das Selbstverständnis der Berliner Republik den entscheidenden erinnerungspolitischen Bezugspunkt.

1986 veröffentlichte die Historikerin Gisela Bock eine bahnbrechende Arbeit zur Zwangssterilisation. Überzeugend charakterisierte sie diese Eingriffe als eine spezifische Form der NS-Rassenpolitik. Dennoch sah auch die damalige Bundesregierung keine Notwendigkeit, ihre Auffassung zur Anerkennung und Entschädigung von Zwangssterilisierten zu ändern. Ein Umdenken hinsichtlich einer Entschädigung für Homosexuelle als Opfer der NS-Rassenpolitik blieb ebenfalls ausgeschlossen. Vorurteile und der noch bis 1994 gültige § 175 versperrten selbst den Blick auf das Leid der in Konzentrationslager verbrachten Männer mit dem »Rosa Winkel«.

Zwar wird von einigen Historikern aufgrund der Rivalitäten in der NS-Führung und des Kompetenzwirrwarrs im NS-Staat der Stellenwert Hitlers als gering angesehen, doch dessen Überlegungen und Aktivitäten behalten für das Verständnis der Rassenpolitik des »Dritten Reichs« entscheidende Bedeutung. Die Perspektive allein auf Hitlers programmatische Ideen über Judenvernichtung und Rassenherrschaft zu verengen, wäre aber falsch. Trugen doch viele staatliche Institutionen, außerstaatliche Gruppierungen und Eliten aus Wissenschaft, Verwaltung und Wirtschaft für die rassenpolitischen Verbrechen der NS-Zeit Mitverantwortung. Die »Vielzahl von Tätern, Tatorten, Tathergängen und Opfern« (Ulrich Herbert) geriet allerdings erst 40 Jahre nach Kriegsende stärker in den Blick. Deren Erforschung ist noch keineswegs abgeschlossen.

Im Folgenden werden zunächst kurz einige Thesen aus Schriften einer angeblich »wissenschaftlichen« Rassenforschung vorgestellt, aus denen sich Hitler Bausteine für seine Rassenideologie zusammenklaubte. Danach werden Inhalt und Ausmaß des Rassenwahns bei Hitler vorgestellt, um den überdimensionalen Stellenwert, welcher der »Rasse« und dem Erhalt des »Rassenwertes« aus seiner Sicht zukamen, zu verdeutlichen. In den weiteren Kapiteln erfolgt – nach plakativer Heranziehung programmatischer Aussagen Hitlers – eine knappe Darstellung der einzelnen Bereiche der rassenpolitischen Praxis. Am Ende jedes dieser Kapitel wird dann der Weg zur erfolgten oder auch nicht erfolgten Anerkennung, Rehabilitierung und Entschädigung der jeweiligen von der nationalsozialistischen Rassenpolitik betroffenen Opfergruppe in der Bundesrepublik nachgezeichnet.

Da eine Vielzahl von Ausgaben von *Mein Kampf* existiert, wird bei Zitaten die entsprechende Seitenzahl in der kritischen Edition des Instituts für Zeitgeschichte in München angegeben. Die Zitate aus dem *Zweiten Buch* Hitlers werden der Ausgabe der von Gerhard L. Weinberg herausgegebenen Edition entnommen. Bei einigen wenigen Kurzzitaten oder der Übernahme wichtiger Ergebnisse der Forschung füge ich in Klammern den Namen des jeweiligen Autors hinzu. Alle herangezogenen Parlamentsmaterialien und Beratungsvorgänge lassen sich leicht mit Hilfe des Internets im *Dokumentations- und Informationssystem für Parlamentsmaterialien* des Deutschen Bundestages ermitteln.

Die Wortwahl der in diesem Buch verwendeten Begriffe orientiert sich notwendigerweise an der Sprache der Quellen. Das heißt konkret, dass sich der Verfasser in vielen Fällen dazu genötigt sah, auf die *Lingua Tertii Imperii* zurückzugreifen, wie sie durch den Dresdner Romanisten Victor Klemperer in unübertroffener Weise analysiert und entlarvt worden ist. Dass ich solche Begriffe auch dort stets in kritischer Distanz verwende, wo dies ohne ausdrückliche Kennzeichnung geschieht, muss nicht eigens betont werden.

# 2. Bausteine für eine Rassenideologie

## 2.1 »Minderwertige«

Der britische Naturforscher Charles Darwin legte 1859 mit seinem Buch *Die Entstehung der Arten durch natürliche Zuchtwahl oder über die Erhaltung der bevorzugten Rassen im Kampfe ums Dasein* die Grundlagen der Evolutionsbiologie. Im »Kampf ums Dasein« konnten laut seinen Forschungsergebnissen nur diejenigen Arten erfolgreich überleben, welche den harten Prozess der natürlichen Auslese durch eine bestmögliche Anpassung an die Umwelt bestanden hatten. Darwins Werk erschien 1860 in deutscher Sprache. Seine in der Natur erkannten Gesetzmäßigkeiten erfuhren allerdings schon bald eine von ihm ganz unbeabsichtigte Übertragung auf die menschliche Gesellschaft.

Ein zunächst Mitte des 19. Jahrhunderts in französischer Sprache erschienenes Werk des französischen Diplomaten und Schriftstellers Arthur de Gobineau erschien zu Beginn des 20. Jahrhunderts in deutscher Sprache mit dem Titel: *Versuch über die Ungleichheit der Menschenrassen.* Die Übersetzung hatte Richard Wagner angeregt. Gobineau ging von drei an ihrer jeweiligen Hautfarbe erkennbaren Grundrassen aus. Dominant unter diesen sei eindeutig die weiße Rasse. Sie gehe als Herrenrasse und Kulturbringer auf die Arier zurück, eine – nach Auffassung Gobineaus – geistig, politisch und kulturell überlegene Menschengruppe. Allerdings habe die arische Rasse sich bei der Unterwerfung fremder Völker zu stark mit diesen vermischt und deshalb ihre ursprüngliche »Rassenreinheit« samt ihrer Überlegenheit eingebüßt.

Gobineau und der britische Naturforscher Francis Galton interpretierten Darwins »Kampf ums Dasein« als eine ständige Auseinandersetzung zwischen angeblich minder- und höherwertigen Menschenrassen. Beide Autoren befassten sich mit den vermeintlich negativen Auswirkungen von Rassenmischung und hielten eine Vergrößerung des Anteils positiver Erbanlagen bei Menschen durch Zucht für möglich. Galton beklagte, dass die natürliche Selektion wegen eines »Pseudo-Humanismus« in den Industriestaaten nicht mehr stattfinde. Die höhere Zahl von physisch und psychisch belasteten Kindern aus den von ihm als »minderwertig« angesehenen Bevölkerungsgruppen werde somit zwangsläufig eine Degeneration der menschlichen Rasse nach sich ziehen. Im Rahmen einer von ihm so bezeichneten »positiven Eugenik« müsse daher die Geburtenrate in den nachweislich »begabten« Familien erhöht werden. Maßnahmen einer »negativen Eugenik« sollten hingegen die Geburt »untauglicher« Kinder möglichst verhindern. Überlegungen zu »Verbesserungen« der menschlichen Rasse stellten auch deutsche Anthropologen, Ärzte und Soziologen an.

Der Mediziner Wilhelm Schallmayer veröffentlichte 1891 die Schrift *Über die drohende körperliche Entartung der Culturmenschheit und die Verstaatlichung des ärztlichen Standes*. Die kulturelle Entwicklung – so sein Fazit – behindere die natürlichen Prozesse der Selektion. Aus diesem Grund müssten zum einen vor einer geplanten Ehe die erblichen Anlagen überprüft werden. Auf diese Weise ließe sich eine erbbiologisch unerwünschte Eheschließung – wie in einigen Staaten der USA und in Skandinavien bereits üblich – rechtzeitig verhindern. Zum anderen hielt Schallmayer die Isolierung von Epileptikern, »Schwachsinnigen«, »gemeingefährlichen Irren« und Verbrechern in geschlossenen Anstalten für angebracht, um deren Fortpflanzung zu unterbinden.

Der Mediziner Alfred Ploetz machte 1895 in Deutschland die Bezeichnung »Rassenhygiene« als Synonym für »Eugenik« publik. Er hoffte, Ehepaare mit Verweis auf eine gefährdete Erbgesundheit ihrer Nachkommen zu einem freiwilligen Verzicht auf Alkohol und Nikotin bewegen zu können. Die meisten deutschen Rassenhygieniker hielten zu diesem Zeitpunkt bei vorliegender Erbkrankheit eine Eheberatung heiratswilliger Partner noch für ausreichend. Eine kleinere Gruppe unter ihnen hielt hingegen eine Kastration oder Sterilisation und bei einer erbbiologisch unerwünschten Schwangerschaft die Einleitung eines künstlichen Aborts für erforderlich. Eine erste Unfruchtbarmachung zur Vermeidung erblich belasteter Nachkommen führte 1897 der durch den »Kaiserschnitt« bekannt gewordene Heidelberger Gynäkologe Ferdinand Adolf Kehrer durch. Der Psychiater und Kriminologe Paul Adolf Näcke, ärztlicher Vorstand der »Anstalt für geisteskranke Männer« im Schloss Hubertusburg bei Leipzig, sah die Unfruchtbarmachung »gewisser Klassen von Degenerierten« als eine Pflicht des Staates an. Allerdings bedürfe es dazu aus Gründen der Rechtssicherheit noch eines entsprechenden Sterilisationsgesetzes.

Auf das gestiegene Interesse an Themen der Rassenhygiene reagierte Ploetz 1904 mit der Herausgabe der Zeitschrift *Archiv für Rassen- und Gesellschafts-Biologie einschließlich Rassen- und Gesellschafts-Hygiene*. Die dort erscheinenden Beiträge umfassten die gesamte Bandbreite des damaligen rassenhygienischen Spektrums. 1905 gründete er in Berlin die »Gesellschaft für Rassen-Hygiene«, die eine »Förderung der Theorie und Praxis der Rassenhygiene unter den weißen Völkern« propagierte. Der Gesellschaft traten neben Ploetz der Biologe Erwin Baur, der Psychiater Ernst Rüdin und auch Schallmayer bei. Weitere Gruppen der Gesellschaft bildeten sich bald in Freiburg, München und Stuttgart.

Der Psychiater Emil Kraepelin veröffentlichte 1909 ein Lehrbuch für Psychiater. Geisteskrankheiten – so seine These – seien eindeutig auf Vererbung zurückzuführen. Eine Unterbringung der Betroffenen in Anstalten könne daher die Erblichkeit dieser Krankheit, wenn auch mit hohen Kosten, wenigstens eindämmen. Sein Schüler Rüdin hielt ebenfalls Geisteskrankheiten für vererbbar. Eine Mehrheit der deutschen Rassenhygieniker sah allerdings immer noch das Einverständnis der Betroffenen oder eines Vormunds als notwendige Voraussetzung für eine Sterilisation aus eugenischen Gründen an. Doch die Zahl der Befürworter einer Zwangssterilisation nahm zu, was wohl auch der generellen politischen und sozialen Radikalisierung in Deutschland nach dem Ende des Ersten Weltkriegs zuzuschreiben war.

Der Dresdner Sozialhygieniker Rainer Fetscher führte 1919 nach eigener Aussage ohne Rücksicht auf die gesetzliche Situation in seiner Praxis elf Sterilisationen aus eugenischer Indikation durch. Auch er ging davon aus, dass Alkoholismus und Kriminalität erblich bedingt seien. Deshalb begann er, für eine »Kriminalbiologische Kartei des Freistaates Sachsen« »kriminelle Familien« zu erfassen. 1921 legten die Rassenhygieniker Eugen Fischer, Erwin Baur und Fritz Lenz einen *Grundriss der menschlichen Erblichkeitslehre und Rassenhygiene (Eugenik)* vor. Um Rassenhygiene kam die Wissenschaft jetzt auch institutionell nicht länger herum. Deshalb richtete die Universität München 1923 den ersten Lehrstuhl für Rassenhygiene in Deutschland ein, den Lenz erhielt. Auch er hatte vor, Erbkrankheiten durch Sterilisation zu verhindern.

Der Leiter der chirurgischen Abteilung des Krankenhauses in Zwickau, Heinrich Braun, führte 1924 bei einem Mädchen und drei Jungen Sterilisationen aus eugenischer Indikation durch. Diese Eingriffe machte er mit Absicht der Öffentlichkeit bekannt. Selbst wenn eine Unfruchtbarmachung oder eine Unterbrechung der Schwangerschaft in Deutschland aus eugenischen Gründen gesetzlich bisher nicht geregelt sei – so argumentierte er –, dürfe ein »Schwachsinniger« operiert werden. Erforderlich sei lediglich, dass ein Arzt die Operation für notwendig erachte und die Einwilligung der Eltern oder der gesetzlichen Vertreter vorliege. Zu den Eingriffen hatte Braun der Zwickauer Medizinalrat Gustav Emil Boeters angeregt. Dieser gab an, bereits selbst 63 »Entartete« sterilisiert zu haben. Über diese Eingriffe sei die Staatsanwaltschaft vorher informiert worden, sei jedoch nicht dagegen eingeschritten. Offensichtlich – so seine Folgerung – habe es sich bei den Eingriffen also um kein Vergehen gehandelt. Um die unklare juristische Situation aber endlich zu beenden, forderte er ein Gesetz zur »Verhütung unwerten Lebens durch operative Maßnahmen«.

Dazu entwarf Boeters einen Vorschlagstext, den er nach seinem Wohnort »Lex Zwickau« nannte. Durch Sterilisation – so lautete sein Vorschlag – solle die Fortpflanzungsfähigkeit von Kindern, die wegen angeborener Blindheit, angeborener Taubheit, Epilepsie oder »Blödsinn« am Schulunterricht nicht mit Erfolg teilnehmen könnten, unterbunden werden. »Geisteskranke«, »Geistesschwache«, Epileptiker, Blind- und Taubgeborene in privaten oder öffentlichen Anstalten müssten vor einer Beurlaubung, spätestens aber vor ihrer Entlassung sterilisiert werden. Frauen und Mädchen, die wiederholt Kinder zur Welt gebracht hätten, deren Väter nicht feststellbar seien, müssten auf ihren Geisteszustand untersucht werden. Bei der Feststellung »erblicher Minderwertigkeit« seien diese Frauen unfruchtbar zu machen. »Erbliche Minderwertigkeit« lag nach seiner Auffassung bei Trunksucht, Morphium- oder Kokainmissbrauch, unverbesserlicher Arbeitsscheu sowie generell bei Landstreichern und »Zigeunern« vor. Personen, bei denen Erbkrankheiten erkannt worden seien, dürften aus seiner Sicht eine Ehe erst nach ihrer Unfruchtbarmachung eingehen. Bei der Regierung des Freistaats Sachsen stießen Boeters Vorschläge allerdings auf keine positive Resonanz. Das Land Preußen wiederum richtete, weil die Durchsetzung eines Gesetzes für Untersuchungen zur Ehetauglichkeit auf Reichsebene aussichtslos schien, ab 1926 auf kommunaler Ebene Eheberatungsstellen ein. Heiratswillige konnten sich dort freiwillig auf ihren Gesundheitszustand untersuchen lassen. Die Nachfrage blieb jedoch gering.

Auf dem Gebiet der Rassenhygiene war in Deutschland bisher keine Grundlagenforschung betrieben worden. Deshalb gründete die »Kaiser-Wilhelm-Gesellschaft zur Förderung der Wissenschaften e. V.« 1927 in Berlin-Dahlem das »Kaiser-Wilhelm-Institut für Anthropologie, menschliche Erblehre und Eugenik«, dessen Leitung Fischer übernahm.

Die Mitglieder des Instituts, zumeist Professoren und Privatdozenten, erhielten Lehraufträge an der Berliner Universität. Offensichtlich bestimmten Sterilisationen aus eugenischen Gründen auch ohne gesetzliche Absicherung während der Weimarer Republik weiterhin den Alltag. So stellte Fetscher Ende der 1920er Jahre anhand einer Umfrage bei 95 Städten fest, dass in 17 der von ihm angeschriebenen Kommunen bereits 117 solche Sterilisierungen, darunter auch einige an Minderjährigen und Entmündigten, durchgeführt worden waren. Da Hitler der erste Weimarer Politiker zu sein schien, der die Rassenhygiene als eine zentrale Aufgabe des Staates ansah, trat eine Reihe von Rassenhygienikern und Humangenetikern schon vor 1933 der NSDAP bei.

## 2.2 »Unwertes Leben«

Der österreichische Psychologe Adolf Jost regte 1895 in seiner Schrift *Das Recht auf den Tod* an, eine Tötung auf Verlangen zu ermöglichen, falls eine unheilbare Krankheit vorliege. Der Staat müsse für eine solche Sterbehilfe die notwendigen Mittel zur Verfügung stellen. Im gleichen Jahr riet auch Ploetz zur Tötung schwächlicher oder missgestalteter Neugeborener »durch eine kleine Dose Morphium«, weil er dies als Möglichkeit eines »idealen Rassenprozesses« ansah. Vorschläge dieser Art blieben jedoch ohne Echo. Der § 216 des Reichsstrafgesetzbuches, der eine Tötung auf Verlangen unter Strafe stellte, behielt weiterhin Gültigkeit.

Der sächsische Berginvalide Jakob Richter sandte 1901 eine Petition an den Sächsischen Landtag. Er bat darum, ein

Gesetz zu erlassen, das es einem Arzt ermögliche, einen unheilbar Kranken mit dessen Einverständnis aus Mitleid von seinem Leid zu erlösen. Der Landtag wies das Anliegen mit Hinweis auf das geltende Gesetz zurück. Der Breslauer Oberlandesgerichtsrat Paul Wilutzky erwähnte in einem Artikel für die Zeitschrift *Das Recht* zwei Fälle, in denen es bereits zu Tötungen aus Mitleid durch Familienmitglieder und entsprechenden Verurteilungen gekommen sei. Unter der Überschrift »Dem Hunde einen Gnadenstoß, dem Menschen keinen!« warb auch er – allerdings vergeblich – um eine Veränderung der Gesetzgebung. Einen »Gnadentod« für Menschen, so wie er bei alten Haustieren üblich sei, propagierte 1904 der Mediziner und Zoologe Ernst Haeckel in seiner Schrift *Die Lebenswunder*. Ein solcher »Gnadentod«, so führte er aus, müsse Aussätzigen, unheilbar Geisteskranken, Krebskranken, und verkrüppelten, geistig behinderten und taubstummen Neugeborenen gewährt werden. Er begründete diese Tötungen zum einen mit der möglichen Kostenersparnis im Gesundheitsbereich, zum anderen müssten sie allein schon aus Mitleid vorgenommen werden.

Nach dem Ende des Ersten Weltkriegs verlagerte sich die Diskussion von der Tötung auf Verlangen hin zu einer staatlich erzwungenen. Anstoß dazu lieferte vor allem die gemeinsame Schrift des Juristen Karl Binding und des Psychiaters Alfred Hoche, die 1920 erschien. Ihr Titel lautete: *Die Freigabe der Vernichtung lebensunwerten Lebens. Ihr Maß und ihre Form*. Beide Autoren sprachen sich für die Tötung unheilbar Kranker, Verwundeter und »unheilbar Blödsinniger« aus. Eine solche Tötung sei keineswegs nur ein Akt des Mitleids, sondern sie ergebe sich aus der Beurteilung des Wertes des einzelnen Menschen für die Gesellschaft. Schließlich gingen dem Nationalvermögen für die »überflüssige Pflege« dieser Kranken mit Nahrungsmitteln, Kleidung und Heizung große Summen verloren. Zudem seien für diese »unfruchtbare« Krankenpflege mehrere tausend Personen erforderlich, die dadurch von »fördernder Arbeit« abgehalten würden. Ein solcher personeller und finanzieller Aufwand für »Ballastexistenzen« sei nicht mehr tragbar. Das Töten dieser Personen stellte aus Sicht Bindings »in Wahrheit eine reine Heilhandlung dar«. Doch selbst bei Juristen, Rassenhygienikern und dem Teil der Ärzteschaft, in dem der Gedanke einer erbbiologisch angeblich notwendigen Sterilisation durchaus Zustimmung gefunden hatte, stießen die Vorschläge zur Beendigung »unwerten Lebens« zunächst nur auf geringe Akzeptanz. Allerdings gab es auch Befürworter wie den bereits erwähnten Medizinalrat Boeters, der nicht nur ein Gesetz für die Sterilisation von Erbkranken, sondern inzwischen außerdem ein Gesetz für eine »Euthanasie« aus erbbiologischen Gründen forderte.

## 2.3 »Parasitäres Judentum«

Judenfeindschaft, Vertreibung und Gewalt gegen Juden gehörten seit Jahrhunderten zur Geschichte Europas. Im 19. Jahrhundert entwickelte sich jedoch im Kontext eines radikalen Nationalismus eine neue Art von Feindschaft gegenüber Juden. Sie basierte nicht mehr allein auf religiösen und ökonomischen Stereotypen, sondern berief sich auf angeblich wissenschaftlich belegte biologische Faktoren der rassistischen Theorien, die ich bereits erwähnt habe. Beispielsweise verfasste 1861 ein unbekannter, das Pseudonym H. Naudh nutzender Autor die Schrift *Die Juden und der deutsche Staat*. Er ging davon aus, dass das Judentum »Ausdruck einer Rasseneigentümlichkeit« sei, die eine »mehrtausendjährige Abschließung und Inzucht« präge. Deutsche Gegner des Judentums nutzten wenig später den Begriff »Antisemitismus« »als Name einer Weltanschauung, die in der Unterscheidung und im Kampf zwischen dem ›Arischen‹ und dem ›Semitischen‹ die Grundlage jeder Kulturentwicklung sah« (Christian Geulen). Der Journalist Wilhelm Marr gründete 1879 die deutsche »Antisemitenliga«. Er verwendete zur deutlicheren Abgrenzung vom religiösen Antisemitismus den Begriff »politischer Antisemitismus«. Eine Assimilierung der Juden, die er häufig als »Ratten« bezeichnete, hielt er für unmöglich; denn Juden könnten allein schon deshalb keine »echten Deutschen« werden, weil sie »anderes Blut« hätten. Gegen das »parasitäre« Judentum, welches nach Weltherrschaft strebe, müsse sich das Germanentum entschlossen zur Wehr setzen. Aus Sicht der Rassenantisemiten waren Juden schon an eindeutigen rassentypischen physischen Merkmale erkennbar. Obgleich solche »Entartungszeichen« einer »jüdischen Rasse« wissenschaftlich völlig unsinnig waren, beeinflussten sie doch die Vorstellungswelt der Zeitgenossen. Bei einigen Medizinern entwickelte sich etwa die Überzeugung, es gebe bei Juden eine Veranlagung zu Nerven- und Geisteskrankheiten.

Um Zeitgenossen, die solchen Auffassungen anhingen, als Wähler zu gewinnen, nutzte das Parteiprogramm der einflussreichen Deutsch-Konservativen Partei antijüdische

Argumente und wandte sich 1892 gegen den »zersetzenden jüdischen Einfluss«. Im Reichstag wurden Forderungen nach der »Vernichtung der Juden« laut, zumal diese angeblich die Presse und die Kultur dominierten und über zu viel Macht in der Wirtschaft verfügten. Dem könne nur durch »Entjudung«, also durch die Verdrängung der Juden aus dem Wirtschaftsleben, begegnet werden. Tonangebend waren solche Stimmen in Politik und Gesellschaft des kaiserlichen Deutschlands allerdings nicht.

Der Berliner Philosoph und Nationalökonom Eugen Dühring hielt 1893 die »Judenfrage« ebenfalls für eine »Rassen-, Sitten- und Kulturfrage«: »Die Natur selbst verbietet die Verbindung zwischen Angehörigen der arischen Völker und denen der Judenrasse. Sie bestraft die Übertretung dieses Verbotes an dem Einzelnen mit Unfruchtbarkeit und in Verallgemeinerung, abgesehen von der Rassenverschlechterung sogar mit dem Völkertod.« Um einer solchen Bedrohung durch das »Rassejudentum« zu entgehen, hielt Dühring die Entfernung der Juden aus dem öffentlichen Leben Deutschlands, eine Kontrolle ihres Vermögens und die Ächtung von Ehen mit Juden für notwendige Maßnahmen. Er bedauerte, dass eine Vertreibung von Juden zurzeit lediglich »bei kollektivem Landesverrat« möglich sei. Als »Endlösung« schlug Dühring die Ausrottung »parasitärer Rassen« vor, womit er in erster Linie die Juden meinte.

Dem Schriftsteller Houston Stewart Chamberlain, einem Schwiegersohn Richard Wagners, galten Rasse und Nation als weitgehend identisch. Wie er in seiner 1899 erschienenen Schrift *Grundlagen des neunzehnten Jahrhunderts* behauptete, verfügten die Deutschen über den höchsten »Rassenwert«. Daher lag ihm besonders an der Herstellung und dem Erhalt eines »Rassenbewußtseins«, weil dieses den einer »reinen Rasse« zugehörigen Menschen angeblich zu außerordentlichen Fähigkeiten verhelfe. Das »Rassenbewußtsein« bildete für den von ihm erwarteten Kampf zwischen den Germanen und den Juden, die alles Minderwertige und Schädliche verkörperten, eine wesentliche Voraussetzung. Kein humanitäres Gerede könne allerdings die Tatsache verschleiern, dass diese Auseinandersetzung »einen Kampf auf Leben und Tod« bedeute. Chamberlain war außerdem davon überzeugt, dass Menschen wie Hunde und Pferde gezüchtet werden könnten und dass die Menschheit durch eine Züchtung von »Ariern« verbessert würde. Während des Ersten Weltkriegs verbreitete er seine kruden Vorstellungen in Artikeln und Broschüren. Die Popularität seiner Ansichten im völkischen antisemitischen Lager belegten nicht zuletzt die bis 1938 erschienenen 24 Auflagen der *Grundlagen*.

Auch die Zeit des Ersten Weltkriegs brachte trotz des von Kaiser Wilhelm II. verkündeten »Burgfriedens« kein Nachlassen der Hetze gegen Juden, sondern verzeichnete weiterhin Kampagnen antisemitischer Kräfte. Der »Alldeutsche Verband« bezeichnete im Dezember 1914 die »Ausgrenzung und Vertreibung« der deutschen Juden sogar als ein Kriegsziel. Im Oktober 1916 ließ der Staat den Anteil der Juden unter den Soldaten des deutschen Heeres ermitteln. Diese »Judenzählung« stellte eine Antwort auf den nicht nur in Teilen des deutschen Offizierkorps, sondern vor allem in den Medien, Parteien und antisemitischen Verbänden erhobenen Vorwurf dar, Juden würden sich um den Dienst an der Front drücken. Das Ergebnis der Erhebung wurde allerdings erst nach dem Krieg veröffentlicht.

Tatsächlich hatte nämlich proportional gesehen die Zahl der jüdischen Frontsoldaten durchaus der Zahl der nichtjüdischen Frontsoldaten entsprochen. Maßlose antisemitische Attacken füllten die Seiten der von 1918 bis zu ihrem Verbot 1921 erscheinenden Wochenschrift *Auf gut deutsch*, die der Mitbegründer der NSDAP und spätere Herausgeber des *Völkischen Beobachters* Dietrich Eckart in München herausgab. Außer dem Vorwurf, Juden hätten sich schamlos während des Krieges bereichert, wurde ihnen nach Kriegsende schließlich sogar die Verantwortung für die deutsche Niederlage und die Unterzeichnung des Versailler Vertrags angelastet. Prominente jüdische Politiker wie Matthias Erzberger (Zentrum) und Außenminister Walther Rathenau (DDP) fielen Anfang der 1920er Jahre der Ermordung durch Rechtsradikale zum Opfer.

Wie schon die Verfassung von 1871 hätte auch die Verfassung der Weimarer Republik eigentlich das Streben der Juden in Deutschland nach Gleichberechtigung erfolgreich beenden können. Entworfen hatte die Weimarer Verfassung mit dem Staatssekretär im Reichsamt des Innern, Hugo Preuss, sogar ein deutscher Jude. Doch in der Realität wurde den Juden im neuen demokratischen Staat nicht selten eine gleichberechtigte Stellung verweigert. Da viele Deutsche die Juden für die Inflation und die schlechte soziale Lage verantwortlich machten, verzeichneten antisemitische und völkische Organisationen wie der »Alldeutsche Verband« oder der »Deutschvölkische Schutz- und Trutzbund« großen Zulauf. Die Deutschnationale Volkspartei propagierte 1920 in ihrem Parteiprogramm den »Kampf gegen die Vorherrschaft des Judentums in Regierung und Öffentlichkeit«. Die im gleichen Jahr gegründete

NSDAP mit ihrem eindeutig antisemitischen Programm hetzte auch in ihren Veranstaltungen gegen Juden. So forderte ihr Redner Hitler am 15. August 1920 in München »Die Entfernung der Juden aus unserem Volk«. Ebenfalls ein positives Echo fanden in völkischen Kreisen die rassistischen antisemitischen Veröffentlichungen des Nationalsozialisten Alfred Rosenberg. Dieser glaubte ein Streben des »internationalen Judentums« nach Weltherrschaft zu erkennen und wollte das angeblich jüdisch durchdrungene Christentum durch eine neue »Religion des Blutes« ersetzen. Der zunehmende Antisemitismus in Teilen der deutschen Gesellschaft führte zu Übergriffen wie dem Scheunenviertel-Pogrom in Berlin im November 1923, zu körperlicher Gewalt gegen jüdische Mitbürger und zu Schändungen von Synagogen sowie jüdischen Friedhöfen. Dem Desinteresse der Behörden, gegen diese Übergriffe und die Judenhetze energisch vorzugehen, vermochte der 1893 gegründete »Central Verein Deutscher Staatsbürger Jüdischen Glaubens« angesichts einer konservativen Justiz wenig entgegenzusetzen.

So schürten zahllose Zeitungsartikel, Flugblätter, Broschüren und Postillen mithilfe eines abstoßend primitiven und brutalen Vokabulars weiter ungestört den Hass gegen Juden. Sie betrieben völkisch-rassistische Propaganda und lieferten breiten Bevölkerungskreisen rassistische Argumentationshilfen. Dies galt besonders für die seit 1905 in Österreich erscheinenden Hefte der Schriftenreihe *Ostara*. Diese hatte sich neben der Bekämpfung von Feminismus und Parlamentarismus zum Ziel gesetzt, »die arische Edelrasse durch Reinzucht vor dem Untergang zu bewahren«. Ab 1923 diffamierte die vom Gauleiter für Mittelfranken,

Julius Streicher, in Nürnberg herausgegebene antisemitische Wochenzeitung *Der Stürmer* mit primitiven Hetzartikeln und entsprechenden Karikaturen Deutschlands jüdische Bevölkerung.

### 2.4 »Verbrecherrasse Zigeuner«

Nach 1871 zielten die Anstrengungen der Länder des Deutschen Reichs in erster Linie darauf ab, »Zigeunern« ihre Wanderungen mit Pferd und Wagen oder Karren und Zelten durch entsprechende Bestimmungen und Kontrollen zu erschweren. Das Anmieten von Stellplätzen für ihre Wohnwagen und die Ausgabe eines Wandergewerbescheins unterlagen zahlreichen Restriktionen und behördlicher Willkür. Die Bezeichnung »Zigeuner« wurde schnell zu einem polizeilichen Ordnungsbegriff.

Da regionale Maßnahmen scheiterten, suchte Reichskanzler Otto von Bismarck die Verordnungen und das Vorgehen der Polizei zu vereinheitlichen. In einem Schreiben an die Länder im Juli 1886 unterschied er zwischen »im Besitz der Reichsangehörigkeit befindlichen« und »ausländischen Zigeunern«. Damit erhielt der Nachweis der Staatsangehörigkeit für den Erhalt eines Wandergewerbescheins entscheidenden Stellenwert. Ausländische »Zigeuner« sollten keinen Wandergewerbeschein mehr erhalten, sondern einfach über die Staatsgrenzen abgeschoben werden, um »das Bundesgebiet von der [...] Plage gründlich und dauernd zu befreien«. Die reichsangehörigen »Zigeuner« hingegen gelte es möglichst sesshaft zu machen. Es folgte eine strenge Auslegung der Gewerbeordnung, eine genaue

Überprüfung der Ausweispapiere und der gesundheitspolizeilichen sowie tierärztlichen Bescheinigungen. Die härteste Maßnahme für die reichsangehörigen »Zigeuner« bestand im Entzug des Wandergewerbescheins.

Der Turiner Gerichtsmediziner Cesare Lombroso fasste 1902 die seit langem in Europa gegenüber »Zigeunern« bestehenden Vorurteile zusammen. Er kam zu dem Schluss, dass die »äußerlich den Affen ähnlichen« »Zigeuner« eine »Rasse von Verbrechern« seien. Darüber hinaus glaubte er, generell bei ihnen eine vererbte, rassisch bedingte Minderwertigkeit erkennen zu können. Schlugen »Zigeuner« ihr Lager am Rande einer Stadt oder eines Dorfes auf, so sahen sie sich stets mit einer Mischung von Aberglauben und Ängsten konfrontiert.

Einzelne Länder wie Württemberg 1905, Preußen 1906 und Baden 1908 erließen Verordnungen, um »Zigeunern« das Zusammenreisen in Gruppen oder in Familienverbänden möglichst zu erschweren. Nach dem Reichsbürgergesetz von 1913 besaßen »Zigeuner« die Staatsbürgerschaft des Landes, in dem sie geboren worden waren, und ihr Geburtsort galt als ihr Heimatort. Das Königreich Bayern hatte 1899 in München einen »Nachrichtendienst für die Sicherheitspolizei in Bezug auf Zigeuner« eingerichtet. Dieser »Zigeunerzentrale« mussten umherziehende »Zigeuner« mit Namen, Herkunft und Verwandtschaft gemeldet sowie deren Wanderwege erfasst werden. Da noch weitere Länder solche Daten ebenfalls nach München weitergaben, befanden sich dort 1925 bereits 40 000 Namensakten von »Zigeunern«. Als erstes Land der Weimarer Republik erließ Bayern 1926 ein umfassendes »Gesetz zur Bekämpfung von ›Zigeunern, Landfahrern und Arbeitsscheuen‹«.

Es enthielt eine zeitliche Begrenzung des Wanderns mit Wohnwagen und Karren über Land sowie des Mitführens von Tieren und Regelungen darüber, an welchen Plätzen Lager aufgeschlagen werden durften. In Preußen erging im folgenden Jahr ein »Erlass über die Ausgabe von Bescheinigungen«. Er diffamierte »Zigeuner« nicht nur als Gewohnheitsverbrecher, Vagabunden und soziale Schädlinge, sondern schränkte auch ihre Arbeitsmöglichkeiten ein. Ab 1929 wurden von nicht sesshaften und über sechs Jahre alten »Zigeunern« und von nach »Zigeunerart« umherziehenden Personen Fingerabdrücke genommen. Zwar zeigte das Vorgehen gegen »Zigeuner« bereits rassistische Züge, doch zu einem einheitlichen rassenpolitisch motivierten Vorgehen auf Reichsebene mithilfe eines entsprechenden Reichsgesetzes kam es in der Weimarer Republik nicht. Dies sollte sich allerdings ab 1933 ändern, bildete doch »die rassistisch motivierte Verfolgung und Vernichtung [...] das Spezifikum der nationalsozialistischen im Verhältnis zur vorhergehenden deutschen ›Zigeunerpolitik‹« (Michael Zimmermann).

## 2.5 »Widernatürliche Unzucht«

Nach der Französischen Revolution 1789 hoben alle deutschen Staaten die im Heiligen Römischen Reich Deutscher Nation vorgesehene Todesstrafe für homosexuelle Handlungen auf. Im *Allgemeinen Landrecht für die Preußischen Staaten* von 1794 bestand die Bestrafung für »unnatürliche Sünden« allerdings noch in einer ein- oder mehrjährigen Zuchthausstrafe. Das 1851 eingeführte *Preußische Straf-*

*gesetzbuch* sah in § 143 für »widernatürliche Unzucht« zwischen Personen männlichen Geschlechts Gefängnisstrafen zwischen sechs Monaten und vier Jahren sowie einen zeitlich begrenzten Entzug der bürgerlichen Ehrenrechte vor. Das *Strafgesetzbuch für den Norddeutschen Bund* reduzierte 1870 im neuen § 175 das Höchstmaß der angedrohten Strafe auf zwei Jahre Gefängnis, wobei ein Verurteilter seine bürgerlichen Ehrenrechte allerdings nicht nur auf Zeit, sondern vollständig verlieren konnte. Der § 175 des am 1. Januar 1872 erlassenen RStGB sorgte für die weitere Kriminalisierung Homosexueller im Deutschen Reich. Dort hieß es: »Die widernatürliche Unzucht, welche zwischen Personen männlichen Geschlechts oder von Menschen mit Tieren begangen wird, ist mit Gefängnis zu bestrafen; auch kann auf Verlust der bürgerlichen Ehrenrechte erkannt werden.« In der Bevölkerung erhielt der § 175 die diskriminierende Bezeichnung »Schwulen-Paragraph«. Vergleichbare Gesetze mit Bezug auf lesbische Frauen gab es nicht, auch nicht später in der NS-Zeit.

1871 gründete sich das »Wissenschaftlich-humanitäre Komitee« (WhK), zu dessen Mitgliedern der Arzt und Sexualwissenschaftler Magnus Hirschfeld gehörte. Das WhK suchte zum einen, die Streichung des § 175 zu erreichen. Zum anderen setzte es sich zum Ziel, die Gesellschaft über »das Wesen der männlich-männlichen Liebe« zu informieren. Dazu ließ das Komitee Aufklärungsschriften drucken und im gesamten Reichsgebiet verteilen. Doch der überwiegende Teil der Gesellschaft des Deutschen Reichs war nicht bereit, seine Vorurteile zu überwinden, und Homosexualität wurde weiterhin geächtet. Ab 1897 richtete das WhK wiederholt Petitionen an Reichstag und Bundesrat, in denen es die Aufhebung des § 175 forderte. Die erste Petition trug die Unterschriften von über 4000 bekannten Persönlichkeiten, zu denen Politiker, Hochschullehrer aller Fakultäten, Künstler und Schriftsteller zählten. Diese Initiative brachte der Vorsitzende und Mitbegründer der SPD August Bebel im Reichstag ein. Doch scheiterte dieser Versuch ebenso wie alle folgenden. Homosexualität blieb ein Tabuthema und »Schwuler« oder »Homo« blieben abfällig gemeinte und genutzte Begriffe.

Friedrich Krupp sah sich 1902 mit Fotos konfrontiert, die ihn mit jungen Männern auf Capri zeigten. Als die Parteizeitung der SPD *Vorwärts* gerichtliche Schritte gegen ihn forderte, trieb die intolerante Haltung der Gesellschaft den erfolgreichen Essener Industriellen in den Selbstmord. Nicht wenige Homosexuelle sahen wie Krupp wegen der zu erwartenden gesellschaftlichen Diskreditierung den einzigen Ausweg im Selbstmord. Dass Homosexuelle sich zu ihren Bedürfnissen nicht offen bekennen konnten, förderte die männliche Prostitution in allen Großstädten und bot männlichen Prostituierten zudem die Möglichkeit zu Erpressungen. Häufig wurden Homosexuelle durch ihre Sexualpartner erpresst, weil eine juristische Gegenwehr praktisch unmöglich war. Eine Anklage wegen Verstoßes gegen den § 175 zog nicht nur eine Gefängnisstrafe nach sich. Als weitaus schlimmer erwiesen sich für die Betroffenen die nach einer Verurteilung eintretenden sozialen Folgen wie der Verlust des persönlichen Ansehens, des Arbeitsplatzes und oft auch der Familie. Die von konservativer Seite angefeindeten liberalen Kreise, die gegen den § 175 kämpften, erlitten durch die 1906 von Maximilian Harden mit einem Artikel in der Politik- und Kulturzeitschrift *Die Zukunft* ausgelöste »Eulenburg-Krise« einen herben Rückschlag. In der Öffentlichkeit regte sich Empörung, weil sich die verachteten Homosexuellen anscheinend sogar im engeren Umfeld von Kaiser Wilhelm II. und in den Garderegimentern befanden.

In der Weimarer Republik dienten in die Welt gesetzte Gerüchte über homosexuelles Verhalten als willkommene und leicht zu instrumentalisierende Waffe. Mit deren Hilfe ließen sich sowohl geschäftliche Konkurrenten als auch gesellschaftliche oder politische Gegner ausgrenzen und diffamieren, selbst wenn die Zahl der schließlich vor Gericht gestellten Homosexuellen nicht sehr groß war. Hirschfeld gründete 1919 in Berlin ein privates »Institut für Sexualwissenschaft«, an dem verschiedene wissenschaftliche Theorien zur Ursache für Homosexualität entwickelt wurden. Berlin galt im Deutschen Reich mit seinen einschlägigen Lokalen als Mittelpunkt homosexuellen Lebens. Ein 1921 unternommener Versuch, den § 175 inhaltlich abzuschwächen, blieb trotz der Unterstützung durch Justizminister Gustav Radbruch (SPD) ohne Erfolg. Ebenso scheiterte 1929 der Vorschlag des Rechtsausschusses des Deutschen Reichstags, zumindest die einvernehmliche Homosexualität unter Erwachsenen straffrei zu machen. Stattdessen unternahmen die Vertreter des stärker werdenden rechten politischen Spektrums Anstrengungen, den Straftatbestand des § 175 noch auszuweiten.

## 2.6 »Rassische Zucht«

Der Wiener Philosophie-Professor Christian Freiherr von Ehrenfels befasste sich zu Beginn des 20. Jahrhunderts mit der Frage, auf welche Weise das Menschengeschlecht vor vollständiger Nivellierung und »Bastardierung« bewahrt werden könne. Er postulierte, dass die bisherige sexuelle Verhaltensnorm, wenn sie eine kräftige progressive Auslese einleiten solle, wesentlich polygeneren Charakter tragen müsse. Eine größere Zahl von Männern sei von der Zeugung auszuschließen, so dass »eine Mehrzahl von Frauen einer Minderzahl von Männern zur Befruchtung« anheimzugeben sei. In der »Organisierung einer die Auslese fördernden sexualen Reform« sah von Ehrenfels das einzige Mittel, »um der konstitutiven Entwicklung des Menschen plastische Kräfte zuzuführen«.

Der bereits erwähnte Zoologe Haeckel berief sich bei seinen Überlegungen zu einer künstlichen Züchtung von Menschen auf das historische Vorbild des antiken Sparta. Dort seien nach einer Musterung und Auslese alle schwächlichen oder mit Krankheiten behafteten Kinder getötet worden. Auf diese Weise seien dort nur gesunde Menschen zur Fortpflanzung gelangt. Die auserlesene Kraft und Tüchtigkeit der spartanischen Rasse sei somit nicht nur erhalten geblieben, sondern die körperliche Vollkommenheit habe sich mit jeder Generation gesteigert. Haeckel glaubte allerdings, dass die Forderung nach einer Tötung »schwacher« Kinder in der modernen Gesellschaft wohl auf einen »Schrei der Entrüstung« stoßen werde.

Willibald Hentschel hatte bei Haeckel Biologie studiert und sich mit Fragen der Vererbung befasst. Für den Naturwissenschaftler und Anhänger der völkischen Bewegung stand die »arische Rasse« ebenfalls kurz vor dem Untergang. Er propagierte deshalb eine »bewusste rassische Zucht«, wie sie bei einigen Naturvölkern betrieben werde. So würden die Massai »züchterische Grundsätze unterschiedslos auf Haustiere und Menschen anwenden«. Hentschel plädierte allerdings nicht wie von Ehrenfels für eine Auswahl bestimmter Einzelindividuen zur Paarung. Ihm schwebte vielmehr eine Gruppenauslese vor, die sich am besten in einer Siedlungsgenossenschaft im Osten Deutschlands verwirklichen lasse. Ein geschlossener Kreis von Menschen beiderlei Geschlechts sollte dort nur solche Bewerber aufnehmen, die bestimmten körperlichen Anforderungen entsprachen. Im von ihm 1904 vorgeschlagenen »Mittgartbund« plante er eine Erneuerung der »germanischen Rasse«. Die in diesem »Menschen-Garten« geschlossenen Ehen sollten immer nur bis zur Schwangerschaft der Frau dauern. Bei einer Ablehnung seines züchterischen Gedankens, so fürchtete Hentschel, werde es im bisherigen System staatlicher Ehebeschränkungen lediglich zu »Degenerierten, Schwindsüchtigen, Syphilitikern, Trinkern und Idioten« kommen. Allerdings hielt selbst die »Gesellschaft für Rassenhygiene« solche Vorstellungen für unrealistisch.

Der Arzt Paul Christian Franze, der ebenfalls Grundzüge einer Rassenveredelung entwarf, hielt 1909 vor Naturforschern und Ärzten in Wien einen Vortrag mit dem Thema »Höherzüchtung von Menschen auf biologischer Grundlage«. Der Sanitätsrat Fritz Dupré schrieb 1926 ein Buch über *Weltanschauung und Menschenzüchtung*. Ihm war es gleich, ob man Menschen oder eine andere Säugetierart züchtete.

Außer der Tötung der aus seiner Sicht negativen, weil mit körperlichen Schäden behafteten Menschen strebte er rassenhygienische Eheverbote und Zwangssterilisationen an, um erfolgreich »Spartiaten und Spartiatinnen des 20. Jahrhunderts« zu züchten. Zur Durchführung von Züchtungen schienen Dupré eine polygame Sexualordnung und genossenschaftliche Großhaushalte besonders geeignet.

## 3. Hitlers rassenpolitisches Programm

> *»Ein Staat, der im Zeitalter der Rassenvergiftung sich der Pflege seiner besten rassischen Elemente widmet, muß eines Tages zum Herrn der Erde werden.«*[1]

> *»Wir alle ahnen, dass in ferner Zukunft Probleme an den Menschen herantreten können, zu deren Bewältigung nur eine höchste Rasse als Herrenvolk, gestützt auf die Mittel und Möglichkeiten eines ganzen Erdballs, berufen sein wird.«*[2]

Mit diesen Sätzen benannte Adolf Hitler 1925 in *Mein Kampf* die beiden für ihn wichtigsten Ziele eines nationalsozialistischen Staates. Die Pflege der »besten rassischen Elemente« bilde die entscheidende Voraussetzung, um als »Herrenvolk, gestützt auf die Mittel und Möglichkeiten eines ganzen Erdballs«, zum »Herrn der Erde« werden zu können. Es gelte daher, dem deutschen Volk den dafür »notwendigen Machteinsatz in Form seines Rassenwertes und seiner Zahl zu erhalten«.[3]

Hitlers eindringliche Warnung lautete: »Der Mensch, der die Rassengesetze verkennt und missachtet, bringt sich wirklich um das Glück, das ihm bestimmt erscheint. Er verhindert den Siegeszug der besten Rasse und damit aber auch die Vorbedingungen zu allem menschlichen Fortschritt.«[4] Deshalb entschied für Hitler der »Rassenwert« über den Platz eines Volkes in der Weltgeschichte: »Je höher mithin der Rassenwert eines Volkes ist, umso grösser sein allgemeiner Lebenswert, den es dann zugunsten seines Lebens einzusetzen hat, im Kampfe und im Ringen mit anderen Völkern.«[5] Daraus folgerte er: »Das Deutsche Reich soll als Staat alle Deutschen umschließen, mit der Aufgabe, aus diesem

Volke die wertvollsten Bestände an rassischen Urelementen nicht nur zu sammeln und zu erhalten, sondern langsam und sicher zur beherrschenden Stellung emporzuführen.«[6]

Entsprechend einigen von ihm übernommenen Aussagen von Rassentheoretikern und Rassenhygienikern rangierten für Hitler an der Spitze der Rangordnung der Rassen die Arier. Er war davon überzeugt: »Menschliche Kultur und Zivilisation sind auf diesem Erdteil unzertrennlich gebunden an das Vorhandensein des Ariers.«[7] Allerdings, so fügte er hinzu, hätten es selbst die historischen arischen Großreiche nicht vermocht, ihren »Rassekern« rein zu erhalten. Die entscheidende Ursache für ihren Abstieg und Untergang sei die Vermischung mit »fremdem Blut« gewesen: »Alle großen Kulturen der Vergangenheit gingen nur zugrunde, weil die ursprünglich schöpferische Rasse an Blutvergiftung abstarb.«[8]

Die völkische Weltanschauung dagegen wisse um »die Bedeutung der Menschen in deren rassischen Urelementen. Sie sieht im Staat prinzipiell nur ein Mittel zum Zweck und fasst als seinen Zweck die Erhaltung des rassischen Daseins der Menschen auf. Sie glaubt somit keineswegs an eine Gleichheit der Rassen, sondern erkennt mit ihrer Verschiedenheit auch ihren höheren oder minderen Wert und fühlt sich durch diese Erkenntnis verpflichtet, gemäß dem ewigen Wollen, das dieses Universum beherrscht, den Sieg des Besseren, Stärkeren zu fördern, die Unterordnung des Schlechteren und Schwächeren zu verlangen.«[9] Hitler glaubte an die Dominanz der weißen Rasse und den »minderen Wert« anderer Rassen. Für ihn stellte somit der Verlust der »Rassenreinheit« die größte Gefahr für Aufbau und Existenz eines völkischen Staates dar.

Es folgte eine Art rassischer Bestandsaufnahme. Das Fehlen eines »blutsmäßig einheitlichen Volkstums«, so hielt Hitler fest, habe »Deutschland unsägliches Leid gebracht«. Dessen langsame »Entnordung« habe zu einer Senkung des allgemeinen »Rassenwertes« und somit zu einer Schwächung der technisch, kulturell und staatspolitisch produktiven Kräfte geführt. Er beklagte, dass das deutsche Volkstum »leider nicht mehr auf einem rassischen Kern« beruhe. Allerdings sei eine restlose Rassenvermischung bisher noch nicht erfolgt; denn glücklicherweise sei wenigstens ein Teil des besten Blutes »rein erhalten« geblieben und der »rassischen Senkung« entgangen. Somit befänden sich im »deutschen Volkskörper« noch »große unvermischt gebliebene Bestände an nordisch-germanischen Menschen«. Darin erblickte Hitler »den wertvollsten Schatz für unsere Zukunft«.[10] Ein weiterer Niedergang und drohender »Rassetod« des deutschen Volkes lasse sich nur durch die konsequente »Reinerhaltung des Blutes« erreichen. Die dazu notwendige »Blutspflege« müsse durch eine Reihe staatlicher Maßnahmen vorangetrieben werden. Deshalb war für ihn »der höchste Zweck des völkischen Staates die Sorge um die Erhaltung derjenigen rassischen Urelemente, die, als kulturspendend, die Schönheit und Würde eines höheren Menschentums schaffen.«[11]

Den rassischen Wert eines Volkes wähnte Hitler jedoch so lange gefährdet, bis sich das Volk dieses Wertes bewusst werde und diesen mit aller Sorgfalt pflege. Besonders am Herzen lag ihm daher eine entsprechend frühzeitige Erziehung, und er forderte: »Die gesamte Bildungs- und Erziehungsarbeit des völkischen Staates muß ihre Krönung darin finden, dass sie den Rassesinn und das Rassegefühl instinkt- und verstandesmäßig in Herz und Gehirn der ihr anvertrauten Jugend hineinbrennt. Es soll kein Knabe und kein Mädchen die Schule verlassen, ohne zur letzten Erkenntnis über die Notwendigkeit und das Wesen der Blutsreinheit geführt worden zu sein.«[12]

Zur Wahrung des »besten Blutes« verlangte Hitler ein konsequenteres Vorgehen gegen »Minderwertige« und »Fremdrassige«, als dies bisher in Deutschland erfolgt sei: »In diesem heutigen Staate der Ruhe und Ordnung, in den Augen seiner Vertreter, dieser tapferen bürgerlich-nationalen Welt, ist also die Verhinderung der Zeugungsfähigkeit bei Syphilitikern, Tuberkulosen, erblich Belasteten, Krüppeln und Kretins ein Verbrechen, dagegen wird die praktische Unterbindung der Zeugungsfähigkeit bei Millionen der Allerbesten nicht als etwas Schlechtes angesehen und verstößt nicht gegen die guten Sitten dieser scheinheiligen Gesellschaft.«[13] Dazu stellte er folgende Rechnung auf: »Eine nur sechshundertjährige Verhinderung der Zeugungsunfähigkeit und Zeugungsmöglichkeit seitens körperlich Degenerierter und geistig Erkrankter würde die Menschheit nicht nur von einem unermesslichen Unglück befreien, sondern zu einer Gesundung beitragen, die heute kaum fassbar erscheint.«[14] »Denn da das Minderwertige der Zahl nach gegenüber dem Besten immer überwiegt«, so Hitler weiter, »würde bei gleicher Lebenshaltung und Fortpflanzungsmöglichkeit das Schlechtere sich so viel schneller vermehren, dass endlich das Beste zwangsläufig in den Hintergrund treten müsste, wenn eben nicht eine Korrektur dieses Zustandes vorgenommen würde.«[15] Um dieses Ziel zu erreichen, schlug er vor, künftig alles, »was irgendwie ersichtlich krank und erblich belastet und damit weiter belastend ist, [für] zeugungsunfähig zu erklären und dies praktisch auch durchzusetzen.«[16]

Ähnlich wie einige Rassenhygieniker bewunderte auch Hitler das antike Sparta, denn dessen rassischer Hochwert habe einer Zahl von nur 6000 Spartanern die Herrschaft über 350 000 Heloten ermöglicht. Dies sah er eindeutig als »das Ergebnis einer planmäßigen Rasseerhaltung, so dass wir im spartanischen Staat den ersten völkischen zu sehen haben. Die Aussetzung kranker, schwächlicher, missgestalteter Kinder, d. h. also deren Vernichtung, war menschenwürdiger und in Wirklichkeit tausendmal humaner als der erbärmliche Irrsinn unserer heutigen Zeit, die krankhaftesten Subjekte zu erhalten, und zwar um jeden Preis zu erhalten, und hunderttausend gesunden Kindern infolge der Geburtenbeschränkung oder durch Abtreibungsmittel das Leben zu nehmen, in der Folgezeit aber ein Geschlecht von mit Krankheiten belasteten Degeneraten heranzuzüchten.«[17] »Es ist eine Halbheit, unheilbar kranken Menschen die dauernde Möglichkeit einer Verseuchung der übrigen gesunden zu gewähren. Es entspricht dies aber ganz einer Humanität, die, um dem einen nicht wehe zu tun, hundert andere zugrunde gehen lässt. [...] Hier wird man, wenn nötig, zur unbarmherzigen Absonderung einmal unheilbar Erkrankter schreiten müssen; eine barbarische Maßnahme für den davon betroffenen, aber ein Segen für die Mit- und Nachwelt.«[18]

Allerdings ging Hitler davon aus, dass solche Überlegungen im christlich geprägten Deutschland nur auf wenig Gegenliebe stoßen würden: »Die Generation unserer heutigen notorischen Schwächlinge wird selbstverständlich sofort dagegen aufschreien und von Eingriffen in die heiligsten Menschenrechte usw. jammern und klagen. Nein, es gibt nur ein heiligstes Menschenrecht, und dieses Recht ist zugleich die heiligste Verpflichtung, nämlich dafür zu sorgen, dass das Blut rein erhalten bleibt, um durch die Bewahrung des besten Menschentums einer edleren Entwicklung dieser Wesen die Möglichkeit zu geben.«[19] Offen blieb zum Zeitpunkt der Niederschrift dieser Sätze, ob sich in dem von ihm angestrebten völkischen Staat auch Menschen finden würden, die tatsächlich zu einer solchen »unbarmherzigen Absonderung« bereit sein würden.

Das zentrale Ideologem in Hitlers Weltanschauung bildete sein pathologischer Judenhass. Juden erschienen Hitler schon deshalb als Hauptgegner eines »arischen Kulturauftrags«, weil deren angebliche »Weltsendung« einen »kulturzerstörenden und staatszersetzenden« Charakter besitze. Die Ziele des »jüdischen Lebenskampfes« seien: »Die Entnationalisierung, die Durcheinanderbastardierung der anderen Völker, die Senkung des Rassenniveaus der Höchsten, und die Beherrschung dieses Rassenbreies durch Ausrottung der völkischen Intelligenzen und deren Ersatz durch die Angehörigen seines eigenen Volkes.«[20] Einer drohenden jüdischen Weltherrschaft gelte es daher mithilfe einer entsprechenden Rassenpolitik zuvorzukommen. Wie mit den Juden in Deutschland umgegangen werden sollte, hatte Hitler bereits im September 1919 erstmals in einem Brief beschrieben: »Der Antisemitismus aus rein gefühlsmäßigen Gründen wird seinen letzten Ausdruck finden in der Form von Pogromen. Der Antisemitismus der Vernunft jedoch muß führen zur planmäßigen gesetzlichen Bekämpfung der Vorrechte der Juden, die er zum Unterschied der anderen zwischen uns lebenden

Fremden besitzt (Fremdengesetzgebung). Sein letztes Ziel aber muss unverrückbar die Entfernung der Juden überhaupt sein.«[21]

Nach seinem Beitritt zur NSDAP sah sich Hitler von Parteigenossen umgeben, deren Antisemitismus seinen eigenen Vorstellungen entsprach. Das von Hitler im Februar 1920 im Münchener Hofbräuhaus verlesene Parteiprogramm forderte in Punkt 3, dass Staatsbürger nur sein könne, wer »Volksgenosse« sei; »Volksgenosse« könne jedoch nur der sein, der »deutschen Blutes ist«: »Kein Jude kann daher Volksgenosse sein.« Radikalere Ansichten konnte Hitler vor allem in Reden – zumeist unter großem Beifall – äußern. Bei einer Parteiversammlung in München Anfang April 1920 erklärte er: »Wir wollen keine Gefühlsantisemiten sein, die Pogromstimmung erzeugen wollen, sondern es beseelt uns die unerbittliche Entschlossenheit, das Übel an der Wurzel zu packen und mit Stumpf und Stiel auszurotten.«[22] Zunehmend bediente Hitler sich bei seinen antijüdischen Attacken aus dem begrifflichen Baukasten der Rasssenhygiene. So forderte er bei einer weiteren Rede auf einer Parteiversammlung in München Anfang Juli 1920: »Jetzt gilt es, reinen Tisch zu machen, diejenigen auszumerzen, die nicht Deutsche sind [...] Entfernung der Juden aus dem deutschen Volkskörper.«[23] Ein anderer Lösungsweg schien für ihn ausgeschlossen, denn: »Hier gibt es keine Verständigung, der Jude und seine Helfershelfer im Innern unseres Volkes bleiben ewig unsere Feinde. Wir wissen, wenn sie ans Ruder kommen, dann rollen unsere Köpfe in den Sand; wir wissen aber auch, wenn wir die Macht in der Hand haben werden: Dann gnade euch Gott!«[24]

Die aus Hitlers Sicht angeblich so bedrohliche Minderheit der Juden in Deutschland bestand im Winter 1932/33 aus etwas mehr als einer halben Million Menschen und stellte somit weniger als ein Prozent der deutschen Gesamtbevölkerung von 65 Millionen. Um Juden »auszumerzen«, das »Übel an der Wurzel zu packen und mit Stumpf und Stiel auszurotten«, bedurfte es erst einmal einer entsprechenden politischen Machtposition, aber auch der Zustimmung der Eliten und einer Bereitschaft vieler Deutscher, dabei aktiv mitzuwirken.

Sodann machte Hitler die Juden für eine weitere Gefährdung des »deutschen Blutes« verantwortlich. Dabei ging es um die von französischen Kolonialtruppen mit deutschen Frauen während der Besatzungszeit nach dem Ersten Weltkrieg gezeugten Kinder. Dazu schrieb Hitler: »Juden waren es und sind es, die den Neger an den Rhein bringen, immer mit dem gleichen Hintergedanken und klaren Ziele, durch die dadurch zwangsläufig eintretende Bastardierung die ihnen verhasste weiße Rasse zu zerstören, von ihrer kulturellen und politische Höhe herunterzuschmettern und selber zu ihren Herren aufzusteigen.«[25] Das Ziel des Juden sei eindeutig, so führte er in einer Rede auf einer Parteiversammlung 1921 aus: »er [...] will schänden, unsere deutsche Rasse völlig verderben; darum wirft er im Rheinland auch das deutsche Weib dem Neger hin.«[26] Auf welche Weise einer solchen »Bastardierung« entgegengetreten werden sollte, ließ er allerdings noch offen.

Nach der Sicherung des deutschen »Rassenwertes« sollte dieser durch geeignete Maßnahmen gesteigert werden: »Denn hat erst ein Volk und ein Staat diesen Weg einmal beschritten, dann wird sich auch von selbst das Augenmerk darauf richten, gerade den rassisch wertvollen Kern des Volkes und gerade seine Fruchtbarkeit zu steigern, um endlich das gesamte Volkstum den Segen eines hochgezüchteten Rassengutes teilhaftig werden zu lassen.«[27] Auf diese Weise entspreche »die völkische Weltanschauung dem innersten Wollen der Natur, da sie jenes freie Spiel der Kräfte wieder herstellt, das zu einer dauernden gegenseitigen Höherzüchtung führen muss, bis endlich dem besten Menschentum, durch den erworbenen Besitz dieser Erde, freie Bahn gegeben wird zur Betätigung auf Gebieten, die teils über, teils außer ihr liegen werden.«[28]

Der völkischen Weltanschauung müsse es »endlich gelingen, jenes edlere Zeitalter herbeizuführen, in dem die Menschen ihre Sorge nicht mehr in der Höherzüchtung von Hunden, Pferden und Katzen erblicken, vielmehr im Emporheben des Menschen selbst.«[29] Hitler war allerdings überzeugt: »Die Vermehrung allein vermag die Zukunft eines Volkes nach menschlichem Ermessen sicherzustellen.«[30] Es gelte deshalb, eine allgemeine Steigerung der Geburtenrate zu erreichen, weil »die wertvollsten Kräfte nicht in der Erst- und Zweitgeburt gezeugt werden.«[31] Ein künftiger NS-Staat müsse dafür sorgen, »dass die Fruchtbarkeit des gesunden Weibes nicht beschränkt wird durch die finanzielle Luderwirtschaft eines Staatsregiments, das den Kindersegen zu einem Fluch für die Eltern gestaltet. Er hat mit jener faulen, ja verbrecherischen Gleichgültigkeit, mit der man heute die sozialen Voraussetzungen einer kinderreichen Familie behandelt, aufzuräumen und muss sich an Stelle dessen als oberster Schirmherr dieses köstlichen Segens eines Volkes fühlen.«[32] Um seine Erwartungen hinsichtlich der Steigerung der Geburtenzahl abzusichern, forderte Hitler: »Das Ziel der weiblichen Erziehung hat unverrückbar die kommende Mutter zu sein.«[33] Es müsse künftig als verwerflich gelten, »gesunde Kinder der Nation vorzuenthalten«.[34] Insgesamt umfasste das rassenpolitische Programm Hitlers somit Maßnahmen, die von »Ausmerze« bis »Zucht« reichten und die er in einem nationalsozialistischen Deutschland zu verwirklichen hoffte.

Selbst als dieses nationalsozialistische Deutschland kurz vor dem Scheitern stand, gab Hitler seine rassenpolitischen Ziele nicht auf. Noch am Tag vor seinem Selbstmord verpflichtete der abschließende Satz seines »Politischen Testaments« vom 29. April 1945 die »künftige Führung der Nation und die Gefolgschaft [...] zur peinlichen Einhaltung der Rassengesetze und zum unbarmherzigen Widerstand gegen den Weltvergifter aller Völker, das internationale Judentum«.[35]

# 4. Zwangssterilisation, Abtreibung, »unbarmherzige Aussonderung«

*»In diesem heutigen Staate der Ruhe und Ordnung in den Augen seiner Vertreter, dieser tapferen bürgerlich-nationalen Welt, ist also die Verhinderung der Zeugungsfähigkeit bei Syphilitikern, Tuberkulosen, erblich Belasteten, Krüppeln und Kretins ein Verbrechen, dagegen wird die praktische Unterbindung der Zeugungsfähigkeit bei Millionen der Allerbesten nicht als etwas Schlechtes angesehen und verstößt nicht gegen die guten Sitten.«*[1]

*»Er [der Staat, R. P.] hat, was irgendwie ersichtlich krank und erblich belastet und damit weiter belastend ist für zeugungsunfähig zu erklären und dies praktisch auch durchzusetzen.«*[2]

## 4.1 »Reinerhaltung des Blutes«

Bei der Bildung der rechtskonservativ-nationalsozialistischen Koalitionsregierung in Thüringen erhielten im Januar 1930 erstmals Nationalsozialisten Ministerposten in einer Landesregierung. Parteimitglied Wilhelm Frick wurde Innenminister und Minister für Volksbildung. Auf seine Initiative erhielt die thüringische Landesuniversität Jena einen »Lehrstuhl für Rassenfragen und Rassenkunde«. Dieser wurde auf Drängen von Frick – gegen den Willen von Fakultät und Senat der Universität – mit Hans F. K. Günther besetzt. Der Philologe hatte Anfang der 1920er Jahre das in völkischen Kreisen populäre Buch *Rassenkunde des deutschen Volkes* veröffentlicht, das Hitler während seiner Festungshaft in Landsberg und der Abfassung von *Mein*

*Kampf* gelesen hatte. Günther befürwortete die Zwangssterilisation von Menschen mit »minderwertigen Erbanlagen«. An seiner Antrittsvorlesung in Jena nahmen Hitler und sein Parteigenosse Hermann Göring teil. Ihre Anwesenheit unterstrich die Bedeutung, die aus nationalsozialistischer Sicht der Rassenforschung und der Rassenhygiene zukam.

Vertreter des »Deutschen Ärztevereinsbunds« und des »Hartmannbunds« bedrängten 1932 das Reichsministerium des Innern (RMdI), ein Sterilisationsgesetz vorzulegen, welches einer »Verschlechterung des Erbgutes« vorbeuge. Das Gesetz sollte die rechtlichen Unsicherheiten für diejenigen Ärzte beenden, die eine Unfruchtbarmachung aus eugenischer Indikation durchführen wollten. Beide Standesorganisationen forderten allerdings keine Zwangssterilisation. Auch die Ärztekammer des Landes Württemberg hatte ihrer Staatsregierung den Entwurf für ein Sterilisationsgesetz übersandt. Sie hielt ebenfalls eine Einwilligung der Betroffenen für notwendig, sah jedoch für einige noch festzulegende Fälle bereits die Einwilligung einer behördlichen Stelle für den Eingriff als ausreichend an. Diese Gesetzesinitiativen blieben jedoch zunächst noch ohne Chance auf Verwirklichung.

Am 30. Januar 1933 ernannte Reichspräsident Paul von Hindenburg Adolf Hitler zum Reichskanzler. In der Nacht vom 27. auf den 28. Februar stand – nach einem Brandanschlag von bisher ungeklärter Seite – das Gebäude des Reichstags in Flammen. Noch am gleichen Tag erfolgte eine »Verordnung des Reichspräsidenten zum Schutz von Volk und Staat«. Diese schränkte die in der Verfassung garantierten Grundrechte ein und verschaffte der Regierung Hitlers

Ausnahmebefugnisse. Polizei und Angehörige der in Preußen zur Hilfspolizei ernannten SA verhafteten nun Kommunisten, Sozialdemokraten und Gewerkschafter. Auf diese Weise ließen sich politisch unerwünschte Kandidaten der KPD und SPD von der bevorstehenden Reichstagswahl ausschließen. Die Verhafteten wurden in »Schutzhaft« genommen und in Gefängnissen oder provisorischen Konzentrationslagern (KZ) eingesperrt. Auf diese Weise gerieten im ersten Halbjahr 1933 fast 100 000 Menschen im Deutschen Reich in Haft und sahen sich dort häufig schweren Misshandlungen ausgesetzt. Am 24. März beschloss der Deutsche Reichstag in Abwesenheit der inhaftierten oder geflohenen 81 Abgeordneten der Fraktion der KPD und der 26 aus den gleichen Gründen abwesenden Abgeordneten der SPD, das »Gesetz zur Behebung der Not von Volk und Reich«, das »Ermächtigungsgesetz«. Damit ging die gesetzgebende Gewalt vom Parlament auf die Reichsregierung über. Im »Gesetz über den Neuaufbau des Reichs«, das der Reichsregierung Ende Januar 1934 auch die Länderregierungen unterstellte, kulminierte die grundlegende Zerstörung des bisherigen Rechts- und Verfassungsstaats.

Noch am 30. Januar 1933 ernannte Reichskanzler Hitler seinen Parteigenossen Göring zum Reichsminister ohne Geschäftsbereich und zum Reichskommissar für das preußische Innenministerium. In dieser Eigenschaft übersandte Göring den Innen- und Justizministern der Länder den bereits vorliegenden Entwurf eines preußischen Sterilisationsgesetzes mit der Bitte um Stellungnahme. Der Entwurf sah die Sterilisation solcher Patienten in Heil- und Pflegeanstalten vor, die Erbkrankheiten aufwiesen. Zwar sollte der Eingriff mit Einwilligung der Betroffenen erfolgen.

Doch der nationalsozialistische Ministerpräsident und Gauleiter von Thüringen, Fritz Sauckel, hielt eine Einwilligung für überflüssig. Er forderte vom RMdI, das inzwischen sein Parteigenosse Frick leitete, ein rassenhygienische Notwendigkeiten berücksichtigendes Sterilisationsgesetz vorzulegen. Noch deutlicher äußerte sich die NSDAP-Fraktion im Brandenburgischen Provinzial-Landtag mit der Forderung nach einem Gesetz für eine Zwangssterilisation.

Zunächst erfolgte im Mai 1933 eine Novellierung des Strafrechts zur freiwilligen Unfruchtbarmachung. Künftig blieb eine solche Körperverletzung mit Einwilligung dann straffrei, wenn die Tat nicht »gegen die guten Sitten« verstoße. Am 14. Juli 1933 beschloss das Kabinett das »Gesetz zur Verhütung erbkranken Nachwuchses« (GzVeN). Die Veröffentlichung des Gesetzes mit Hitlers Unterschrift als Reichskanzler erfolgte im Reichsgesetzblatt am 25. Juli. Am 1. Januar 1934 trat es in Kraft. Bedenken des Vizekanzlers, des Zentrumspolitikers Franz von Papen, der eine Einwilligung der Betroffenen oder wahlweise deren Unterbringung in Anstalten vorschlug, wies Hitler entschieden zurück. Er entgegnete von Papen, »dass alle Maßnahmen berechtigt seien, die der Erhaltung des Volkstums dienten. Die im Entwurf vorgesehenen Eingriffe seien nicht nur klein, sondern auch moralisch unanfechtbar, wenn man davon ausgehe, dass sich erbkranke Menschen in erheblichem Maße fortpflanzten, während andererseits Millionen gesunder Kinder ungeboren blieben«.[3] Das GzVeN legalisierte körperliche Eingriffe wie Sterilisation, Kastration und Abtreibung bei Menschen, von denen zu erwarten sei, dass deren Nachkommen mit »großer Wahrscheinlichkeit« an körperlichen oder geistigen Erbschäden leiden würden. Diese erste rassenpolitische Maßnahme ermöglichte ein sofortiges Vorgehen gegen diejenigen Gruppen der eigenen Bevölkerung, die aus Hitlers Sicht zu einem »Rassetod« beitrugen.

Einige der im Vokabular der Rassenhygieniker bereits üblichen Begrifflichkeiten hatte man im Text des GzVeN entschärft. So wandelten sich »Minderwertige« zu »Erbkranken«, und statt der Verhütung »unwerten« oder »lebensunwerten« Lebens galten die vorgesehenen Maßnahmen jetzt dem »erbkranken Nachwuchs«. Die Wortwahl vermochte jedoch nicht darüber hinwegzutäuschen, »dass der Sterilisationsrassismus aus dem deutschen Volk vor allem das ersehnte ›Herrenvolk‹ machen sollte« (Bock). Nach dem Gesetz galten »angeborener Schwachsinn, Schizophrenie, zirkuläres Irresein, erbliche Fallsucht, erblicher Veitstanz [gemeint war Chorea Huntington, R. P.], erbliche Blindheit, erbliche Taubheit und eine schwere ›körperliche Missbildung‹ als Erbkrankheiten«.

Reichsinnenminister Frick berief als beratendes Gremium einen »Sachverständigenbeirat für Bevölkerungs- und Rassenpolitik« ein. Diesem gehörten die beiden bekannten Rassehygieniker Günther und Ploetz, der Vorsitzende der »Deutschen Gesellschaft für Rassenhygiene«, der Arzt und Psychiater Rüdin, der Eugeniker und damalige Ministerialrat im RMdI Arthur Gütt und der Reichsleiter Walter Buch vom »Braunen Haus« in München an. Hinzu kamen der Jurist Falk Ruttke als Kommissar des »Reichsausschusses für Volksgesundheit« und der Vorsitzende des »Nationalsozialistischen Deutschen Ärztebundes« Gerhard Wagner, der der »Beauftragte des Führers für Volksgesundheit« und außerdem Leiter des »Hauptamtes für Volksgesundheit der NSDAP« war.

Anlässlich der ersten Sitzung des Beirats hielt Frick eine Eröffnungsrede. Sie fand in Broschürenform mehrfach Veröffentlichung. Der Minister sprach von der Sorge, mit der er die zunehmende »Rassenvermischung« und »Rassenentartung« in Deutschland betrachte. Besonders beklagte er das »mangelnde Bewusstsein des deutschen Mannes und der deutschen Frau« für ihr Blut und ihre Rasse. Als Ursache für die geistige und seelische Entartung sowie die Entfremdung vom eigenen Volk nannte er die Mischehen mit »Fremdrassigen«. Erblich Belastete an der Fortpflanzung zu hindern, stellte aus seiner Sicht eine wesentliche Voraussetzung dar, um den »Völkskörper nach seinem Erbwert gliedern« zu können. Anschließend erläuterte Gütt, der zusammen mit Rüdin und Ruttke einen Kommentar zum GzVeN erarbeitete, die künftigen Arbeitsfelder des Beirats. Dazu zählte er Vorschläge zur Herabsetzung der Kosten für »Minderwertige«, unheilbar Kranke, »Asoziale« und Verbrecher. Erwünscht sei ebenfalls die Mitwirkung der Beiratsmitglieder bei der Abfassung künftiger Gesetzentwürfe, damit die Gesichtspunkte der Vererbungslehre und der Rassenhygiene ausreichende Berücksichtigung fänden. Eine weitere wichtige Aufgabe für den Beirat bestehe in der Zusammenfassung von Forschungsergebnissen dazu, wie Gewohnheits- und Sexualverbrecher durch Kastration oder Sterilisation unfruchtbar gemacht werden könnten. Schließlich erwarte das Ministerium weitere Vorschläge zur Durchführung rassenpolitischer Aufgaben und Mithilfe bei der Ausbildung von Medizinern.

Tatsächlich wurde die Prüfungsordnung für Medizinstudenten schon bald um das neue Fach »Rassenhygiene« erweitert. Um Amtsärzte, niedergelassene sowie in Pflegeheimen und Krankenhäusern tätige Ärzte auf ihre neuen Aufgaben im Bereich der »Erbpflege« vorzubereiten, legten die Medizinalverwaltungen der Länder entsprechende Schulungsprogramme vor. Das RMdI sorgte darüber hinaus in Berlin und München für die Errichtung eigener Staatsmedizinischer Akademien mit dem erklärten Ziel, »ein erbgesundheitlich hochwertiges Volk zu schaffen und zu erhalten«.

### *4.1.1 Zwangssterilisationen*

Den Antrag zu einer Sterilisation »durch chirurgischen Eingriff« konnten die Betroffenen selbst, deren gesetzliche Vertreter oder ein Amtsarzt stellen. Für Patienten in Kranken-, Heil- und Pflegeanstalten verfügten die jeweiligen Anstaltsleiter über das Antragsrecht. Die Entscheidung über die Anträge fällte ein den Amtsgerichten angegliedertes Erbgesundheitsgericht. Es setzte sich aus drei Personen, einem Richter, einem Amtsarzt und einem weiteren approbierten Arzt zusammen. Die Einspruchsfrist gegen ein Urteil des Erbgesundheitsgerichtes betrug zunächst vier Wochen, jedoch verkürzte man sie schon bald auf zwei Wochen. Als eventuell noch anzurufende zweite Instanz wurden den Oberamtsgerichten ähnlich besetzte Erbgesundheitsobergerichte angegliedert. Diese mussten jedoch nur selten tätig werden, da sich sehr schnell herumsprach, dass ein Einspruch kaum Erfolgschancen besaß.

Das GzVeN sah die Durchführung einer Unfruchtbarmachung auch gegen den Willen der Betroffenen vor. Falls erforderlich, konnte der Eingriff nach Anwendung polizeilichen unmittelbaren Zwangs durchgeführt werden. Somit handelte es sich bei den durchgeführten Eingriffen eigentlich immer um Zwangssterilisationen (Bock). Lokal- und regionalgeschichtliche Untersuchungen belegen, dass es zumeist Ärzte und Beschäftigte in Heilberufen waren, die für einen solchen Eingriff in Frage kommende Menschen ermittelten. Außerdem suchten danach auch die Kreis- und Amtsärzte und füllten häufig die dafür notwendigen Antragsformulare aus. In gleicher Weise arbeiteten die Leitenden Ärzte an Heil- und Fürsorgeanstalten, aus denen schließlich fast ein Drittel aller Sterilisierten stammte. Gerichtsärzte, Sanitätsoffiziere der Wehrmacht und Ärzte in Konzentrationslagern stellten ebenfalls Anträge auf Sterilisationen und standen den Erbgesundheitsgerichten zudem häufig als Richter aus dem medizinischen Bereich zur Verfügung. Selbst die bereits erwähnten Rassenhygieniker Fischer, Günther, Lenz und Rüdin unterstützten die in ihrer Region tätigen Erbgesundheitsgerichte. Nach der Antragsstellung und dem Urteil eines Erbgesundheitsgerichts erhielten die für eine Kastration oder eine Sterilisation Bestimmten den Bescheid eines Amtsarztes, sich binnen zwei Wochen in einem bestimmten Krankenhaus einzufinden. Die jeweiligen Landesregierungen hatten für den Eingriff geeignete Krankenhäuser und zur Ausführung der Operationen entsprechend qualifizierte Gynäkologen und Chirurgen ausgewählt.

Über 50 Prozent aller durchgeführten Eingriffe erfolgten nach der Diagnose von »Schwachsinn«. Nach Häufigkeit geordnet folgten die psychiatrischen Diagnosen Schizophrenie, Epilepsie und manisch-depressives »Irresein«. Somit umfasste eigentlich keine dieser Diagnosen ein eindeutiges Krankheitsbild, was den damaligen Psychiatern aber durchaus bewusst war. Betroffen waren weiterhin mit Taubheit, »körperlicher Missbildung«, Morbus Huntington, schwerem Alkoholismus, wirklicher oder angeblicher Blindheit Diagnostizierte. So erfolgte auch die Unfruchtbarmachung von etwa 2750 blinden Menschen. Die Diagnose von »Erbkrankheiten« war eigentlich eine Sozialdiagnostik. Nach der »Wertigkeit« eines Menschen konnte dessen Fortpflanzung kontrolliert und gesteuert werden und damit die angestrebte »Aufartung« erfolgen (Bock).

Kastrationen schrieb das am 24. November 1933 erlassene »Gesetz gegen gefährliche Gewohnheitsverbrecher und über Maßregeln der Sicherung und Besserung« vor. Es regelte die Zwangseinweisung von Straftätern in Arbeitshäuser, Heil- und Pflegeanstalten sowie in Trinkerheilanstalten und ermöglichte die Kastration »gefährlicher Sittlichkeitsverbrecher«. Natürlich konnten die Zwangssterilisationen – vor allem wenn sie außerhalb von geschlossenen Anstalten in Krankenhäusern erfolgten – trotz aller Bemühungen nicht lange geheim gehalten werden. Die Bevölkerung erhielt schnell Kenntnis von diesen angeblich erbbiologisch notwendigen Operationen. Außerdem fanden Sterilisationen in der medizinischen Fachpresse ebenso Beachtung wie in Reden und Zeitungsartikeln. Auch Aufklärungsfilme mit Titeln wie *Die Sünde wider Blut und Rasse*, *Erbkrank* oder *Paläste für Geisteskranke* begleiteten die rassenpolitischen Anstrengungen des NS-Staats propagandistisch. Außerdem erfolgten Führungen durch psychiatrische Kliniken, um für die Notwendigkeit von »Erbhygiene« und »Euthanasiemaßnahmen« zu werben.

Um Sterilisationen in noch größerem Umfang zu ermöglichen, folgte im Juli 1934 das »Gesetz zur Vereinheitlichung des Gesundheitswesens«. Es zentralisierte das bisher in einen kommunalen und einen staatlichen Bereich differenzierte Gesundheitswesen, sorgte für die Einrichtung staatlicher Gesundheitsämter und erleichterte die Kontrolle sowie die Durchführung der nationalsozialistischen Rassenpolitik im gesamten Reichsgebiet. Zu den hauptsächlichen Dienstaufgaben der neuen Gesundheitsämter gehörte daher vor allem die Überwachung und Steuerung der im GzVeN vorgesehenen Maßnahmen. Der Bedeutung der »Erb- und Rassenpflege« trug unter anderem die Einrichtung einer besonderen Stelle zur Eheberatung Rechnung. Der für das Gesetz zuständige Arthur Gütt konnte 1936 zufrieden feststellen: »So wird demnächst der öffentliche Gesundheitsdienst zwar in Zukunft auch wie bisher die Bevölkerung vor Seuchen und Volkskrankheiten oder schädlichen Umwelteinflüssen zu bewahren haben, aber außer der Fürsorge für das Einzelwesen sind den Gesundheitsämtern und den in ihnen beschäftigten Personen damit neue Aufgaben übertragen worden, die das Ziel einer erblichen und rassischen Volksgesundheit anstreben!«[4] Alle Gesundheitsämter wirkten zudem an einer »erbbiologischen Bestandsaufnahme des deutschen Volkes« mit, um mit deren Hilfe nutzbare Erkenntnisse für den erwünschten »Erhalt des Volkstums« zu erhalten.

Patienten von Heim- und Pflegeanstalten stellten anfangs häufig selbst Anträge auf Unfruchtbarmachung. Wahrscheinlich hatten die Anstalten ihnen gedroht, die Pflegekosten für sie nicht länger zu tragen, oder ihnen eine schnelle Entlassung nach einem solchen Eingriff versprochen. Schließlich kamen aus den Anstalten immer weniger Anträge, weil inzwischen die meisten der dortigen »Erbkranken« bereits sterilisiert worden waren. Ab 1937 zeichnete sich ein Rückgang der Anträge auf Sterilisation ab. Schließlich begrenzte die im August 1939 erlassene »Verordnung zur Durchführung des GzVeN« angesichts des Krieges die Eingriffe auf Fälle von »großer Fortpflanzungsgefahr«. Da es zunehmend wichtig wurde, weibliche Arbeitskräfte für die Kriegsindustrie zu sichern, verschob das Regime die Eingriffe auf die Zeit nach dem erwarteten »Endsieg«. Als die Zahl der Sterilisationen weiter sank, erließ das RMdI Änderungen für deren Durchführung, welche die Zahl der Eingriffe wieder ansteigen ließ. Auf diese Weise konnte die Sterilisationspolitik trotz der kriegsbedingten Einschränkungen bis 1945 weitergeführt werden.

Die Gesamtzahl der durchgeführten Sterilisationen im Reichsgebiet wird auf ungefähr 360 000 geschätzt. Das GzVeN erhielt im 1938 »angeschlossenen« Österreich, in Danzig, im Sudetenland, im Memelland, in der Tschechoslowakei, im Gebiet um Eupen, Malmedy und Moresnet und schließlich 1941 auch im annektierten Polen Gültigkeit. Insgesamt dürfte die Zahl der Sterilisierten nach Schätzungen von Gisela Bock daher wohl bei 400 000 Menschen liegen, wovon die Hälfte weiblichen Geschlechts war. Während des Krieges arbeiteten ungefähr zwei Millionen ausländische Frauen in Deutschland. Hunderttausende dieser »fremdvölkischen« Arbeiterinnen wurden ebenso sterilisiert wie eine nicht bekannte Zahl von KZ-Häftlingen.

### 4.1.2 *Sterilisierung der Kinder kolonialer alliierter Besatzungstruppen*

> *»Unsere Frauen und Töchter werden von tierischen Schwarzen geschändet.«*[5]

> *»Juden waren es und sind es, die den Neger an den Rhein bringen, immer mit dem gleichen Hintergedanken und klaren Ziele, durch die dadurch zwangsläufig eintretende Bastardierung die ihnen verhasste weiße Rasse zu zerstören, von ihrer kulturellen und politische Höhe herunterzuschmettern und selber zu ihren Herren aufzusteigen.«*[6]

> *»Denn in einer verbastardierten und vernegerten Welt wären auch alle Begriffe des menschlich Schönen und Erhabenen und alle Vorstellungen einer idealisierten Zukunft unseres Menschentums für immer verloren.«*[7]

Öffentlicher Protest hatte sich in Deutschland erhoben, als Frankreich nach dem Ersten Weltkrieg für die Besetzung linksrheinischer und kleinerer rechtsrheinischer Gebiete auf Kolonialtruppen zurückgriff. Dass einige dieser Besatzungssoldaten mit deutschen Frauen Kinder zeugten, blieb kein Geheimnis, obgleich die Zahl dieser Kinder gering war. Hitler beschwor 1925 in *Mein Kampf* die Gefahr einer »Bastardierung« für die »weiße Rasse« durch diese Kinder. Nur wenige Wochen nach der »Machtergreifung« der Nationalsozialisten ordnete Göring noch als kommissarischer Innenminister Preußens an, ihm über die Anzahl und das Alter der von schwarzen Soldaten der Besatzungstruppen mit deutschen Frauen und Mädchen gezeugten »Bastarde« Bericht zu erstatten. Zur Identifizierung und Untersuchung dieser Kinder entsandte das »Kaiser-Wilhelm-Institut für

Anthropologie, menschliche Erblehre und Eugenik« einen Mediziner ins Rheinland. Der Politikwissenschaftler Hans Macco veröffentlichte Ende 1933 die Schrift *Rassenprobleme im Dritten Reich*. Darin forderte er »die Sterilisierung aller Mulatten, die uns die ›Schwarze Schmach‹ am Rhein hinterlassen hat«.

Mit dem Wortlaut des GzVeN konnte eine Unfruchtbarmachung dieser Kinder, bevor sie geschlechtsreif wurden, allerdings nicht begründet werden, weil das Gesetz keine Indikation aus Gründen der Rasse vorsah. Der »Sachverständigenbeirat« im RMdI diskutierte daher, ob ein weiteres Gesetz notwendig sei oder ob illegal mit Hilfe besonders ermächtigter Parteiorgane vorgegangen werden könne. Er kam zu dem Schluss: »Die Entscheidung darüber, ob die Frage gesetzlich geregelt werde oder nicht, müsse dem ›Führer‹ überlassen bleiben.« Eine rechtliche und öffentliche Regelung kam für Hitler allerdings nicht in Frage. Im April 1937 erhielt das RdMI durch eine »Geheime Reichssache« aus der Reichskanzlei die Weisung Hitlers, mit den Maßnahmen zur Unfruchtbarmachung der »Rheinlandbastarde« zu beginnen. Das Auswärtige Amt fürchtete negative Reaktionen im Ausland, doch die Reichskanzlei teilte im Mai dem RMdI in einem Schreiben mit, dass Hitler diese Bedenken nicht teile: »Der Führer bitte, seine Anordnung vom 18. April ungesäumt durchzuführen und über die Durchführung zu berichten.«

Bei der »Geheimen Staatspolizei« (Gestapo) in Berlin entstand eine Sonderkommission mit dem Auftrag, für eine unauffällige Sterilisierung der »Rheinlandbastarde« zu sorgen. Nach dem Vorbild der Erbgesundheitsgerichte untersuchten daraufhin drei Kommissionen die ihnen im

Rheinland mit Hilfe der Staatspolizeistellen vorgeführten »Mischlingskinder«. Nach einem entsprechenden Urteil dieser Kommissionen wurden sie unverzüglich in die vorgesehenen Krankenhäuser gebracht. Dort nahmen Ärzte die Eingriffe an den zwischen 10 und 17 Jahre alten Jungen und Mädchen vor. Alle schriftlichen Unterlagen inklusive der Operationsberichte liefen aus Geheimhaltungsgründen anschließend in Berlin zusammen. Schätzungsweise wurden zwischen 400 und 800 Sterilisationen durchgeführt.

### *4.1.3 Zwangsabtreibungen*

Anfang 1934 trat Gerhard Wagner als Volksbeauftragter des Führers für Volksgesundheit an Reichsinnenminister Frick mit der Bitte heran, auch Abtreibungen aus »eugenischen Gründen« gesetzlich abzusichern. Als das RMdI dagegen Bedenken erhob, sprach Wagner während des Nürnberger Reichsparteitags im September 1934 Hitler persönlich an. Dieser stimmte der Durchführung von Abtreibungen aus »eugenischen Gründen« sogleich zu. Um solche Eingriffe ohne gesetzliche Basis durchführen zu können, nutzte Wagner die im Rahmen der Gleichschaltung des Gesundheitswesens erstandene »Kassenärztliche Vereinigung Deutschlands« und die ihm unterstehenden Ämter für Volksgesundheit der Partei auf Kreis- und Gauebene. Darüber ordnete er eine Abtreibung bei als »erbkrank« eingestuften schwangeren Frauen an. Ein solcher Eingriff war künftig außerdem bei schwangeren Frauen möglich, wenn diese ein Kind von einem als »erbkrank« erachteten Mann erwarteten. Ärzten, die bereits einen entsprechenden Eingriff durchgeführt hatten, wurde rückwirkend Straffreiheit zugesichert. Schließlich erlaubte das im Juni 1935 erlassene »Gesetz zur Änderung des GzVeN« bei den von einem Erbgesundheitsgericht für die Unfruchtbarmachung vorgesehenen schwangeren Frauen einen Abbruch der Schwangerschaft sogar noch bis zum Ende des sechsten Schwangerschaftsmonats. Dazu sollte allerdings das Einverständnis der betroffenen Frau eingeholt werden. Ob bei diesen besonders risikoreichen Schwangerschaftsabbrüchen tatsächlich eine solche Zustimmung vorher eingeholt worden ist, lässt sich nicht mehr ermitteln.

Das »Zweite Gesetz zur Änderung des Gesetzes zur Verhütung erbkranken Nachwuchses« begrenzte ab Februar 1936 die Methode der Unfruchtbarmachung nicht mehr auf einen chirurgischen Eingriff. Diese Operationen waren vor allem für Frauen gefährlich, und viele hatten einen tödlichen Ausgang genommen. Hitler hatte die Gefahr einer wachsenden Abneigung gegen die Eingriffe in der Bevölkerung erkannt und deshalb »unblutige« Sterilisationen gefordert. Solche Eingriffe wurden mit Hilfe starker, auf den Unterleib der Betroffenen gerichteten Röntgenstrahlen vorgenommen. Das verringerte allerdings keineswegs das Risiko; denn auch bei den Bestrahlungen kam es zu Komplikationen und Todesfällen.

### 4.1.4 »Unbarmherzige Absonderung«

> *»Es ist eine Halbheit, unheilbar kranken Menschen die dauernde Möglichkeit einer Verseuchung der übrigen gesunden zu gewähren. Es entspricht dies aber ganz einer Humanität, die, um dem einen nicht wehe zu tun, hundert andere zugrunde gehen lässt. […] Hier wird man, wenn nötig, zur unbarmherzigen Absonderung einmal unheilbar Erkrankter schreiten müssen; eine barbarische Maßnahme für den davon betroffenen, aber ein Segen für die Mit- und Nachwelt«.*[8]

> *»Da das Minderwertige der Zahl nach gegenüber dem Besten immer überwiegt, würde bei gleicher Lebenshaltung und Fortpflanzungsmöglichkeit das Schlechtere sich so viel schneller vermehren, dass endlich das Beste zwangsläufig in den Hintergrund treten müsste, wenn eben nicht eine Korrektur dieses Zustandes vorgenommen würde«.*[9]

> *»Die Generation unserer heutigen notorischen Schwächlinge wird selbstverständlich sofort dagegen aufschreien und von Eingriffen in die heiligsten Menschenrechte usw. jammern und klagen. Nein, es gibt nur ein heiligstes Menschenrecht, und dieses Recht ist zugleich die heiligste Verpflichtung, nämlich dafür zu sorgen, dass das Blut rein erhalten bleibt, um durch die Bewahrung des besten Menschentums einer edleren Entwicklung dieser Wesen die Möglichkeit zu geben«.*[10]

In seiner Rede auf dem Nürnberger Parteitag 1929 hatte Hitler auf die Gefahr hingewiesen, dass das deutsche Volk als »Körper von Fleisch und Blut und seelischen Kräften langsam zugrunde« gehe. Dies könne nicht ausbleiben, »wenn ein Volk im Laufe von Jahrhunderten seine besten

Blutsträger« verliere. Dann präsentierte er folgende Rechnung: »Würde Deutschland jährlich eine Million Kinder bekommen und 700.000–800.000 der schwächsten beseitigen, dann würde am Ende das Ergebnis vielleicht sogar eine Kräftesteigerung sein.«[11] Zur »Absonderung unheilbar Erkrankter«, die Hitler selbst als eine »barbarische Maßnahme« ansah, musste das NS-Regime allerdings zunächst den Prozess der Gleichschaltung vollenden und den »Führerstaat« stabilisieren. In Berlin wurde 1934 die »Kanzlei des Führers der NSDAP« (KdF) eingerichtet, deren Leitung Reichsleiter Philipp Bouhler übernahm. Die Kanzlei sollte Hitlers Position als »Führer« noch unterstreichen und zugleich die Handlungsmöglichkeiten der Partei erweitern. Da der »Führerwille« inzwischen zur Richtschnur des Regierungshandelns geworden war, ermöglichte dies der NS-Rassenpolitik den staatlich organisierten Mord an angeblich körperlich und geistig »behinderten« Menschen. Die »krankhaftesten Subjekte zu erhalten«, schien Hitler, wie er in seinem *Zweiten Buch* formuliert hatte, der »erbärmlichste Irrsinn« seiner Zeit.

### *4.1.5 Kindermord*

Ende 1938 suchte ein Ehepaar mit seinem schwerbehinderten Sohn den Direktor der Leipziger Universitätskinderklinik, Prof. Werner Catel, auf. Dem blinden und geistig zurückgebliebenen Jungen fehlte der linke Oberarm, und ein Bein war missgebildet. Catel schloss nach einer Untersuchung aus, dass sich der Zustand des Kindes verbessern werde. Er riet den Eltern, den »Führer und Reichskanzler« um Erlaubnis für die Tötung des Kindes zu bitten, weil dies nach geltendem Recht strafbar sei. Daraufhin richtete der Vater ein Schreiben an Hitler und bat um Erlaubnis für den »Gnadentod« seines Sohnes. Bittbriefe und Eingaben liefen inzwischen generell über das Hauptamt I der KdF, das als »Privatkanzlei des Führers« fungierte. Nach Erhalt des Schreibens entsandte Hitler seinen Begleitarzt Karl Brandt nach Leipzig. Dieser teilte der Familie das Einverständnis des »Führers« zu der erwünschten Tötung mit. Sie wurde am 25. Juni 1939 von Catel vollzogen..

Bei der Organisation und Durchführung der nun folgenden »Kinder-Euthanasie« spielten der Abteilungsleiter des Hauptamtes IIb der KdF, Hans Hefelmann, und Brandt in Zusammenarbeit mit dem RMdI die wesentliche Rolle. Zur Beratung und Einholung von medizinischen Gutachten gründete Hefelmann zunächst den »Reichsausschuss zur wissenschaftlichen Erfassung von erb- und anlagebedingten schweren Leiden«. Die von diesem eingeleiteten »Reichsausschussverfahren« wurden als »Geheime Reichsache« eingestuft, und die Mitarbeiter nutzten Decknamen. Alle beteiligten Ärzte wurden zu strikter Geheimhaltung verpflichtet und besonders darauf hingewiesen, dass sie den »Willen des Führers« ausführten.

Im August 1939 verbreitete das RMdI einen vertraulichen Runderlass, dass Kinder bis zum dritten Lebensjahr, die schwere angeborene Leiden aufwiesen, von Ärzten, Geburtshelfern und Hebammen in Meldebögen erfasst werden sollten. Dabei ging es um Säuglinge und Kleinkinder, die sich nicht in Heil- und Pflegeanstalten befanden. Um die erfassten Kinder ermorden zu können, mussten diese zunächst in Kinderfachabteilungen überwiesen werden. Verständlicherweise trennten sich viele Eltern nur ungern von ihren Kindern, sie konnten jedoch zumeist mit dem Hinweis auf dort angeblich bessere Behandlungsmöglichkeiten überzeugt werden. Wo Überredungskünste nicht fruchteten, wurde eine Überweisung mit der Androhung des Entzugs des Elternrechts erzwungen.

Die von Amtsärzten und Gesundheitsämtern zurückgesandten Meldebögen wurden in Berlin durch drei Ärzte aus dem »Reichsausschuss« kurz begutachtet. Die Gutachter entschieden nach der Lektüre der Meldebögen durch ein einfaches Plus- oder Minuszeichen in einem Kästchen, ob die Kinder in den Kinderfachabteilungen noch unter Beobachtung bleiben oder gleich getötet werden sollten. Zur Beobachtung und zur Tötung standen in Heil- oder Pflegeanstalten des Reichsgebiets 30 Kinderfachabteilungen zur Verfügung. Deren leitende Ärzte arbeiteten eng mit dem »Reichsausschuss« zusammen. Solche Fachabteilungen entstanden zum Beispiel in Ansbach, Berlin, Eglfing bei Haar, Görden bei Brandenburg, Hamburg-Rothenburgsort und Hamburg-Langenhorn, Hadamar bei Limburg, Leipzig-Dösen, Waldniel-Hostert bei Viersen und Ueckermünde bei Stettin. Manche Kinder starben wegen starker Vernachlässigung bereits auf dem Transport in die Fachabteilungen. Zur Teilnahme an den Tötungen wurden Ärzte und Krankenschwestern nicht gezwungen. Sie konnten eine Mitwirkung ablehnen, nachdem sie sich zur Aufrechterhaltung der Geheimhaltung verpflichtet hatten. Eine ausreichende Zahl von Ärzten stand allerdings stets zur Verfügung, was bei einer Mitgliedschaft der Hälfte der deutschen Ärzte in der NSDAP nicht weiter verwundert. Bei den beteiligten Psychiatern mag sich ausgewirkt haben, »dass die deutsche Psychiatrie von Anfang an sich sehr stark im Dienst der jeweiligen Obrigkeit, des jeweiligen Staates stehend, empfunden hat« (Klaus Dörner).

Über eine gewisse Überlebenschance verfügten diejenigen Kinder, die von den Ärzten als arbeitsfähig beurteilt worden waren. Dem sicheren Tod ausgeliefert waren jedoch die nach rassischen Kriterien erfassten Kinder von Juden oder von »Zigeunern«. Das Lebensalter der zu tötenden Kinder wurde durch Erlasse bis zum Kriegsende schrittweise bis auf das 17. Lebensjahr erhöht. Die Tötungen erfolgten mit Hilfe von Tabletten, Injektionen oder durch Herbeiführung des »Hungertodes«. Der Direktor der Heil- und Pflegeanstalten in Pirna-Sonnenstein, Paul Nitsche, nutzte zur Ermordung das Barbiturat Luminal. Dieses Medikament war in allen Kliniken in ausreichender Menge vorhanden und wirkte nur in hoher Dosierung tödlich. In kleineren Mengen verabreicht, führte es zu beträchtlichen gesundheitlichen Schäden, die schließlich einen »natürlichen« Tod herbeiführten. Somit eignete sich Luminal auch für außerhalb von Anstalten zu verheimlichende »Euthanasiemaßnahmen«. Insgesamt fielen wohl 5000 Kinder den »Reichsauschussverfahren« zum Opfer. Andere Schätzungen sprechen sogar von einer Zahl von 10 000 Kindern, weil viele Kinder auch noch nach dem Ende des »Reichsauschussverfahrens« in den Anstalten umgebracht worden seien.

### *4.1.6 »Gnadentod« (T4)*

Seinem rassenpolitischen Programm folgend, suchte Hitler die »Ausmerze« über den Kreis von Kindern hinaus auszudehnen. Dazu erließ er im Oktober 1939 eine auf seinem privaten Briefpapier geschriebene und auf den 1. September, den Tag des Kriegsbeginns, zurückdatierte Weisung. Diese lautete: »Reichsleiter Bouhler und Dr. med. Brandt sind unter Verantwortung beauftragt, die Befugnis namentlich zu bestimmender Ärzte so zu erweitern, dass nach menschlichem Ermessen unheilbar Kranken bei kritischster Beurteilung ihres Krankenzustandes der Gnadentod gewährt werden kann.«[12] Den Erlass eines entsprechenden Gesetzes hatte Hitler abgelehnt, weil er ein geheimes Vorgehen gegenüber einer Einbeziehung staatlicher Dienststellen vorzog. Diese Art des Vorgehens besaß den Vorzug, mögliche Unruhe sowohl bei der Bevölkerung als auch bei Soldaten an der Front, deren Familienmitglieder betroffen sein konnten, zu vermeiden.

Die Durchführung einer Mordaktion derart großen Ausmaßes – in einer Vorbesprechung im Oktober 1939 wurde die Zahl der möglichen Fälle auf 70 000 Menschen geschätzt – erforderte neben Geheimhaltung auch eine eigene Organisationsstruktur. Die dafür errichtete Zentrale unter Leitung des von Bouhler angeworbenen Juristen Dietrich Allers nahm im April 1940 ihren Sitz in der Berliner Tiergartenstraße 4. Diese Adresse führte nach 1945 zur Bezeichnung der Mordaktion als »Aktion T4«. Aus Gründen der Tarnung arbeiteten die 400 Mitarbeiter der »Aktion T4« offiziell für die eigens zu diesem Zweck ins Leben gerufene »Gemeinnützige Stiftung für Anstaltspflege«, finanziert aus der Parteikasse der NSDAP. Die Zentrale unter Allers arbeitete eng mit Bouhler und dessen Stellvertreter Victor Brack, mit Brandt und der Medizinalabteilung des RMdI zusammen. Die ärztliche Leitung der »Aktion T4« übernahm der Würzburger Psychiater Prof. Werner Heyde, der wie sein Stellvertreter und späterer Nachfolger Paul Nitsche dort einen Arbeitsplatz erhielt.

Im Schriftverkehr mit den verschiedenen Anstalten trat die Zentrale unter der Tarnbezeichnung »Reichsarbeitsgemeinschaft für Heil- und Pfleganstalten« auf. Unter Verwendung dieses Briefkopfs versandte sie an die Heil- und Pflegeanstalten Meldebögen, um Patienten mit körperlichen oder »geistigen und seelischen Behinderungen« zu erfassen. Verlangt wurden Angaben zu Krankheiten wie Chorea Huntington, Encephalitis, Epilepsie, Schizophrenie, Schwachsinn und Paralyse. Zusätzlich erwünscht waren vor allem Auskünfte über den Grad der Arbeitsfähigkeit. Die für die »Aktion T4« von Heyde ausgewählten Ärzte entschieden nach Begutachtung der ausgefüllten Meldebögen – deren Anzahl bestimmte die Höhe ihrer Bezahlung – über das weitere Schicksal der Patienten. Gehörten diese zur Gruppe der zu Tötenden, kamen ihre Namen auf »Verlegungslisten«. Diese Listen ermöglichten zur Verwischung der Spuren eine Verlegung der »Patienten« in »Zwischenanstalten«. Von dort erfolgte dann allerdings schon nach kurzer Zeit der Weitertransport in die sechs Tötungsanstalten Brandenburg, Bernburg an der Saale, Grafeneck in Württemberg, Hadamar bei Limburg, Schloss Hartheim bei Linz und Sonnenstein bei Pirna. In den Tötungsanstalten wurden die Patienten ab Januar 1940 nach ihrer Ankunft in »Duschräume« geführt und dort mit Hilfe von Kohlenmonoxid ermordet. Häftlinge mit Goldzähnen wurden vor Betreten des »Duschraums« besonders gekennzeichnet, damit sie nach der Vergasung für das Herausbrechen des Zahngolds, welches an die Zentrale nach Berlin gesandt werden musste, leichter identifiziert werden konnten. Anschließend wurden die Leichen in Verbrennungsöfen eingeäschert.

Den Transport der Opfer von den Heil- und Pflegeanstalten in die »Zwischenanstalten« und schließlich in die Tötungsanstalten übernahm die von der Zentrale in Berlin für diesen Zweck gegründete Tarnorganisation »Gemeinnützige Krankentransport GmbH« (Gekrat) in grau gestrichenen Bussen mit verhängten Fenstern. Nach den Tötungen rechnete eine mit der Tarnbezeichnung »Zentralverrechnungsstelle Heil- und Pflegeanstalten« versehene Abteilung in der Zentrale in Berlin die entstandenen Kosten ab. Um gegenüber den Hinterbliebenen den wahren Grund des Todes zu verschleiern, nutzten die eigens dazu in den Anstalten eingerichteten Standesämter die gesamte Bandbreite der über 60 möglichen Todesursachen, die sie der amtlichen Übersicht des Statistischen Reichsamts über Todesursachen entnehmen konnten. In einigen Familien riefen die so plötzlich aufgetretenen Krankheiten ihrer Angehörigen mit Todesfolge und die wegen der Seuchengefahr durchgeführten sofortigen Einäscherungen allerdings Zweifel hervor.

Im April 1940 verfügte das RMdI, die Heil- und Pflegeanstalten sollten ihre jüdischen Insassen melden. Die Eintragung auf den Meldebögen, es handele sich bei einem Patienten um einen Angehörigen der »jüdischen Rasse«, reichte aus, um diesen über Sammelstellen angeblich in den besetzten Teil Polens bringen zu lassen. Von dort erhielten die Anstalten nach kurzer Zeit die Nachricht, dass ihr »Patient« in der »Irrenanstalt Cholm« bei Lublin verstorben sei. Tatsächlich aber war die Anstalt in Cholm längst geschlossen. Auch die meisten »Patienten« in den Anstalten im

Reichsgau Danzig-Westpreußen, im Reichsgau Wartheland und in den Ostpreußen und Schlesien angegliederten polnischen Gebieten hatten zumeist schon das Jahr 1939 nicht überlebt. Die insgesamt 1000 nach Lublin geschickten jüdischen »Patienten« hatten in Wirklichkeit das Reichsgebiet gar nicht verlassen, sondern waren in den »Duschräumen« der Tötungsanstalten der »Aktion T4« ermordet worden. Die den Anstalten übersandten Anzeigen zur Unterrichtung der Hinterbliebenen waren vorher gesammelt und zur Postleitstelle in Lublin gebracht worden. Von dort wurden sie mit einem entsprechenden Poststempel versehen und an die Angehörigen versandt, um die Fiktion eines natürlichen Todes in Cholm aufrechtzuerhalten. Trotz aller Vertuschungsversuche wurde bei der Bevölkerung im Reichsgebiet, ganz besonders im Umfeld der Tötungsanstalten, von deren Krematorien täglich schwarzer und nach verbranntem Fleisch riechender Rauch aufstieg, Unruhe laut. So musste die Tötungsanstalt Grafeneck im Dezember 1940 geschlossen werden, weil sich die Bevölkerung über diesen Geruch beschwert hatte.

Reichspropagandaminister Joseph Goebbels sprach laut seinem Tagebucheintrag am 31. Januar 1941 mit Bouhler über die Frage der »stillschweigenden Liquidierung von Geisteskranken. 40 000 sind weg, 60 000 müssen noch weg. Das ist eine harte, aber auch notwendige Arbeit. Und sie muss jetzt getan werden.«[13] Doch inzwischen hatte die »Aktion T4« ihren Deckmantel verloren. Im August 1941 protestierte öffentlich Bischof Clemens Graf von Galen in Münster in einer Predigt gegen die im Namen einer »Euthanasie« erfolgten Morde. Der Inhalt der Rede wurde im Londoner Rundfunk gesendet und in Flugblättern von alliierten Flugzeugen verbreitet. Teile der Bevölkerung hielten jetzt einen Zugriff des Staates auf Kriegsversehrte, Insassen von Altersheimen oder Krankenhauspatienten für möglich. Einige Familien drängten daher auf die Entlassung ihrer Angehörigen aus den Anstalten, andere hingegen versuchten trotz der Gerüchte weiterhin, kranke Verwandte in Heil- und Pflegeanstalten einweisen zu lassen.

Der Chef der Reichskanzlei, Staatssekretär Hans-Heinrich Lammers, sah sich jetzt veranlasst, bislang von ihm noch zurückgehaltene Protestschreiben der katholischen und der evangelischen Kirche dem »Führer« vorzulegen. Hitler wies daraufhin fernmündlich am 24. August 1941 an, »die Sache sofort zu stoppen«. Bis zu diesem Zeitpunkt waren in den sechs Tötungsanstalten bereits 70 273 Menschen ermordet worden. Lange hielt dieser Stopp allerdings nicht an. Schon ein Jahr später wurde die Mordaktion wieder aufgenommen, diesmal allerdings ohne zentrale Steuerung aus der Berliner Tiergartenstraße. Stattdessen gab die »Aktion Brandt« den Anstoß, die in vom Luftkrieg weniger bedrohten Anstalten Platz für verwundete Soldaten zu schaffen suchte. Die »Verlegung« – in Wahrheit die Ermordung – der bisherigen Patienten machte Betten frei.

Die Gesamtzahl der im Rahmen der »Aktion T4« Ermordeten wird auf etwa 70 000 Menschen geschätzt.

### *4.1.7 »Sonderbehandlung 14f13«*

Im Frühjahr 1941 traf sich der Reichsführer SS, Heinrich Himmler, mit Reichsleiter Philipp Bouhler, der auch den Rang eines SS-Obergruppenführers innehatte. Dabei erörterten sie eine mögliche weitere Nutzung der von der KdF für die »Aktion T4« errichteten Tötungsanstalten. Der »Inspektion der Konzentrationslager der SS« (IKL) in Oranienburg lag zu diesem Zeitpunkt besonders an einer »Entlastung« der überfüllten KZ durch Aussonderung kranker Häftlinge. Die zunehmende Kriegswirtschaft erforderte inzwischen den Einsatz einer immer größer werdenden Zahl möglichst gesunder Häftlinge. Die KZ nutzten zwar bereits Zwangsarbeit, Schläge und Hinrichtungen zur Ermordung einzelner Häftlinge, sie verfügten jedoch noch nicht über Einrichtungen für Massentötungen. Die Unterredung führte zur »Sonderbehandlung 14f13«, deren Leitung Bouhlers Stellvertreter, SS-Oberführer Brack, übertragen wurde. Der Begriff »Sonderbehandlung« bedeutete im Sprachgebrauch der SS Tötung, und im Aktenplan der IKL standen die Kürzel 14f für »Todesfälle im KZ« und die Zahl 13 für »Vergasung«.

»Die erste systematische Massentötung im KZ-System« (Astrid Ley) begann in den KZ mit der Vorauswahl der Häftlinge durch die Lagerverwaltungen. Dazu nutzten diese die Meldebögen der »Aktion T4«, in die sie Personalien, Behinderungen, Krankheiten und eventuelle Vorstrafen eintrugen. Die eigentliche Selektion alter, körperlich und seelisch Kranker, somit nicht mehr arbeitsfähiger Häftlinge, erfolgte in den KZ durch Ärztekommissionen. Diese hatten zumeist als Gutachter bei der »Aktion T4« bereits Erfahrungen bei der Selektion »psychisch Kranker« in den verschiedenen Heil- und Pflegeanstalten gesammelt. Im KZ Sachsenhausen fand im April 1941 die erste dieser »Untersuchungen« statt. Weitere folgten in den KZ Auschwitz, Buchenwald, Dachau, Flossenbürg, Groß-Rosen, Neuengamme, Ravensbrück und Mauthausen samt dem Außenlager Gusen. Aus dem KZ Auschwitz ist bekannt, dass die Kommissionsärzte mit Hilfe der SS-Bewacher das Lager nach Arbeitsunfähigen, Ansteckungsgefährdern, Behinderten und unheilbar Kranken durchkämmten. Zumeist entfiel eine körperliche Einzeluntersuchung der Häftlinge; denn den Kommissionsärzten reichte häufig das Ausfüllen und Unterschreiben der Meldebögen. Für die von ihnen zu fällende Entscheidung über Leben oder Tod besaß die Beurteilung der Arbeitsfähigkeit entscheidendes Gewicht. Außerdem spielte die rassische und politische Einschätzung der Häftlinge eine große Rolle. Kranke oder schwache jüdische Häftlinge wurden gar nicht erst untersucht, sondern gleich für die Tötung ausgesondert.

Die ausgefüllten Meldebögen erleichterten der Zentrale in der Berliner Tiergartenstraße 4 die Organisation des weiteren Ablaufs. Zum Transport in die Tötungsanstalten konnten entweder die Busse der Gekrat oder Züge der Reichsbahn genutzt werden. 575 Häftlinge aus dem KZ Auschwitz, 450 Häftlinge aus dem KZ Buchenwald und 400 Häftlinge aus dem KZ Sachsenhausen kamen in die Tötungsanstalt Pirna-Sonnenstein und wurden dort, wie zuvor die Patienten der Psychiatrie, mit Gas ermordet. Das gleiche Schicksal erlitten 1000 Häftlinge aus dem KZ Mauthausen in der Tötungsanstalt Hartheim. Unter diesen befanden sich neben Juden auch einige junge Kommunisten aus den Niederlanden. Offensichtlich nutzte nicht nur das KZ Mauthausen die Gelegenheit, sich keineswegs nur kranker, sondern auch aus anderen Gründen unerwünschter Häftlinge zu entledigen. Zwischen April und August 1941 fielen der »Sonderbehandlung 14f13« bereits 2500 Menschen zum Opfer. Generell variieren die Opferzahlen, weil die Aktenbestände der Tötungsanstalten und der KZ schon vor Kriegsende zum Teil in erheblichem Umfang vernichtet wurden. Die tatsächliche Zahl der Ermordeten dürfte weitaus höher liegen.

Nach der Vergasung mit Kohlenmonoxid wurden die Leichen in den Tötungsanstalten umgehend verbrannnt. Die herausgebrochenen Goldzähne gingen wie schon bei der »Aktion T4« in die Zentrale nach Berlin, die Bekleidung, Brillen und Prothesen zurück an die jeweiligen KZ. Den dort verbliebenen Häftlingen wurde dadurch schnell klar, dass die abtransportierten Mithäftlinge keineswegs – wie ein von der SS verbreitetes Gerücht suggerierte – in ein »Erholungslager« gebracht worden waren. Die Standesämter der KZ übernahmen die Benachrichtigung der Angehörigen der Häftlinge und gaben als Todesursache die unterschiedlichsten Krankheiten an. Die Todestage mussten allerdings aus Gründen der Tarnung über einen größeren Zeitraum verteilt werden. Die IKL in Oranienburg überwachte die getroffenen Maßnahmen und gab, unabhängig vom Urteil der Ärztekommission, den Lagerkommandanten die Zahl der zu tötenden Häftlinge vor.

Die im Herbst 1941 gleichzeitig einsetzende Ermordung sowjetischer Kriegsgefangener führten die beteiligten KZ in eigener Regie durch. Allein im KZ Sachsenhausen erfolgte die Tötung von 13 000 Kriegsgefangenen. Im Herbst 1942 schloss die Tötungsanstalt Pirna-Sonnenstein und im August des folgenden Jahres die Tötungsanstalt Bernburg. Teile des Personals und Materials der Tötungsanstalten kamen Ende 1941 im Rahmen der »Aktion Reinhardt« zum Einsatz. Im besetzten Polen begann nun die Ermordung der aus dem Reichsgebiet verbrachten Juden und »Zigeuner« mit Giftgas. Das für die »Aktion Reinhardt« erforderliche

Personal rekrutierte sich aus Mitarbeitern der »Aktion T4«. Im Frühjahr 1943 entschied der Inspekteur der IKL, im Rahmen der »Sonderbehandlung 14f13« nur noch »geisteskranke« Häftlinge durch die Ärztekommissionen »ausmustern« zu lassen. Besuche von Ärztekommissionen wurden überflüssig, weil in den KZ inzwischen längst die Lagerärzte der SS die Todesopfer für die Tötungsanstalten auswählten. Schließlich beendete die inzwischen dem »SS-Wirtschafts-Verwaltungshauptamt« als Amtsgruppe D unterstellte IKL die »Sonderbehandlung 14f13« am 27. April 1943.

Allerdings wurden in der Tötungsanstalt Hartheim bis Dezember 1944 noch Tausende von arbeitsunfähigen kranken Häftlingen aus den KZ Dachau, Gusen und Mauthausen ermordet. Schließlich bedurfte die SS für solche Mordaktionen in den KZ jedoch keiner Hilfe mehr von außen. Selektion und Tötung erfolgten jetzt entweder direkt vor Ort oder in Vernichtungslagern wie Auschwitz, ab September 1941 mit Hilfe des Biozids Zyklon B. Insgesamt geht die Forschung von einer Zahl von 30 000 ermordeten KZ-Häftlingen durch die »Sonderbehandlung 14f13« aus. Die Zahl der durch die »Aktion T4« und die »Sonderbehandlung 14f13« ermordeten Menschen im Reichsgebiet, den besetzten Gebieten Polens und der Sowjetunion wird auf ungefähr 300 000 Menschen geschätzt. Allein die Zahl der in Polen und der Sowjetunion getöteten Patienten psychiatrischer Anstalten wird dabei auf etwa 10 000 Menschen beziffert.

## 4.2 Bundesrepublik: Geringe Entschädigung und vergeblicher Kampf um Rehabilitierung

### *4.2.1 Verweigerung des rassenpolitischen »Opferstatus«*

Die Siegermächte hatten sich bereits 1944 in der *European Advisory Commission* in London darauf geeinigt, jene Menschen zu befreien und zu versorgen, die vom NS-Regime aus politischen, religiösen oder rassischen Gründen verfolgt worden waren. Nach Kriegsende mussten die Alliierten in Deutschland zunächst die schwierige Versorgung ehemaliger russischer und polnischer Kriegsgefangener, aus allen Teilen Europas nach Deutschland verschleppter Zwangsarbeiter und zahlloser deutscher Flüchtlinge bewältigen. Trotz der großen Probleme ließen sie jedoch in allen vier Besatzungszonen den oft kranken und traumatisierten NS-Verfolgten nach Möglichkeit besondere Hilfsmaßnahmen zukommen. Die Anerkennung und Betreuung der deutschen NS-Verfolgten übertrugen die Militäradministrationen in den Besatzungszonen zunächst den Selbsthilfegruppen der »Opfer des Faschismus« (OdF) und schließlich staatlichen Verwaltungsstellen. Die Selbsthilfegruppen hatten befreite politische, zumeist kommunistische KZ-Häftlinge gegründet. Sie organisierten und koordinierten in Zusammenarbeit mit den zuständigen Fürsorgeämtern auf lokaler Ebene die Hilfsmaßnahmen für NS-Verfolgte. Diese zur Verfügung gestellten Hilfen unterschieden sich in den vier Besatzungszonen angesichts der begrenzten Möglichkeiten zunächst nicht wesentlich voneinander. Konsens bestand bei den Alliierten darüber, NS-Verfolgte für das in der Zeit des Nationalsozialismus erlittene Unrecht zu entschädigen. Die entstehenden Spannungen zwischen den westlichen Alliierten einerseits und der Sowjetunion andererseits verhinderten jedoch gemeinsame Regelungen.

Mit dem Kontrollratsgesetz Nr. 2 hoben die Alliierten im September 1945 die aus rassischen, religiösen und politischen Gründen diskriminierende NS-Gesetzgebung auf. Mit dem Kontrollratsgesetz Nr. 3 wurden im Oktober alle aus diesen Gründen erfolgten Verurteilungen aufgehoben. Doch im Gegensatz zu anderen NS-Gesetzen sah der Kontrollrat keine Veranlassung, auch das GzVeN aufzuheben. Diese Entscheidung überließ er den Militäradministrationen in den vier Besatzungszonen. In der sowjetischen Besatzungszone (SBZ) setzte die Sowjetische Militäradministration das »nazistische Gesetz zur Verhütung erbkranken Nachwuchses« im Januar 1946 außer Kraft. Sterilisationen aus eugenischen, politischen und »rassischen« Gründen wurden zu »Verbrechen gegen die Menschlichkeit« erklärt. Das bedeutete allerdings nicht, dass Zwangssterilisierte automatisch zu NS-Verfolgten wurden. Zunächst schien es, als ob die an Sterilisationen beteiligten Ärzte strafrechtlich verfolgt werden sollten. Doch die von der Militäradministration eingerichtete zentrale Justizverwaltung warnte, dies könne zur Abwanderung einiger Ärzte in den Westen Deutschlands führen und dadurch die medizinische Betreuung der Bevölkerung der Besatzungszone beeinträchtigen. Sie begrenzte daraufhin die Strafverfolgung auf diejenigen Ärzte, die Sterilisationen aus »politischen oder rassischen Gründen« vorgenommen hatten. Doch die überwiegende Zahl der Zwangssterilisationen war nach dem GzVeN erfolgt. Somit wurde auch in der SBZ nicht erkannt, dass dieses Gesetz in Wirklichkeit eine rassenpolitische Maßnahme im Sinn Hitlers zur »Reinerhaltung deutschen Blutes« gewesen war.

Im Berliner Hauptausschuss der OdF – der Sitz des Berliner Magistrats befand sich noch im Osten Berlins – wurde im Herbst 1946 diskutiert, ob Zwangssterilisierte überhaupt als Opfer des Faschismus Anerkennung finden sollten. Zwangssterilisierte und »Euthanasie«-Geschädigte hatten nämlich bereits erste Anträge auf eine entsprechende Anerkennung gestellt. Ihnen wurde mitgeteilt, dass ohne eine Entscheidung und entsprechende Richtlinien des Kontrollrats noch keine Anerkennung möglich sei. Der Chemiker und spätere Dissident Robert Havemann forderte im OdF-Ausschuss: »Wirklich strengstens zu unterscheiden zwischen den Fällen, die auch früher aus gesundheitlichen und sozialen Rücksichten sterilisiert wurden und denjenigen, die im Besitz ihres freien Willens waren und gegen diesen aus politischen Gründen sterilisiert wurden.« Zur Entscheidungsfindung holte der Hauptausschuss noch verschiedene Gutachten ein. Deren einhelliger Tenor lautete, dass die auf der Basis des GzVeN durchgeführten Sterilisationen zu keiner Anerkennung als OdF führen könnten. In der von der Zentralverwaltung für das Gesundheitswesen in der SBZ herausgegebenen Zeitschrift *Das Deutsche Gesundheitswesen* erschien 1947 ein Artikel mit der Überschrift: »Die Sterilisation ein Verbrechen?« Der im Westen Deutschlands lebende Autor sah die gewaltsame Sterilisation als mit der Gerechtigkeit unvereinbar an und folgerte, es »bestehe eine Wiedergutmachungspflicht des Staates gegenüber den Betroffenen«. Die DDR erklärte im Februar 1950 in der »Anordnung zur Sicherung der Rechte der anerkannten Verfolgten des Naziregimes«

diejenigen, welche »aus politischen oder rassischen Gründen sterilisiert« worden seien, zu »Verfolgten des Naziregimes« (VdN) mit Anspruch auf entsprechende Sozialleistungen. Unter den 1957 in einer Statistik erfassten 28 000 NS-Verfolgten in der DDR »befanden sich ganze 38 Zwangssterilisierte, welche die genannten Voraussetzungen für eine Anerkennung als VdN erfüllten«. (Christoph Hölscher)

Für das Desinteresse der amerikanischen Besatzungsmacht an einer Aufhebung des GzVeN spielte eine große Rolle, dass in einigen Bundesstaaten der USA bereits seit Beginn des Jahrhunderts Unfruchtbarmachungen durchgeführt wurden, die Erbkrankheiten und »verbrecherische Anlagen« verhindern sollten. Da generell zwischen »typischem« und »nicht-typischem« NS-Recht unterschieden wurde und Sterilisationen aus eugenischen Gründen in den USA Akzeptanz sowie gesetzliche Geltung besaßen, konnte das GzVeN also kaum als »typisches« NS-Gesetz angesehen werden. Auch das Zentral-Justizamt der britischen Besatzungszone kam 1947 zu dem Ergebnis: »Die im Erbgesundheitsgesetz vorgesehene Sterilisation stellt keineswegs rein nationalsozialistisches Gedankengut dar.« Zwangssterilisierte und »Euthanasie«-Geschädigte zählten somit nicht zu den NS-Verfolgten und verfügten daher in den westlichen Besatzungszonen auch über keinen Anspruch auf Entschädigung. »Angesichts des Ausmaßes der nationalsozialistischen Judenverfolgung und der traumatischen Kriegserfahrungen kümmerten das Schicksal der Zwangssterilisierten weder die Deutschen noch die Besatzungsmächte.« (Henning Tümmers)

In der amerikanischen Besatzungszone diskutierte der Länderrat in Stuttgart über Entschädigungsansprüche für

NS-Verfolgte. Während der Beratungen erhoben Vertreter der politisch Verfolgten Bedenken gegen Entschädigungszahlungen für Sterilisierte, »Euthanasie«-Geschädigte, »Asoziale« oder »Fahnenflüchtige«. Damit entwickelte sich eine »Konkurrenz der Opfer« (Jean-Michel Chaumont). Besonders die kommunistischen KZ-Häftlinge wollten als politisch Verfolgte in der Öffentlichkeit auf keinen Fall mit den vom NS-Staat ab 1939 verhafteten und in KZ verbrachten »Kriminellen« oder »Asozialen« verwechselt werden. Diese Verhafteten hatten für die deutsche Bevölkerung als Verbrecher gegolten, »und diese Bewertungen wirkten auch nach dem Ende der nationalsozialistischen Herrschaft noch kräftig nach.« (Constantin Goschler)

Nicht zuletzt um der deutlichen Ablehnung der Wiedergutmachung in der deutschen Bevölkerung entschieden zu begegnen, erließ die amerikanische Besatzungsmacht im April 1949 für die Länder ihrer Zone das »Gesetz zur Wiedergutmachung nationalsozialistischen Unrechts« (USEG). Als entschädigungsberechtigt galt derjenige, der unter der nationalsozialistischen Gewaltherrschaft entweder wegen seiner politischen Überzeugung, aus Gründen der Rasse, des Glaubens oder der Weltanschauung verfolgt worden war. Als entschädigungswürdig wurden ebenfalls jene Personen angesehen, die unter »gröblicher Missachtung der Menschenrechte« gelitten hatten. Den Kreis der Betroffenen genauer zu definieren und die Höhe der Entschädigungen festzulegen, oblag künftig den Behörden und Gerichten der neugegründeten Bundesrepublik Deutschland.

Im Herbst 1951 begannen die Verhandlungen zwischen der Bundesregierung und den drei Westmächten über den Vertrag zur Ablösung des Besatzungsstatuts. Der »Vertrag zur Regelung aus Krieg und Besatzung entstandener Fragen«, der »Überleitungsvertrag«, verpflichtete die Bundesrepublik, denjenigen, »die wegen ihrer politischen Überzeugung, ihrer Rasse, ihres Glaubens oder ihrer Weltanschauung verfolgt wurden, und hierdurch Schaden an Leben, Körper, Gesundheit, Freiheit, Eigentum, Vermögen oder an ihrem wirtschaftlichen Fortkommen erlitten haben«, »eine angemessene Entschädigung« zu gewähren. Am 26. Juli 1951 hatte das Bundeskabinett bereits beschlossen, den überlebenden Opfern der während der NS-Zeit durchgeführten pseudo-medizinischen Menschenversuche eine einmalige Fürsorgeleistung zukommen zu lassen. Die menschenverachtende Brutalität dieser Versuche hatte 1947 der Nürnberger Ärzteprozess offengelegt.

Als erstes Entschädigungsgesetz der Bundesrepublik trat am 18. Oktober 1953 das »Bundesergänzungsgesetz für die Entschädigung der Opfer der nationalsozialistischen Verfolgung« (BErG) in Kraft. Es übernahm die Definition des Kreises der NS-Verfolgten wörtlich aus dem »Überleitungsvertrag«. Bei der Vorbereitung des Gesetzes hatte der zuständige Ausschuss des Bundestages über eine mögliche Einbeziehung von Zwangssterilisierten und Angehörigen von Opfern der »Euthanasie« diskutiert, diese aber schließlich abgelehnt. »Eine Rolle spielten dabei – neben finanziellen Bedenken – Einsprüche anderer Verfolgtengruppierungen, die nicht mit ›Minderwertigen‹ in einem Gesetzeszusammenhang genannt werden wollten.« (Tümmers) Durch eine gesetzliche Gleichstellung mit »Erbkranken«, so lautete das Argument, würden andere Verfolgte sich diskreditiert fühlen. Das Gesetz sah daher eine Entschädigung für Zwangssterilisierte nur dann vor, wenn der Eingriff aus politischen, rassischen, religiösen oder weltanschaulichen Gründen erfolgt war. Doch die überwiegende Zahl der Zwangssterilisationen war aus »eugenischen Gründen« nach dem GzVeN und – scheinbar – nicht aus rassenpolitischen Gründen durchgeführt worden. Damit war also kein anspruchsbegründender Verfolgungsgrund gegeben.

Die Gruppe der Zwangssterilisierten und der »Euthanasie«-Geschädigten verfügte über keinen Interessenverband, der ihre Wünsche nach Anerkennung als aus rassischen Gründen Verfolgte und nach Entschädigung vorantreiben konnte. Anfang 1950 hatte sich zwar ein »Zentralverband der Sterilisierten und Gesundheitsgeschädigten« gegründet. Dieser hatte sich auch bemüht, die Gleichstellung seiner Mitglieder mit den im USEG genannten Gruppen von NS-Verfolgten zu erreichen, und verschiedenen Länderparlamenten einen entsprechenden Gesetzentwurf vorgelegt. Doch der Erfolg blieb aus, weil eine aus »eugenischen Gründen« erfolgte Sterilisation von den Länderregierungen nicht als typisch nationalsozialistisches und rassenpolitisch bedingtes Unrecht akzeptiert wurde. Der Zentralverband löste sich daher nach kurzer Zeit wieder auf. In der Bundesrepublik Deutschland verfügten Zwangssterilisierte und »Euthanasie«-Geschädigte für die nächsten 30 Jahre über keine ihre Interessen wahrnehmende Organisation. Allerdings wäre eine solche Organisation zumindest auf die erbitterte Abwehr des in erster Linie auf die Sicherung der Haushaltsmittel bedachten Bundesministeriums der Finanzen gestoßen, in dem damals eine Art Mentalität der »sieghaft Besiegten« (Lutz Niethammer) vorherrschte. Außerdem war das BErG »mit seiner Fülle von Klauseln, Ausschlussgründen, Fristen und schikanösen

Auflagen so beschaffen, dass der Staat das, was es an Leistungen vorsah, bis zur Unkenntlichkeit beschnitt und zerstückelte«. (Christian Pross)

Den Vorgaben des USEG und des BErG entsprach das am 29. Juni 1956 rückwirkend zum 1. Oktober 1953 in Kraft getretene »Bundesgesetz zur Entschädigung für Opfer der NS-Verfolgung« (BEG). Es umfasste eine breite Palette an Leistungen, die von Abfindungen, Beihilfen, Darlehensvergaben, Heilverfahren, Hinterbliebenenversorgung, Kapitalzahlungen und Umschulungen bis hin zur Förderung kultureller, ideeller und künstlerischer Art reichten. Entschädigt wurden allerdings lediglich die Betroffenen, die bereits zur NS-Zeit deutsche Staatsbürger waren oder aus deutschsprachigen Gebieten stammten. Als sich die Forderungen nach Entschädigung ausländischer Opfer des NS-Regimes häuften, »verschanzte« sich die Regierung, wie die *Neue Zürcher Zeitung* übereinstimmend mit vielen anderen, vor allem ausländischen Kommentatoren bemerkte, hinter dem Londoner Schuldenabkommen. Sie berief sich auch später stets darauf, »dass jegliche Art von Reparationszahlungen oder -leistungen in Bezug auf den Zweiten Weltkrieg durch Art. 5 Abs. 2 untersagt sind.«[14]

Die bisher geltenden vier Verfolgungsgründe schlossen einige der ebenfalls vom NS-Unrechtssystem Betroffenen weiterhin von Entschädigungen aus. Zwangssterilisierte sah das Gesetz nur dann als entschädigungswürdig an, wenn der Eingriff ohne das im GzVeN vorgesehene Verfahren bei einem Erbgesundheitsgericht erfolgt war. Aus der Sicht des OLG München im Jahr 1955 hatte das GzVeN nichts mit der nationalsozialistischen Rassenlehre zu tun, sondern lediglich die Entstehung »unwerten« Lebens verhindern sollen, um den Staat nicht mit arbeitsunfähigen Menschen zu belasten. Es könne sich schon deshalb um keine Verfolgung handeln, weil Maßnahmen aus diesen Gründen auch in Rechtsstaaten zulässig seien. Die Ursache für eine Tötung im Rahmen der »Euthanasie« hätte für das OLG München schon eine deutliche politische NS-Gegnerschaft des Ermordeten sein müssen, um diesem die Eigenschaft eines Verfolgten einzuräumen. Zudem sei auch der »Euthanasietod« nicht aus rassischen, sondern aus erbbiologischen Gründen herbeigeführt worden. »Euthanasie«-Geschädigten und Zwangssterilisierten sprach das BEG deshalb allenfalls einen Härteausgleich nach dem im November 1957 erlassenen »Gesetz zur allgemeinen Regelung durch den Krieg und den Zusammenbruch des Deutschen Reiches entstandener Schäden« (AKG) zu. Leistungen nach diesem Gesetz kamen allerdings lediglich Geschädigten zu, die am 31. Dezember 1952 über einen Wohnsitz entweder in der Bundesrepublik oder in einem Staat, der die Regierung der Bundesrepublik am 1. April 1956 anerkannt hatte, verfügten. Die Antragsfrist lief zunächst am 31. Dezember 1958 aus und wurde schließlich bis zum 31. Dezember 1959 verlängert.

Im September 1965 erging das »Zweite Gesetz zur Änderung des Bundesentschädigungsgesetzes«. Es erhielt ausdrücklich die Bezeichnung »BEG-Schlussgesetz«, denn damit sollte ein Schlussstrich unter alle Entschädigungsangelegenheiten und die NS-Vergangenheit gezogen werden. Es legte deshalb fest, dass nach dem 31. Dezember 1969 keine neuen Ansprüche auf Entschädigung mehr geltend gemacht werden konnten. Das Gesetz gewährte Entschädigungen nur denjenigen, die den Status von Verfolgten des

NS-Regimes erhalten hatten. Zwangsterilisation galt jedoch nicht als Verfolgungsmaßnahme. In einem Kommentar zum Gesetz hieß es dazu: »Auch Sterilisierungen, die nicht wegen der Zugehörigkeit zu einer bestimmten Rasse, [...] sondern aus erbbiologischen Gründen durchgeführt wurden, sind keine rassischen Verfolgungsmaßnahmen, auch wenn sie zur Reinerhaltung der Rasse dienten.« Zur »Euthanasie« führte der Kommentar aus: »Die Tötung Geisteskranker (sog. Euthanasie) ist regelmäßig keine Verfolgung aus Gründen des § 1 und begründet daher keinen Anspruch der Hinterbliebenen auf Entschädigung. Hier kann Härteausgleich gewährt werden, wenn die Hinterbliebenen von den Getöteten Unterhalt erhalten würden. Dies setzt voraus, dass die Geisteskrankheit behebbar war und der Getötete später in der Lage gewesen wäre, seine Hinterbliebenen zu unterhalten. Schon in medizinischer Hinsicht wird sich dieser Beweis kaum führen lassen.«[15]

Diese Argumentation berücksichtigte jedoch nicht, dass gerade die »Diagnose« einer »Geisteskrankheit« in der NS-Zeit häufig als Vorwand sowohl für Zwangssterilisationen als auch für Ermordungen genutzt worden war. Der erwähnte Kommentar zum Gesetz kam zu dem Ergebnis: »Den aus erbbiologischen Gründen durch Sterilisation Geschädigten und den Hinterbliebenen solcher Personen, die den Euthanasietod erlitten, versagt das Gesetz einen Rechtsanspruch auf Entschädigung (§ 171 Abs. e BEG).« In der Folge wurden alle Anträge von Zwangssterilisierten und von »Euthanasie« geschädigten Familien auf Entschädigung regelmäßig mit dem Hinweis auf § 1 Absatz 2 des BEG abgelehnt. Im Februar 1957 hob ein Staatssekretär des Bundesministeriums der Finanzen in einer Parlamentsdebatte noch einmal hervor, das GzVeN sei eben kein »typisch nationalsozialistisches« Gesetz gewesen. Er stützte seine Auffassung mit dem Hinweis, dass selbst demokratisch regierte Länder wie Dänemark, Finnland, Schweden und einzelne Bundesstaaten der USA ähnliche Gesetze erlassen hätten. Dennoch zeichnete sich bereits die Notwendigkeit einer weiteren Regelung individueller Entschädigungen ab. Abgesehen von den jüdischen Opfern ging es um Menschen, die sich durch NS-Unrecht in einer Notlage befanden, nach dem Wortlaut des Entschädigungsgesetzes aber nicht als Verfolgte galten. Dazu wurden zu Beginn der 1980er Jahre schließlich Härtefonds aufgelegt, Regelungen nach dem AKG und landesrechtliche Bestimmungen erlassen.

1961 stellte die Wiedergutmachungskommission des Bundestages Überlegungen zu einer Entschädigungsmöglichkeit für Zwangssterilisierte an und ließ sich dabei von Experten beraten. Bei drei der sieben Experten handelte es sich allerdings um Hochschullehrer, die aktiv an der nationalsozialistischen Erbgesundheitspolitik mitgewirkt hatten. Dazu zählte der ehemalige Abteilungsleiter für experimentelle Erbpathologie am Kaiser-Wilhelm-Institut für Anthropologie Hans Nachtsheim, der damals das GzVeN zusätzlich gern noch auf »erbkranke Gesunde« ausgedehnt gesehen hätte. Es konnte nicht überraschen, dass diese drei Experten das GzVeN und die auf seiner Grundlage getroffenen Maßnahmen immer noch als sinnvoll ansahen. Deshalb rieten sie der Kommission erfolgreich von Entschädigungen ab. Das Bundesfinanzministerium hatte eine weitere finanzielle Belastung zwischen einer und 1,25 Milliarden DM befürchtet. Es stimmte der Ablehnung der Wiedergutmachungskommission erleichtert zu, weil sonst –

wie ein Oberregierungsrat des Ministeriums der Kommission suggerierte – »bis zu 60 Prozent der Entschädigungen an Geisteskranke, Schwachsinnige und oder schwere Alkoholiker gezahlt werden« müssten. Offensichtlich betrieb das Bundesfinanzministerium zu diesem Zeitpunkt »die Abwehr der Ansprüche mit aller Macht und mit unlauteren Methoden« (Tümmers).

Überlegungen zur Bekämpfung von Erbkrankheiten durch Sterilisation stießen zu dieser Zeit in der Bundesrepublik – vor allem bei einer Reihe von Medizinern und Psychiatern, die diese Auffassung bereits in der NS-Zeit vertreten hatten – wieder auf Zustimmung. Im Bundesministerium der Justiz (BMJ) fanden Beratungen zur 5. Strafrechtsreform statt, die eine Zulassung von Sterilisationen aus medizinischen und eugenischen Gründen vorsah. Eine Verurteilung des GzVeN und Entschädigungszahlungen hätten das Vorhaben gefährden können. Nachtsheim schrieb 1962 im *Deutschen Ärzteblatt*: »Wir müssen endlich damit aufhören, das Gesetz zur Verhütung erbkranken Nachwuchses und nationalsozialistische Rassegesetze immer wieder in einen Topf zu werfen und dadurch ein zukünftiges Erbgesundheitsgesetz, das kommen muss, schon von vornherein wieder in Misskredit zu bringen.« Den Zwangssterilisierten und »Euthanasie«-Geschädigten stand lediglich offen, einmalige finanzielle Leistungen nach dem AKG zu beantragen. Doch diese Leistungen verfügten für die Betroffenen lediglich über »einen geringeren symbolischen Stellenwert«, da mit ihnen keine Anerkennung als »Verfolgte des Nationalsozialismus« verbunden war – es handelte sich gewissermaßen um eine »Entschädigung zweiter Klasse« (Goschler).

Erst Ende der 1970er Jahre fanden die psychischen Folgen bei Zwangssterilisierten und die von der Ermordung eines Familienmitglieds aus Gründen einer »Erbkrankheit« betroffenen Familien bei Juristen und Medizinern stärkere Beachtung. Von einem rechtlichen oder politischen Vorgehen gegen die bisherige Entschädigungspraxis hatten die Betroffenen zumeist abgesehen. Für ihre Zurückhaltung zeichneten nicht zuletzt Scham und Sorge vor einer möglichen Diskriminierung in ihrem sozialen Umfeld verantwortlich, zumal diesem der in der NS-Zeit erfolgte Eingriff häufig verborgen geblieben war. Für eine illegale Sterilisation, die also nicht nach dem GzVeN, sondern aus anderen »Verfolgungsgründen« durchgeführt worden war, hätte es eventuell eine Entschädigung gegeben. Doch scheiterten entsprechende Eingaben schon frühzeitig an der ablehnenden Haltung der Bürokratie. Häufig vermochten die Betroffenen wohl auch gar nicht das Dickicht der Erlasse und Richtlinien zu durchdringen. Überdies konnten die erforderlichen Belege für die Beschlüsse von Erbgesundheitsgerichten oder die Erbringung eines fachärztlichen Gutachtens über einen auf die Zwangssterilisation zurückzuführenden Gesundheitsschaden nur schwer erbracht werden. Manche Betroffene scheuten diese Bemühungen aber vor allem schon deshalb, weil sie eine erneute Begegnung mit Gutachtern und Ärzten aus der NS-Zeit vermeiden wollten.

Die überwiegende Zahl dieser Ärzte und Psychiater hatte die Rückkehr ins Berufsleben in der Bundesrepublik schnell und problemlos geschafft; denn nur wenige von ihnen waren wegen ihrer Beteiligung an Zwangsterilisationen oder »Euthanasie« vor Gericht gestellt worden. »Von der deutschen Ärzteschaft, die so weitgehend nazifiziert war wie kein anderer Berufsstand, war jedoch nicht zu erwarten, dass sie den durch Verfolgung Geschädigten mit Wohlwollen und Hilfsbereitschaft entgegenkommen würde. Jede zugestandene Mark Entschädigungsrente kam einem Schuldeingeständnis gleich«, betont Helge Pross. In der Regierungszeit der sozial-liberalen Koalition unter Bundeskanzler Willy Brandt forderte Bundesfinanzminister Alex Möller (SPD) von seinen Regierungskollegen eine größere Haushaltsdisziplin. Er trat 1971 unter anderem auch deshalb zurück, weil er die Forderung einiger Abgeordneter seiner Partei, Zwangssterilisierte finanziell zu entschädigen, für eine nicht zu gerechtfertigende Belastung des Haushalts hielt. Diese Meinung fand jedoch schon in den Reihen seiner eigenen Partei keine Zustimmung.

1974 setzte der Bundestag das GzVeN – soweit es als Bundesrecht fortgegolten hatte – außer Kraft. Obgleich sich die Gesellschaft wenig für die NS-Rassenpolitik interessierte, wuchs die Bereitschaft im Parlament, sich mit den bisher weniger beachteten Facetten dieser Politik und deren nichtjüdischen Opfern zu beschäftigen. Der Psychiater Klaus Dörner gründete ein Forum für Reformen in der Psychiatrie, aus dem schließlich die »Deutsche Gesellschaft für Soziale Psychiatrie« (DGSP) hervorging. Sie befasste sich nicht nur mit der Zukunft der Psychiatrie, sondern vor allem auch mit der im Rahmen der »Aktion T4« erfolgten Ermordung angeblich psychisch Kranker. In seiner Eigenschaft als Vorsitzender der DGSP legte Dörner am 1. September 1979 dem Bundestag und Bundeskanzler Helmut Schmidt (SPD) eine Denkschrift vor, die Hinweise auf die NS-Vergangenheit nutzte, um Anstöße für eine Psychiatrie der Zukunft zu geben.

Der amerikanische Fernsehfilm *Holocaust – Die Geschichte der Familie Weiss* brachte im gleichen Jahr die Schrecken des Genozids am Beispiel des Schicksals einer fiktiven jüdischen Familie Weiss in deutsche Wohnzimmer. Bisher hatte die Aufmerksamkeit der internationalen und nationalen Geschichtswissenschaft, die sich mit NS-Verbrechen befasste, überwiegend der Erforschung des Holocaust gegolten. 1979 erschien meine Studie über die unter strikter Geheimhaltung 1937 erfolgte Zwangssterilisation farbiger Mischlingskinder im Rheinland. Da diese Unfruchtbarmachungen nicht legal nach dem GzVeN durchgeführt werden konnten, hatte eine »Führeranweisung« Hitlers für die »Reinhaltung des deutschen Bluts« gesorgt. MdB Karl-Heinz Hansen (SPD) hatte sich bereits im Bundestag für die Freigabe der in den deutschen Archiven befindlichen Akten zu NS-Verbrechen ausgesprochen. Er schlug vor, die zwangssterilisierten »Mischlingskinder« mit einer Einmalzahlung von 5000 DM zu entschädigen. Es stellte sich jedoch als praktisch unmöglich heraus, deren aktuelle Namen und Wohnsitze herauszufinden. Außerdem waren manche dieser Zwangssterilisierten, nach den 1937 durch die Untersuchungskommissionen angefertigten Fotos zu urteilen, kaum als »farbige Mischlingskinder« zu erkennen und inzwischen fest in ihrem sozialen Umfeld verwurzelt. Es bestand somit die Gefahr, durch eine Entschädigungszahlung ihre bisher wahrscheinlich unbekannt gebliebene Zwangssterilisierung offenzulegen und damit die Unbescholtenheit der Betroffenen zu gefährden. Die Entschädigungsüberlegungen gab Hansen daher schweren Herzens auf.

### 4.2.2 *Halbherzige »moralische Rehabilitierung«*

Seit Beginn der 1980er Jahre haben die verdienstvollen Arbeiten von Aly, Dörner und Klee zur »Euthanasie« und zur Zwangssterilisation »Geisteskranker« ein belastbareres Fundament für eine neue Entschädigungsdiskussion errichtet. Dieses Fundament stützte die immer umfangreicher werdende Forschungsliteratur zur NS-Zeit, die sich nicht zuletzt aus zahlreichen Geschichtswerkstätten speiste und wichtige lokale wie regionale Untersuchungen lieferte. So berichtete der in Bremen arbeitende Gehörlosenlehrer Horst Biesold erstmals über Zwangssterilisationen an Taubstummen und sammelte dazu Zeugenaussagen und Dokumente. Seine berührenden Eindrücke teilte er MdB Ernst Waltemathe (SPD) in der Hoffnung mit, eine finanzielle Entschädigung dieser Opfergruppe zu ermöglichen. Waltemathe hatte nach eigener Aussage von der systematischen Unfruchtbarmachung »Behinderter« noch nie gehört. Dem Vorsitzenden der SPD-Fraktion Herbert Wehner erläuterte er das Geschehen mit dem Satz: »Unter Zwangssterilisation ist wohl immer verstanden worden die Unfruchtbarmachung von Männern und Frauen in verfolgten Gruppen, also aus rassischen Gründen im Zusammenhang mit der Endlösungspolitik.« Offensichtlich hatte Waltemathe den Zusammenhang zwischen den Zwangssterilisationen und der NS-Rassenpolitik deutlich erkannt. Dennoch galten weder die nach dem GzVeN zwangssterilisierten Taubstummen noch die ohne gesetzliche Basis zwangssterilisierten »Rheinlandbastarde« als NS-Verfolgte und Opfer nationalsozialistischer Rassenpolitik.

Im Juni 1980 teilte Waltemathe der Presse mit, Bundesfinanzminister Hans Matthöfer (SPD) plane die Einrichtung eines weiteren Härtefonds. Tatsächlich erließ das Bundesministerium der Finanzen im Dezember eine Entschädigungsregelung für die Zwangssterilisierten, die weder die Voraussetzungen nach dem BEG noch nach dem AKG erfüllten. Sie konnten, falls sie bisher keine anderen Leistungen erhalten hatten, eine einmalige Beihilfe von 5000 DM und eine laufende Unterstützung von 100 DM monatlich beantragen. Da das GzVeN jedoch weiterhin nicht als spezifisch nationalsozialistisches Gesetz galt, gehörten die Zwangssterilisierten immer noch nicht zu den NS-Verfolgten oder gar zu Opfern der NS-Rassenpolitik. Im August 1981 folgten die »Richtlinien für die Vergabe von Mitteln an Verfolgte nicht-jüdischer Abstammung zur Abgeltung von Härten im Rahmen der Wiedergutmachung«. Die zur Verfügung stehende Summe von 80 Millionen DM bot die Möglichkeit eines kleineren finanziellen Ausgleichs für Schäden, die durch den Krieg entstanden waren, die Mittel wurden im Laufe der Jahre erhöht.

Doch für die Zwangssterilisierten stellte der erlittene Eingriff keineswegs eine Folge des Krieges dar, sondern eine Folge nationalsozialistischer Rassenpolitik. Viele Zwangssterilisierte wussten offensichtlich nichts von der Einrichtung des Härtefonds und reichten wahrscheinlich schon deshalb keine Anträge ein. Außerdem mussten einem Antrag ein fachärztliches Gutachten zur erfolgten Sterilisierung und der Beschluss des entsprechenden Erbgesundheitsgerichts beigefügt werden. Diesen aber hatten manche Betroffene allein schon aus Scham über die ihnen darin attestierte »Erbkrankheit« längst vernichtet. Der Härtefonds ermöglichte auch die Einbeziehung bisher leer ausgegangener Gruppen wie der »Zigeuner«, der Zwangsarbeiter, Homosexueller und »Asozialer«. »Damit wurde gleichzeitig die bisher unangefochtene Vorrangstellung der jüdischen NS-Verfolgten in Frage gestellt.« (Goschler)

Auf Initiative Dörners entstand 1983 der »Arbeitskreis zur Erforschung der nationalsozialistischen ›Euthanasie‹ und Zwangssterilisation«. Dieser traf sich seitdem regelmäßig zu Arbeitssitzungen, deren Ergebnisse in einer eigenen Reihe Veröffentlichung fanden. Dörner hatte das Manuskript der Habilitationsschrift von Gisela Bock über die Zwangsterilisationen in der NS-Zeit gelesen. Daraufhin appellierte er an den Bundestag, dieser möge die Zwangssterilisierten doch als NS-Verfolgte anerkennen. Anfang 1984 stieß seine Initiative jedoch auf Ablehnung. Deshalb suchte er vor dem 50. Jahrestag des Endes des Zweiten Weltkriegs eine breitere Öffentlichkeit für sein Anliegen zu gewinnen. Er sandte eine entsprechende Resolution an den Petitionsausschuss des Bundestages, an Bundeskanzler Helmut Kohl und an Bundespräsident Richard von Weizsäcker (beide CDU). Tatsächlich gedachte der Bundespräsident in seiner Rede am 8. Mai 1985 nicht allein der sechs Millionen Juden, die in deutschen Konzentrationslagern ermordet worden waren, sondern auch der ermordeten Sinti und Roma, der ermordeten Homosexuellen und der ermordeten angeblich Geisteskranken. Zudem wies Weizsäcker auf »das Leid durch unmenschliche Zwangssterilisierung« hin. Damit hatte erstmals ein Bundespräsident fast alle von der NS-Rassenpolitik betroffenen Opfergruppen benannt.

Hans-Christian Ströbele von der Partei Die Grünen hielt jetzt die Zeit für gekommen, eine Nichtigkeitserklärung des GzVeN und die Aufhebung aller Zwangsterilisationsbeschlüsse herbeizuführen. Im Juni 1986 beschwor er in einer Bundestagsrede »eines der dunkelsten Kapitel der deutschen Geschichte« und begründete sein Anliegen mit dem Hinweis auf die neuen Ergebnisse der historischen Forschung. Doch aufgrund unterschiedlicher Auffassungen in den Parteien und verfassungsrechtlicher Bedenken im BMJ fand dieser Vorstoß im Bundestag keine ausreichende Unterstützung. »Eine generelle Zahlung von Renten an Zwangssterilisierte, unabhängig vom Grad der Schädigung«, so betonte die Bundesregierung, »wäre mit den Grundsätzen des geltenden Schadensersatzrechtes und der bisherigen Entschädigungspraxis nicht zu vereinbaren.« Tatsächlich hätte eine Nichtigkeitserklärung die nachträgliche Aufhebung des GzVeN bedeutet und die Zwangssterilisierten als Verfolgte des NS-Regimes zu Leistungen nach dem BEG berechtigt.

Als eine weitere, nicht zu unterschätzende Ursache dafür, dass die Opfer von Zwangssterilisation und »Euthanasiemaßnahmen« bei ihren Bemühungen um Anerkennung scheiterten, muss aus der Rückschau angesehen werden, dass sie untereinander über keinen Kontakt verfügten und nicht organisiert waren. Regionale Zusammenschlüsse, die es in den 1950er Jahren in Bayern und anderen Bundesländern gegeben hatte, hatten aus verschiedenen Gründen nur für kurze Zeit existiert. Erst Anfang 1987 gründete sich nach dem Vorbild des erfolgreichen Zentralrats Deutscher Sinti und Roma unter Führung zweier selbst von Zwangssterilisationen betroffenen Frauen und mit Hilfestellung von Klaus Dörner der »Bund der ›Euthanasie‹-Geschädigten und Zwangssterilisierten e. V.« (BEZ). Dieser setzte sich, obwohl ihm nur ein kleiner Teil der Zwangssterilisierten angehörte, engagiert für die Anerkennung und Entschädigung der gesamten Opfergruppe ein. Vor allem versuchte dieser Bund, endlich eine Aufhebung des GzVeN zu erreichen. Mit Konferenzen, Seminaren, Vorträgen und der eindrucksvollen Ausstellung *Lebensunwert – zerstörte Leben* sorgte er zudem für Information und Aufklärung.

Finanzielle Zuwendungen erhielt die neu geschaffene Interessenvertretung von Einzelpersonen, Organisationen und dem Bundesministerium für Gesundheit (BMG), während alle übrigen Opferverbände Unterstützungsleistungen vom Bundesministerium der Finanzen bezogen. Diese Delegierung der Zuständigkeit unterstrich bewusst die offensichtlich erwünschte Distanz zu den dort organisierten Opfern. Die dem Bund zugeteilte Summe sollte keinesfalls der Finanzierung einer wohlorganisierten Interessenvertretung dienen, sondern ausdrücklich die »gesundheitliche Selbsthilfe« und Maßnahmen zur »selbstbestimmten Lebensgestaltung behinderter Menschen« fördern. Es gelang dem Bund schon kurz nach der Gründung, die Aufmerksamkeit politischer Parteien im Deutschen Bundestag zu gewinnen. So nahmen im Juni 1987 – 42 Jahre nach Kriegsende – an der Anhörung im Innenausschuss des Bundestags zum Thema »Wiedergutmachung und Entschädigung für nationalsozialistisches Unrecht« in Bonn erstmals Vertreter der Zwangssterilisierten teil. Die anwesende Historikerin Gisela Bock bezeichnete das GzVeN als »typisch nationalsozialistisches Unrecht« und charakterisierte »Zwangssterilisationen« eindeutig als einen Teilbereich der NS-Rassenpolitik. Doch selbst ihre überzeugenden Forschungsergebnisse führten nicht zu der Rehabilitierung, welche die Angehörigen dieser Opfergruppe so sehr erhofften.

Im März 1988 legte die Bundesregierung eine Neufassung der »Richtlinien der Bundesregierung über Härteleistungen an Opfer von nationalsozialistischen Unrechtsmaßnahmen im Rahmen des allgemeinen Kriegsfolgengesetzes« vor. Sie berücksichtigten jetzt auch bisher vom Entschädigungsrecht außen vor gelassene Opfer. Zu den wegen ihrer körperlichen oder geistigen Verfassung vom NS-Regime verfolgten Menschen zählten die Richtlinien die vor 1945 als »Asoziale, Euthanasieopfer und Homosexuelle« eingestuften. Es handelte sich wohlgemerkt jedoch nicht um eine Entschädigung für erlittenes Unrecht, sondern nur um eine Härtefallleistung für diejenigen, die sich nachweislich in einer Notlage befanden. So konnte Zwangssterilisierten mit einem Familieneinkommen unter der Notfallgrenze – die sich an den geltenden Sätzen der Sozialhilfe orientierte – nun auch eine laufende Beihilfe zugesprochen werden. Voraussetzung dafür war, dass der Eingriff bei den Betroffenen einen ärztlich nachweisbaren nachhaltigen Gesundheitsschaden mit einem hohen Behinderungsgrad verursacht hatte. Die ursprüngliche Höhe dieses Behinderungsgrads wurde sogar schon bald herabgesetzt. Erstmals nach Ende des NS-Staats konnten zudem Kinder von »Euthanasie«-Opfern Anspruch auf eine einmalige Entschädigungszahlung geltend machen. Dazu mussten sie über die Ermordung ihrer Familienangehörigen einen dokumentarischen Nachweis erbringen, der sich häufig nur unter großen Schwierigkeiten beschaffen ließ. Da auch die Berechnung dieser Entschädigungszahlung der Notlagengrenze unterlag, erhielten sie nur wenige der Betroffenen.

Einer Empfehlung des Rechtsausschusses folgend, ächtete der Bundestag schließlich im April 1988 die Urteile der Erbgesundheitsgerichte als nationalsozialistisches Unrecht. Im Beschluss hieß es: »Das Gesetz zur Verhütung erbkranken Nachwuchses vom 14. Juli 1933 ist von den Nationalsozialisten von Anfang an als Mittel zur Durchsetzung ihrer Rassenpolitik angesehen worden.« Geächtet waren damit aber nur die Urteile, nicht das Gesetz selbst. Die Fraktion der Partei Die Grünen hatte zwar dessen Nichtigkeitserklärung gefordert, scheiterte jedoch, weil für eine solche Nichtigkeitserklärung keine Gesetzgebungskompetenz des Bundes bestand. Die Mehrheit im Bundestag hielt eine Nichtigkeitserklärung aus verfassungsrechtlichen Gründen deshalb für unmöglich, weil das GzVeN schon beim Inkrafttreten des Grundgesetzes außer Kraft getreten sei. Und die in der Bundesrepublik erlassenen Regelungen galten nach der Wiedervereinigung 1990 auch in den neuen Bundesländern. So blieb auch dort Zwangssterilisierten und »Euthanasie«-Geschädigten die Anerkennung als Opfer der NS-Rassenpolitik versagt.

Im August 1998 wurden schließlich im Rahmen der Strafrechtspflege die nationalsozialistischen Unrechtsurteile aufgehoben. Dazu zählten die »eine Unfruchtbarmachung anordnenden und noch rechtskräftigen Beschlüsse«, die von den Erbgesundheitsgerichten aufgrund des GzVeN und des »Zweiten Gesetzes zur Änderung des GzVeN« erlassen worden waren. Finanziell verbesserte die Aufhebung der Urteile allerdings die Lage der Betroffenen nicht wesentlich. Das Taschengeld für die bereits in einem Altersheim wohnenden Zwangssterilisierten wurde von 100 DM auf 120 DM erhöht. Auch alle weiteren Anhebungen erfolgten stets nach den Richtlinien des Härteausgleichs und brachten zudem keine Anerkennung des in der NS-Zeit erlittenen Unrechts.

2002 entfiel die Notlagengrenze für »Euthanasie«-Geschädigte. Kinder, deren Väter oder Mütter durch die »Euthanasiemorde« umgekommen waren, konnten jetzt einen Antrag auf Entschädigung für den ihnen durch den Tod der Eltern entgangenen Unterhalt stellen. Die Entschädigung erhielten sie also wohlgemerkt nicht für die Ermordung ihrer Eltern, sondern für den ihnen durch deren Tod entstandenen finanziellen Schaden. Um die Einmalzahlung von 2556,46 Euro zu erhalten, durfte ein Antragsteller zum Zeitpunkt der Ermordung eines Elternteils oder beider Eltern jedoch nicht älter als 18 Jahre gewesen sein. Diese Altersgrenze schloss ältere Geschwister – zunächst – aus.

Es war verständlich, dass sich der BEZ, unterstützt von den Parteien Die Linkeund Bündnis 90 / Die Grünen sowie dem Nationalen Ethikrat, weiterhin für eine vollständige Rehabilitierung der Opfergruppe durch Nichtigkeitserklärung des GzVeN einsetzte. Tatsächlich erfolgte im Mai 2007 durch den Bundestag aber lediglich eine Ächtung dieses NS-Gesetzes. Immerhin kam der Bundestag zu dem Schluss, dass die Zwangssterilisationen NS-Unrecht und »Ausdruck der menschenverachtenden nationalsozialistischen Auffassung vom ›lebensunwerten‹ Leben« gewesen seien. Vor allem die Todesrate bei der Durchführung der Eingriffe, die Schätzung ging von etwa 5000 Opfern aus, belege deutlich den Charakter des Gesetzes als einer Art Vorstufe zur »Euthanasie«. Den Opfern und ihren Angehörigen sprach das Parlament »Achtung und Mitgefühl« aus. Damit hatte, wie die langjährige Geschäftsführerin des BEZ Margret Hamm schrieb, wenigstens eine Art »moralische Rehabilitierung« stattgefunden. Neue Entschädigungen folgten aus der Ächtung des GzVeN allerdings nicht; es blieb vielmehr bei den Härteleistungen. Das Bundesministerium der Finanzen unterrichtete vorsorglich den Petitionsausschuss des Bundestages im Juni 2008, es sei »nicht beabsichtigt, das bestehende System der Leistungen an Zwangssterilisierte zu verändern«. Der BEZ bekräftigte Anfang 2009 noch einmal sein Anliegen, die Opfer des GzVeN als Verfolgte des NS-Staats anzuerkennen, denn das Entschädigungsgesetz sicherte Anspruch auf Entschädigungsleistungen nur für während des »Dritten Reichs« erlittenes Unrecht.

Generell sollten beim Unterschreiten einer nicht näher bestimmten Mitgliederzahl des BEZ die Fördermittel vonseiten des BMG eingestellt werden. Diese Zahl musste allerdings schon altersbedingt abnehmen. Die Mitglieder beschlossen 2009, weiteren Problemen durch eine rechtzeitige Auflösung des Vereins aus dem Weg zu gehen. Als Nachfolgeorganisation entstand die »Arbeitsgemeinschaft Bund der ›Euthanasie‹-Geschädigten und Zwangssterilisierten«, denn schließlich hatte die Opfergruppe ihr selbstgestecktes großes Ziel noch nicht erreicht. Zwar hatte der Ächtungsbeschluss des Bundestages den Satz enthalten, das GzVeN habe »den Einzelnen der rassistischen Wahnidee der ›Reinigung des Volkskörpers‹ unterworfen«. Doch eine explizite Gleichstellung der Zwangssterilisierten oder Opfer der »Euthanasie« mit den Opfern »aus Gründen der Rasse« war das nicht. 2011 kam es zu einer weiteren Neufassung der Härterichtlinien des AKG. Jetzt wurde jenen Betroffenen, die in eine Tötungsanstalt gebracht, aber dort vom Vergasungstod noch zurückgestellt worden waren, die gleiche monatliche Zahlung in Höhe von 320 Euro wie einem Zwangssterilisierten gewährt.

Die Arbeitsgemeinschaft Bund der »Euthanasie«-Geschädigten und Zwangssterilisierten richtete im Januar 2014 erneut einen Appell an den Bundespräsidenten, den Bundestagspräsidenten, die Bundesregierung, die Fraktionsvorsitzenden der im Parlament vertretenen Parteien und die Ministerpräsidenten der Länder. Sie bat darum, die wenigen noch lebenden Opfer der nationalsozialistischen Zwangssterilisation und »Euthanasie« als Verfolgte des NS-Regimes anzuerkennen und damit den in § 1 Abs. 2 BEG aufgezählten Opfergruppen gleichzustellen. »Solange den Opfern nicht der Status rassisch Verfolgte zuerkannt wird«, hieß es in einer den Appell begleitenden Pressemitteilung der Arbeitsgemeinschaft, »haben sie, von Härteleistungen abgesehen, nicht die volle Anerkennung als NS-Verfolgte noch Ansprüche im Sinne des BEG.« Nach einer Erweiterung der Härterichtlinie wurden die laufenden Leistungen für Zwangssterilisierte und »Euthanasie«-Geschädigte im Juli 2014 an die Höhe der außergesetzlichen Leistungen für jüdische Verfolgte von 320 Euro angepasst. Für die Kinder von während der »Euthanasie« ermordeten Eltern verbesserte sich die Antragsmöglichkeit. Die bisherige Altersgrenze von 18 Jahren zum Zeitpunkt der Ermordung ihrer Eltern wurde für die Antragsteller zunächst auf 21 und schließlich auf 27 Jahre erhöht.

Nach Angaben der Arbeitsgemeinschaft lebten im Januar 2021 nur noch 49 entschädigungsberechtigte Zwangssterilisierte. Alle von »Euthanasie«-Maßnahmen betroffenen Beihilfeberechtigten waren zu diesem Zeitpunkt bereits verstorben.

## 5. »Entfernung der Juden aus dem deutschen Volkskörper«

*»Jetzt gilt es, reinen Tisch zu machen, diejenigen auszumerzen, die nicht Deutsche sind [...] Entfernung der Juden aus dem deutschen Volkskörper.«*[1]

*»Wir wollen keine Gefühlsantisemiten sein, die Pogromstimmung erzeugen wollen, sondern es beseelt uns die unerbittliche Entschlossenheit, das Übel an der Wurzel zu packen und mit Stumpf und Stiel auszurotten.«*[2]

### 5.1 Gewalt und Boykott

Nach der Ernennung Hitlers zum Reichskanzler am 30. Januar 1933 bestimmte zunächst die Verfolgung der Gegner der NSDAP das politische Klima. Doch schon bald ließen auch die antisemitischen Kräfte in der Partei ihrem Hass gegen Juden freien Lauf, und es kam zu ersten Übergriffen und Misshandlungen. Diese mehrten sich noch nach den Reichstagswahlen vom 5. März, zumal Polizei und Justiz nicht dagegen einschritten. Die Führung der Partei versuchte zunächst, diese spontan von lokalen und regionalen Parteistellen initiierten antijüdischen Aktionen zu beenden.

Nachdem die internationale Presse über die Vorfälle berichtet hatte, regten jüdische Organisationen in Großbritannien und den USA einen Boykott deutscher Waren an. Hitler vertrat gegenüber dem Kabinett die Meinung, besser als spontane Gewalttaten der Bevölkerung sei ein zugelassener Boykott. Er wies Gauleiter Streicher an, ein »Zentral-Komitee zur Abwehr der jüdischen Greuel- und Boykotthetze« einzurichten. Dieses organisierte für den 1. April einen reichsweiten Boykott. Mitglieder des »Nationalsozialistischen Kampfbunds für den gewerblichen Mittelstand«, der SA, des »Stahlhelm. Bund der Frontsoldaten« und der Hitlerjugend (HJ) postierten sich vor jüdischen Geschäften, Arztpraxen und Anwaltskanzleien und versperrten deren Eingänge. Lautsprecherwagen in den Straßen, an Schaufenster geschmierte Parolen und Plakate forderten: »Deutsche! Wehrt Euch! Kauft nicht bei Juden!« oder »Meidet jüdische Ärzte!« und »Geht nicht zu jüdischen Rechtsanwälten!« Die NS-Führung erkannte jedoch, dass angesichts der schwierigen Lage der deutschen Wirtschaft ein weiteres Vorgehen gegen jüdische Geschäfte und Unternehmen wenig Sinn ergab. Eine Fortsetzung des Boykotts, so teilte der *Völkische Beobachter* den Parteimitgliedern am 3. April mit, sei nicht mehr nötig.

Die Beendigung des Boykotts beseitigte allerdings keineswegs die Diskriminierung der deutschen Juden. Beschimpfungen, gewalttätige Demonstrationen, Drangsalierungen, körperliche Misshandlungen und der Verlust ihrer bisherigen Sozialkontakte bestimmten weiterhin ihren Alltag. Offensichtlich war die jahrelange antisemitische Hetze nicht nur bei Mitgliedern der NSDAP auf fruchtbaren Boden gefallen, sondern auch in der Bevölkerung.

### *5.1.1 Juristische Ausschließung*

»Für den rassischen Antisemiten war wegen der gefährlichen rassischen Einwirkung jüdischer Präsenz und Gleichheit die einzige Lösung die (juristische und wo möglich physische) Ausschließung aus der Gesamtgesellschaft«, schreibt Henry Friedländer. Zunächst forderte der Erlass des RMdI »Zur Einleitung einer völkischen Politik« am 16. März 1933 alle Länderregierungen auf, keine »Ostjuden« mehr einzubürgern. Die Reichsregierung erließ das »Gesetz über den Widerruf von Einbürgerungen und die Aberkennung der deutschen Staatsangehörigkeit«. Daraufhin verloren etwa 16 000 polnische Juden die deutsche Staatsangehörigkeit und galten als staatenlos.

Die juristische Ausschließung der deutschen Juden aus der »Gesamtgesellschaft« begann am 7. April 1933 mit dem »Gesetz zur Wiederherstellung des Berufsbeamtentums«, das die Entlassung von Beamten »nichtarischer Abstammung« verfügte. Als »nicht arisch« galt, »wer von nicht arischen, insbesondere jüdischen Eltern oder Großeltern abstammt«. Von der Entlassung ausgenommen blieben zunächst die jüdischen Beamten, die schon vor August 1914 im Dienst gestanden, an der Front gekämpft hatten oder deren Väter bzw. Söhne zu den 12 000 jüdischen Soldaten gehörten, die im Ersten Weltkrieg gefallen waren. Dieses »Frontkämpferprivileg« war auf eine Petition zurückzuführen, die der »Reichsbund Jüdischer Frontsoldaten« erfolgreich bei Reichspräsident von Hindenburg eingebracht hatte. Besondere Wirksamkeit erhielt das Gesetz aber dadurch, dass der »Arierparagraph« künftig nicht nur für weitere antijüdische Gesetze und staatliche Maßnahmen richtungweisend wurde. Vielmehr übernahmen ihn auch Vereine, Verbände und Organisationen eilfertig.

Der »Bund Nationalsozialistischer Deutscher Juristen« hatte bereits den Ausschluss sämtlicher jüdischer Juristen aus dem »deutschen Rechtsleben« gefordert. Am 7. April 1933 erließ die Reichsregierung das »Gesetz über die Zulassung zur Rechtsanwaltschaft«, das die Zulassung von Anwälten »nicht arischer« Abstammung verhinderte. Beruflichen Umgang mit jüdischen Anwälten ohne Zulassung sahen die Rechtsanwaltskammern künftig als standeswidrig an. Allerdings galt für einige jüdische Rechtsanwälte ebenfalls das »Frontkämpferprivileg«.

Als weitere »fremdrassige« Berufsgruppe gerieten die jüdischen Ärzte in den Fokus rassistischer juristischer Ausschließungsmaßnahmen. Im März forderten sowohl der »Nationalsozialistische Deutsche Ärztebund« als auch der »Hartmannbund« alle medizinischen Organisationen auf, jüdische Vorstandsmitglieder zu entlassen. Durch das Gesetz zum Berufsbeamtentum hatten einige »nicht arische« Ärzte bereits ihre Arbeitsplätze in Universitäten, Krankenhäusern und Verwaltung verloren. Eine entsprechende Verordnung untersagte jüdischen Medizinern zudem, Kassenpatienten zu behandeln. Praxisgemeinschaften zwischen »deutschstämmigen« und »fremdrassigen« Ärzten sowie die bisher üblichen Überweisungen von Patienten wurden verboten. Für Mediziner, die während des Ersten Weltkriegs als Militärärzte gedient hatten, galt jedoch das »Frontkämpferprivileg«.

Um die Zahl der jüdischen Hochschulabsolventen – die nicht nur aus rassistischen Gründen abgelehnt, sondern auch als unliebsame Konkurrenten angesehen wurden – niedrig zu halten, begrenzte das »Gesetz gegen die Überfüllung deutscher Schulen und Hochschulen« die Immatrikulation jüdischer Schüler und Studenten. Die *Deutsche Allgemeine Zeitung* druckte am 27. April 1933 folgende Begründung für das Gesetz: »Ein Volk von Selbstachtung kann vor allem seine höheren Tätigkeiten nicht in so weitem Maße wie bisher durch Fremdstämmige vornehmen lassen. Die Zulassung eines im Verhältnis zum Volksganzen zu großen Anteils Fremdstämmiger würde als Anerkennung der geistigen Überlegenheit anderer Rassen gedeutet werden können, die mit Entschiedenheit abzulehnen ist.«

Der *Völkische Beobachter* brachte ab Februar 1933 Artikel mit Angriffen auf jüdische Kulturschaffende und Intellektuelle, die aus dem Kultur- und Geistesleben Deutschlands entfernt werden müssten. Deutschland habe Anspruch, so der Tenor, auf eine »arteigene« geistige Führung. Viele jüdische Musiker, Schauspieler, Theaterdirektoren, Regisseure, Schriftsteller und Wissenschaftler verließen mittlerweile Deutschland, schon um einer Entlassung und einem Arbeitsverbot zuvorzukommen. Denn eine auf Betreiben von Reichspropagandaminister Goebbels gegründete »Reichskulturkammer« fungierte jetzt als Dachverband für sieben Einzelkammern, etwa die Reichsmusikkammer, die Reichstheaterkammer oder die Reichskammer der bildenden Künste. Alle im Kulturbereich tätigen Deutschen mussten künftig Mitglied in einer entsprechenden Kammer sein. Eine Mitgliedschaft ohne »Ariernachweis« war ausgeschlossen.

Der die Universitäten dominierende »Nationalsozialistische Deutsche Studentenbund« störte die Lehrveranstaltungen jüdischer Hochschullehrer. Schließlich wurden über 2000 jüdische Hochschullehrer und Dozenten entlassen. Im Mai 1933 organisierte dieser Studentenbund die »Aktion wider den undeutschen Geist«, die sich vor allem gegen »den jüdischen Zersetzungsgeist« richtete. In Berlin, anschließend auch in anderen Universitätsstädten, wurden öffentlich die Bücher jüdischer und anderer missliebiger Autoren verbrannt. Die rapide Verschlechterung ihrer Lebensumstände durch die antisemitischen Maßnahmen im NS-Staat veranlasste im Jahr 1933 etwa 37 000 deutsche Juden, das Land zu verlassen.

### *5.1.2 »Restlose Auswanderung«*

Nach längerem Ringen um die Kontrolle über die politische Polizei in den Ländern des Reichs – das Himmler für sich entschieden hatte – wurde er am 20. April 1934 schließlich auch Chef der »Preußischen Geheimen Staatspolizei«. Er ernannte den Chef des »Sicherheitsdienstes des Reichsführers SS« (SD), Reinhard Heydrich, auch zum Chef des »Geheimen Staatspolizeiamtes« (Gestapa). Heydrich begann sogleich, die Arbeit von Gestapo und SS enger miteinander zu verknüpfen. Das Gestapa erhielt eine spezielle Gruppe für »Judenfragen«, und im Hauptamt des SD entstand ein »Juden-Referat«. Im Mai 1934 legte das SD-Amt IV/2 Heydrich ein Memorandum mit dem Titel »Zur Behandlung der Judenfrage« vor, das »für die kommenden Jahre die Richtschnur seines Handelns bilden sollte«. (Michael Wildt) Die wesentliche Forderung des Memorandums lautete: »Das Ziel der Judenpolitik muß die restlose Auswanderung sein.«[3] Damit griff das Memorandum inhaltlich auf bereits seit der Mitte des 19. Jahrhunderts von verschiedenen Antisemiten angestellte Überlegungen zurück, die »Judenfrage« durch Aussiedlung der Juden am besten in außereuropäische Gebiete zu lösen.

Abgesehen von der eingeschränkten Aufnahmekapazität des britischen Mandatsgebiets Palästina hatte die

Reichsregierung bereits gute Erfahrungen mit der jüdischen Auswanderung dorthin gemacht. Im August 1933 hatten das Reichswirtschaftsministerium und Vertreter des Zionismus das »Haavarah-Abkommen« abgeschlossen. Es bot auswanderungswilligen deutschen Juden mit Hilfe eines Kapitaltransfers die Möglichkeit, nach Palästina zu gelangen. Zwar büßten sie dabei den größeren Teil ihrer Mittel ein, doch es blieb ihnen noch genug Besitz, um die finanziellen Mindestanforderungen zu erfüllen, welche Großbritannien als Voraussetzung für eine Einwanderungserlaubnis in sein Mandatsgebiet stellte. Zwischen 1933 und 1939 konnten 60 000 deutsche Juden dieses Abkommen nutzen.

Die Gründung eines Judenstaates, stellte das Memorandum für Heydrich weiter fest, sei eigentlich kein deutsches, sondern ein internationales und national-jüdisches Problem. Dieses könne allerdings nicht gelöst werden, wenn das Deutsche Reich sich daran nicht führend beteilige. »Wenn die Juden draußen keinen Platz finden können«, resümierte das Papier, »so können wir sie aus außenpolitischen Gründen wahrscheinlich nicht zur Auswanderung zwingen und behalten sie für immer auf dem Hals.« Um deutsche Juden zum Verlassen des Landes zu zwingen, lautete daher der Vorschlag: »Den Juden sind die Lebensmöglichkeiten – nicht nur wirtschaftlich genommen – einzuschränken. Deutschland muss ihnen ein Land ohne Zukunft sein, in dem wohl die alte Generation in ihren Restpositionen sterben, nicht aber die junge leben kann, so dass der Anreiz zur Auswanderung dauernd wach bleibt.«

Zu einer aus Sicht des NS-Staats erfolgreich verlaufenden Auswanderung von Juden gehörte freilich auch deren vorausgehende Beraubung. Um Zugriff auf das Vermögen eines Auswanderungswilligen zu bekommen, nutzte der Staat die »Reichsfluchtsteuer«. Diese war 1931 unter Reichskanzler Heinrich Brüning eingeführt worden, um eine Kapitalflucht aus dem Deutschen Reich zu erschweren oder zu verhindern. Überstieg das Vermögen eines Auswanderers die Summe von 200 000 RM, behielt der Staat 25 Prozent ein. Angesichts der Zahl der jüdischen Auswanderer erfolgte im Mai 1934 eine Absenkung des Freibetrags, der in den kommenden Jahren noch weiter verringert wurde.

Nach dem Tod von Reichspräsident von Hindenburg machte das Ergebnis einer Volksabstimmung Hitler im August zum »Führer und Reichskanzler«; er wurde somit zum Staatsoberhaupt, Regierungschef, Oberbefehlshaber der Reichswehr und obersten Gerichtsherrn. Die Niederschlagung des »Röhm-Putsches« sowie die Verhaftung und Ermordung der gesamten obersten SA-Führung führten zu einem Bedeutungsverlust der SA und einer deutlichen Aufwertung der SS. Der geringere Stellenwert der SA tat allerdings dem aggressiven und gewalttätigen Vorgehen von SA-Einheiten gegen Juden im Reichsgebiet keinen Abbruch. Angesichts von Misshandlungen, gewalttätigen Ausschreitungen, Diskriminierungen und nicht zuletzt der Ausschließung von Juden aus Beamtenschaft, Justiz, Ärzteschaft, Universität und Kultur entschieden sich bis Ende des Jahres 1934 weitere 23 000 Juden, das Land zu verlassen.

### 5.1.3 *Nürnberger Rassengesetze*

Die zumeist von lokalen Parteistellen organisierten Angriffe auf jüdische Geschäfte, Wohnungen und auf deren Inhaber setzten sich 1935 fort. So veranstalteten beispielsweise am Palmsonntag »arische« Einwohner von Gunzenhausen (Franken) eine Art Hetzjagd auf ihre jüdischen Mitbürger und griffen deren Wohnungen an. Im Juli erreichten die Krawalle Berlin. Als jüdische Besucher vor einem Kino auf dem Kurfürstendamm gegen einen antisemitischen schwedischen Spielfilm demonstrierten, veranlasste dies »empörte Volksgenossen« zu einer Gegendemonstration. Schlägereien und der Einsatz von Polizeikräften waren die Folge. Von den Zusammenstößen zwischen beiden Gruppen berichtete auch die internationale Presse, was ein Jahr vor Beginn der Olympischen Spiele in Berlin keineswegs im Interesse der NS-Führung lag. Der »Stellvertreter des Führers«, Rudolf Heß, ließ die Partei wissen, dass dem »Führer« zurzeit sämtliche Einzelaktionen gegen Juden unerwünscht seien. Das Gestapa erhielt die Anweisung, antijüdische Demonstrationen zu unterbinden.

Die juristische Ausschließung von Juden aus der deutschen Gesellschaft gipfelte im September 1935 mit dem Erlass der Nürnberger Rassengesetze. Anlässlich des 7. Reichsparteitags der NSDAP in Nürnberg verabschiedete der eigens dorthin einberufene gleichgeschaltete Reichstag am 15. September zunächst das »Reichsbürgergesetz«. Reichsbürger mit allen politischen und bürgerlichen Rechten konnten künftig nur noch »Staatsangehörige deutschen oder artverwandten Blutes« sein. Den deutschen Juden blieb als »Angehörigen fremden Volkstums« lediglich der

Status von »Staatsangehörigen«. Diese gehörten dem »Schutzverband« des Deutschen Reiches an und waren diesem »besonders verpflichtet«. Die von zwei Beamten des Reichsministeriums des Innern, Wilhelm Stuckart und Hans Globke, verfassten »Kommentare zur deutschen Rassengesetzgebung« kamen zu dem Ergebnis: »In Europa sind regelmäßig nur Juden und Zigeuner artfremde Rassen.«

Nach einer dem Gesetz folgenden Verordnung galt eine Person, unabhängig von der eigenen Religionszugehörigkeit, mit mindestens drei der jüdischen Religion angehörenden Großeltern als »Volljude«. Eine Person mit zwei jüdischen Großeltern war »jüdischer Mischling ersten Grades« und galt als »Halbjude«. Eine Person mit einem jüdischen Großelternteil galt als »Mischling zweiten Grades« beziehungsweise als »Vierteljude«. Während »Voll- und Halbjuden« keine Reichsbürger sein konnten, blieben »Mischlinge zweiten Grades« »vorläufige« Reichsbürger. Juden verloren das Wahlrecht und öffentliche Ämter. Zudem erlosch das »Frontkämpferprivileg«, und die noch verbliebenen jüdischen Beamten und Notare mußten jetzt den Dienst quittieren. Jüdischen Rechtsanwälten und Patentanwälten wurde endgültig die Zulassung, allen jüdischen Ärzten, Zahnärzten und Tierärzten die Approbation sowie allen jüdischen Apothekern die Konzession entzogen. Bei einer Auswanderung verloren Juden automatisch die deutsche Staatsangehörigkeit.

Nach dem »Reichsbürgergesetz« verabschiedete der Reichstag das »Gesetz zum Schutz des deutschen Blutes und der deutschen Ehre«, das »Blutschutzgesetz«. Es griff das von Hitler in *Mein Kampf* geforderte rassenpolitische Ziel der »Reinerhaltung des Blutes« auf. Die Präambel des

Gesetzes lautete: »Durchdrungen von der Erkenntnis, dass die Reinheit des deutschen Blutes die Voraussetzung für den Fortbestand des Deutschen Volkes ist, und beseelt von dem unbeugsamen Willen, die Deutsche Nation für alle Zukunft zu sichern, hat der Reichstag einstimmig das folgende Gesetz beschlossen«. Juden und jüdischen »Mischlingen ersten Grades« wurde die Eheschließung bzw. eine außereheliche Liebesbeziehung mit Bürgern deutschen oder »artverwandten« Blutes untersagt. Bereits zwischen diesen geschlossene Ehen galten als nichtig. Um »Rassenschande« zu unterbinden, wurde der außereheliche Geschlechtsverkehr zwischen Juden und »Staatsangehörigen deutschen oder artverwandten Blutes« verboten. Wer gegen dieses Verbot verstieß, dem drohte eine Gefängnis- oder Zuchthausstrafe von bis zu 15 Jahren. Schließlich untersagte das Gesetz Juden die Beschäftigung von weiblichen Hausangestellten deutschen oder »artverwandten Blutes« unter 45 Jahren. Damit sollten deutsche Frauen vor »rasseverderblichen geschlechtlichen Gefährdungen« geschützt werden. »Die ›Nürnberger Gesetze‹ vom Herbst 1935 gaben dem nationalsozialistischen Staat einen kodifizierten Judenbegriff an die Hand, der ihm erlaubte, seine Utopie in die Wirklichkeit umzusetzen: die Utopie von der säuberlichen Scheidung einer als fremd definierten Substanz (das ›jüdische Blut‹) von einer sozusagen identitären Substanz (das ›deutsche Blut‹)« (Cornelia Essner). Wohl nicht zuletzt infolge ihrer gesetzlichen Herabsetzung zu Bürgern zweiter Klasse sahen sich 1935 etwa 21 000 Juden gezwungen, Deutschland zu verlassen.

Dass die jüdische Auswanderung zunahm, lag ganz im Interesse der nationalsozialistischen Führung. Doch angesichts der für 1936 in Berlin und Garmisch-Partenkirchen geplanten Olympischen Spiele waren sichtbare Übergriffe auf die jüdische Bevölkerung nicht erwünscht. Mitglieder der Olympischen Komitees verschiedener Staaten wie etwa der USA hatten wegen der bisherigen Diskriminierung der Juden mit einem Boykott der Olympischen Spiele gedroht. Um das zu verhindern, verpflichtete Hitler sich zur Einhaltung der Olympischen Regeln und sicherte zu, dass Sportler aller »Rassen und Konfessionen« freien Zugang zu den Wettkämpfen haben würden. Die an einigen Orten aufgestellten Schilder mit der Aufschrift »Juden unerwünscht« wurden vorsichtshalber ebenso entfernt wie das am Wannsee prangende Schild: »Juden ist das Baden und der Zutritt verboten«. Himmler forderte die SS auf, sich während der Olympischen Spiele nicht zu Beschimpfungen von Juden in der Öffentlichkeit oder gar zu Tätlichkeiten hinreißen zu lassen. So brachte das Olympische Jahr 1936 den deutschen Juden eine trügerische Ruhepause.

Der Leiter des »Judenreferats« im SD, Dieter Wisliceny, unterstrich Anfang April 1937 noch einmal: »Die Judenfrage in Deutschland ist eine Rassenfrage. Sie ist eindeutig als weltanschauliches Problem gekennzeichnet [...]. Die einzig mögliche Lösung der Judenfrage ist die Förderung zionistischer Abwanderung der Juden aus Deutschland mit allen Mitteln.« Es sei Aufgabe von SD, Staat und Partei, das »absolut stichhaltige« Material zu liefern, »auf Grund dessen gesetzgeberische und polizeiliche Maßnahmen erfolgen könnten«.[4] Ein Lagebericht des SD vom Vortag hatte die soziale Lage der Juden immer noch als so gut angesehen, »dass die meisten das Verbleiben in Deutschland einer Auswanderung vorziehen«. Als Ursachen für das »Verbleiben«

nannte das Papier das »Einschlafen« der antisemitischen Propaganda der Partei, die Haltung der dem Judentum positiv gegenüberstehenden Kirchen beider Konfessionen und den immer noch großen Einfluss der Juden im Wirtschaftsleben.[5]

Die jüdische Bevölkerung Oberschlesiens war bisher durch den im Deutsch-Polnischen Abkommen von 1922 festgelegten Minderheitenschutz von Maßnahmen der nationalsozialistischen Rassenpolitik verschont geblieben. Nachdem das Abkommen im Juli 1937 ausgelaufen war, erhielten auch dort die antisemitischen Verordnungen und Gesetze des Deutschen Reichs Geltung.

### *5.1.4 Der »Anschluss« Österreichs*

Anfang 1938 wurden »sowjetische Juden« aus Deutschland ausgewesen. Dabei handelte es sich um etwa 1000 Juden, die vor Stalins Terror aus Russland in das Deutsche Reich geflohen waren. Sie kamen zunächst in »Ausweisungshaft«. Einer größeren Zahl von ihnen gelang es, mit Hilfe dort lebender Verwandter in die USA auszureisen.

Am 15. März 1938 meldete Hitler einer jubelnden Menschenmenge auf dem Heldenplatz in Wien »den Eintritt meiner Heimat in das Deutsche Reich«. Die etwa 200 000 in Österreich lebenden Juden hatten bereits seit vielen Jahren unter einer von der politischen Rechten betriebenen antisemitischen Hetze gelitten. Nach dem »Anschluss« der »Ostmark« an das Deutsche Reich waren öffentliche Erniedrigungen, teilweise in Mord gipfelnde Misshandlungen sowie Plünderungen jüdischer Geschäfte und Wohnungen an der Tagesordnung. Jüdische Beamte wurden aus dem Staatsdienst entlassen und einige prominente österreichische Juden in das inzwischen erweiterte KZ Dachau eingeliefert. Zur schnellen »Arisierung« jüdischer Einzelhandelsgeschäfte, Handwerksbetriebe, Unternehmen, Banken, Häuser und Wohnungen errichtete das »Ministerium für Arbeit und Wirtschaft« in Wien eine spezielle »Vermögensverkehrsstelle«. »Arisierung« oder »Entjudung« beraubte die jüdischen Inhaber ihres Eigentums; denn der scheinbar ordnungsgemäße, jedoch tatsächlich erzwungene Verkauf erfolgte stets weit unter dem wirklichen Wert. Häufig wurde jüdischer Besitz einfach vom Staat konfisziert, oder es erfolgten »freiwillige« Notverkäufe. Die durch »Arisierung« erlösten Verkaufssummen und die Gelder von jüdischen Unternehmen, die nach einer Liquidierung nicht mehr wirtschaftlich zu betreiben waren, wurden auf Sperrkonten eingezahlt. Mitte des folgenden Jahres waren die jüdischen Betriebe in Wien vollständig, im Rest des Landes überwiegend »arisiert«.

Eine Abschiebung von Juden über die grüne Grenze nach Jugoslawien, Ungarn oder in die Tschechoslowakei scheiterte am gut funktionierenden Grenzschutz dieser Staaten. Deshalb entsandte der SD den SS-Obersturmführer Adolf Eichmann nach Wien. Dieser hatte sich bisher als Sachbearbeiter im »Juden-Referat« mit dem Zionismus und der jüdischen Auswanderung befasst. In Wien richtete Eichmann eine »Zentralstelle für jüdische Auswanderung« ein, die sämtliche für eine Auswanderung erforderlichen Behörden unter einem Dach konzentrierte. Zur Auswanderung willige oder gezwungene Juden wurden von Bearbeiter zu Bearbeiter weitergereicht. Am Ende der Prozedur wurde ihnen schließlich der für die Ausreise notwendige

Reisepass übergeben. Reicheren Juden nahm die Zentralstelle größere Summen ab, um mit diesem Geld die Auswanderung ärmerer Juden zu finanzieren. Außerdem gelang es mithilfe der jüdischen Kultusgemeinde Wiens, der an einer schnellen Auswanderung ihrer Gemeindemitglieder in das sichere Ausland gelegen war, die finanziellen Unterstützungsmöglichkeiten internationaler jüdischer Hilfsorganisationen zu nutzen. Eichmann konnte die Bearbeitungszeit der für eine Ausreise notwendigen Papiere auf acht Tage reduzieren. Ein Jahr später hatten bereits etwa 50 Prozent der jüdischen Bevölkerung die »Ostmark« verlassen.

Der Erfolg des Vorgehens in der »Ostmark« schien die bisherige Auffassung der SD-Führung zu bestätigen, man werde die »jüdische Frage« auch im »Altreich« weiterhin durch Auswanderung lösen können. Da Palästina wegen der Einwanderungsbeschränkungen der britischen Mandatsbehörde nicht mehr in Frage kam, zog sie für die Auswanderung jetzt Gebiete in Asien und Südamerika in Betracht. Die ablehnende Haltung der britischen Mandatsmacht hielt den SD allerdings nicht davon ab, mit Agenten des *Mossad LeAlijah Bet* zusammenzuarbeiten. Diese Unterabteilung der zionistischen paramilitärischen Organisation *Haganah* betrieb die heimliche Immigration von Juden nach Palästina und bezog in ihre Aktivitäten auch kleinere Gruppen deutscher Juden ein.

Im April und Juni 1938 verhafteten und verschleppten Gestapo und Kriminalpolizei, die inzwischen zur Sicherheitspolizei (SIPO) zusammengefasst worden waren, »Arbeitsunwillige« und »Asoziale«. Im Rahmen dieser Aktion kam es auch zur Verhaftung vorbestrafter Juden. Diese waren teilweise wegen Devisenvergehen oder lediglich wegen

Verstößen gegen die Verkehrsordnung vorbestraft. Andere waren – wie es die Staatspolizeistelle in Wien formulierte – »unliebsame, insbesondere kriminell vorbelastete Juden«. Nach der Verhaftung wurden sie in KZ gebracht. Im August trafen erste Häftlinge auch im östlich von Linz gelegenen neuen KZ Mauthausen ein. Himmler hatte die dortigen Granitsteinbrüche besichtigt und beschlossen, dort mit Hilfe des SS-eigenen Unternehmens »Deutsche Erd- und Steinwerke GmbH« Granit als Baumaterial abbauen zu lassen. Weitere KZ für diesen Zweck errichtete das Unternehmen in der »Ostmark« bei Gusen und im »Altreich« bei Flossenbürg.

Angesichts der steigenden Zahl jüdischer Auswanderer befürchteten nicht nur die unmittelbaren Nachbarstaaten des Deutschen Reichs eine Flüchtlingsflut. Einige Staaten verlangten von jüdischen Flüchtlingen Nachweise von »ausreichenden« Geldbeträgen oder Bürgschaften, um ihnen die Einreise zu erschweren. Manche Staaten, wie etwa die USA, legten strikte Jahresquoten für Einwanderer fest. Auf Initiative des US-amerikanischen Präsidenten Franklin D. Roosevelt fand im Juli 1938 eine internationale Konferenz im französischen Évian-les-Bains statt, die sich mit Einwanderungsquoten und möglichen Gebieten für eine jüdische Einwanderung befassen sollte. Die »Reichsvertretung der Juden in Deutschland«, die alle jüdischen Gemeinden und Verbände im Deutschen Reich vertrat, setzte große Hoffnungen in die Konferenz. Die erforderliche Finanzierung sollten ihrer Meinung nach die Auswanderungswilligen selbst mit Unterstützung internationaler jüdischer Organisationen stellen. Es erklärte sich jedoch – mit Ausnahme der Dominikanischen Republik unter Diktator Rafael Trujillo – keiner der teilnehmenden 32 Staaten bereit, weitere jüdische Flüchtlinge aufzunehmen.

Zur Beruhigung der Nachbarstaaten zog das Deutsche Reich nun die Pässe von Juden ein. Neue Pässe wurden ihnen nur für den Fall einer Auswanderung ausgestellt und mit einem – bei Grenzkontrollen unübersehbaren – roten »J« versehen. Die Juden im Reichsgebiet mussten eine Kennkarte beantragen, die sie stets bei sich zu tragen hatten. Falls Pass oder Kennkarte keinen als jüdisch geltenden Vornamen aufwiesen, griff ab August 1938 eine »Namensänderungsverordnung«: Alle Juden mussten ihren Vornamen einen als typisch jüdisch angesehenen Vornamen wie Sara oder Israel hinzufügen.

Nachdem die Wehrmacht gedroht hatte, ins sogenannte Sudetenland einzumarschieren und die dortige Sudetendeutsche Partei bei ihren Abspaltungsbemühungen zu unterstützen, zwangen die europäischen Großmächte im »Münchener Abkommen« die Tschechoslowakei dazu, das Gebiet an das Deutsche Reich abzutreten. Der Wehrmacht folgten zwei mobile Einsatzgruppen der »Geheimen Staatspolizei und des SD-Reichsführers SS« mit sieben Einsatzkommandos dorthin, die etwa 10 000 Menschen festnahmen. Viele Tschechen und eine größere Zahl der dort lebenden 25 000 Juden suchten Zuflucht auf dem benachbarten Territorium der Tschechoslowakischen Republik. Innerhalb nur eines Jahres schrumpfte die Zahl der noch im Sudetenland lebenden Juden auf ein Zehntel ihrer ursprünglichen Größe. Die im Deutschen Reich erlassenen antijüdischen Gesetze erhielten jetzt auch im neuen Reichsgau Sudetenland Geltung, und es folgte eine schnelle »Arisierung« jüdischer Betriebe. »Auch im Sudetenland herrschte eine Selbstbedienungsmentalität vor, insbesondere bei ›alten Kämpfern‹ und Parteigenossen.« (Jörg Osterloh) Das Vermögen der verbliebenen Juden wurde eingezogen.

### 5.1.5 *Novemberpogrom*

Angesichts des Ausmaßes der Diskriminierung der Juden im Deutschen Reich befürchtete die polnische Regierung die Rückkehr einer größeren Zahl polnischer Juden. Daran aber hatte sie keinerlei Interesse. Vielmehr suchte die Regierung Polens bereits seit längerer Zeit im Kontext kolonialer Wünsche nach Auswanderungszielen für die jüdische Bevölkerung, die fast zehn Prozent der Gesamtbevölkerung des Landes ausmachte. Für eine Auswanderung kamen Gebiete in Südamerika und in Afrika in Frage. Vertreter der französischen Volksfrontregierung schienen eine Bereitschaft zur Ansiedlung polnischer Juden auf der französischen Insel Madagaskar zu signalisieren, doch kam es zu keiner Übereinkunft. Die in der internationalen Presse kommentierte polnische Aussiedlungsabsicht erweckte das Interesse Heydrichs. Er wies die zuständige Abteilung des SD an, Überlegungen zu einer Zusammenarbeit mit Frankreich zwecks der Ansiedlung deutscher Juden auf Madagaskar anzustellen.

Um eine jüdische Rückwanderung zu verhindern, hatte Polen im März 1938 ein Gesetz erlassen, das im Ausland lebenden polnischen Staatsbürgern aus verschiedenen fadenscheinigen Gründen die Staatsbürgerschaft entziehen konnte. Anfang Oktober folgte eine Anweisung des polnischen Innenministeriums, nach der die von polnischen Auslandsvertretungen ausgestellten Pässe bis zum 30. Oktober einen neuen Sichtungsvermerk erhalten mussten. Ohne diesen Sichtvermerk war keine Einreise nach Polen nach diesem Datum mehr möglich. Um dieser polnischen Maßnahme zuvorzukommen, nahm die Reichsregierung in einer koordinierten Aktion im gesamten Reichsgebiet etwa 17 000 polnische Juden in Abschiebehaft und ließ sie noch am 27. und 28. Oktober an die polnische Grenze bringen. Die polnische Grenzpolizei verweigerte ihnen – trotz der noch gültigen Pässe – den Grenzübertritt. Den deutschen Grenzbehörden gelang es mit Hilfe von Sicherheits- und Ordnungspolizei, etwa 12 000 polnische Juden über die Grenzübergänge und die grüne Grenze zu drängen. Viele der Abgeschobenen gerieten zunächst ins Niemandsland und irrten zwischen den Grenzen umher. Schließlich wurden sie – unter anderem in der polnischen Grenzstadt Zbąszyń – in Notlagern untergebracht. Dort vermochte man der Unterbringung und Versorgung der großen Zahl von Abgeschobenen trotz der Unterstützung polnisch-jüdischer Organisationen kaum Herr zu werden.

Am 7. November 1938 verübte der in Hannover geborene, 17 Jahre alte deutsch-polnische Jude Hermann (Herschel) Grynszpan, der sich ohne Aufenthaltserlaubnis bei einem Verwandten in Paris aufhielt, einen Anschlag auf Ernst vom Rath, einen Legationssekretär der Deutschen Botschaft. Grynszpan, dessen Familie in das Notlager Zbąszyńgeraten war, wollte sich nach eigener Angabe mit dieser Tat für die Abschiebung seiner Familie aus Hannover nach Polen rächen. Der Anschlag lieferte der nationalsozialistischen Führung den willkommenen Vorwand für die Durchführung eines reichsweiten Pogroms. Um die »Lösung der Judenfrage« durch Auswanderung weiter zu beschleunigen, hatte es die für die »Judenfrage« zuständige Abteilung des SD für das beste Mittel gehalten, den deutschen »Volkszorn« zu pogromartigen Ausschreitungen anzustacheln. Die Meldung vom Tod des Legationssekretärs erreichte Hitler während der üblichen Gedenkfeier zur Erinnerung an den Putsch vom 9. November 1923 in München. Wie Goebbels am folgenden Tag in seinem Tagebuch festhielt, ordnete Hitler daraufhin an: »Demonstrationen weiterlaufen lassen. Polizei zurückzuziehen. Die Juden sollen einmal den Volkszorn zu verspüren bekommen.«[6] Die Anordnung Hitlers gab Goebbels – zumindest notierte er das so in seinem Tagebuch – an die ebenfalls zur Gedenkfeier in München anwesende Führung von SA, SS, Ordnungspolizei, Gestapo und Partei weiter. Hitlers Anordnung löste die bisher umfangreichste nationalsozialistische Gewaltmaßnahme gegen die im »Altreich« und in der »Ostmark« lebenden Juden aus.

Den sichtbaren Höhepunkt des Pogroms bildeten in der Nacht vom 9. auf den 10. November 1938 die Flammen von über 1400 in Brand gesetzten Synagogen und zahllosen Betstuben. Thoraschreine wurden aufgebrochen, Thorarollen zusammen mit Davidsternen, siebenarmigen Menora-Leuchtern und Ornaten von Rabbinern auf die Straße geworfen und verbrannt. Die alarmierten Feuerwehren achteten lediglich darauf, dass die Flammen nicht auf umliegende Häuser übergriffen. Jüdische Geschäfte, Warenhäuser und Wohnungen wurden geplündert und deren Schaufenster bzw. Fensterscheiben zerschlagen. Viele Juden wurden auf den Straßen gedemütigt und misshandelt. Auch in Wien wurden alle Synagogen und Bethäuser geplündert und samt Einrichtung in Brand gesetzt.

Außerdem kam es dort wie im übrigen Reichsgebiet zur Schändung jüdischer Friedhöfe. Die Polizei blieb weisungsgemäß untätig; sie sollte ausdrücklich nur zum Schutz von Nichtjuden eingreifen. Offiziell wurden während des Pogroms 91 Juden ermordet, die tatsächliche Zahl der Todesopfer dürfte weitaus höher gewesen sein, zumal viele Verzweifelte freiwillig aus dem Leben schieden. Am 10. November folgte die von Hitler persönlich angeordnete Verhaftung von über 26 000 Juden im gesamten Reichsgebiet, die in die KZ Buchenwald, Dachau und Sachsenhausen verschleppt wurden. Die Haft fand zwar zumeist nach einigen Wochen ein Ende, doch einige hundert der eingelieferten Männer überlebten die »Behandlung« in den drei KZ nicht.

Für das gegen sie gerichtete und von ihnen durchlittene Pogrom erhielten die deutschen Juden obendrein eine Strafe. Bereits im August 1936 hatte Hitler in einer Denkschrift zum Vierjahresplan ein Gesetz angemahnt, »dass das gesamte Judentum haftbar macht für alle Schäden, die durch einzelne Exemplare dieses Verbrechertums der deutschen Wirtschaft und damit dem deutschen Volke zugefügt werden.«[7] Diesem Wunsch trug jetzt die »Verordnung über eine Sühneleistung der Juden deutscher Staatsangehörigkeit« Rechnung. Sie begründete die zu erbringende »Sühneleistung« in Höhe von einer Million Reichsmark zynisch mit der »feindlichen Haltung des Judentums gegenüber dem deutschen Volk und Reich, die auch vor feigen Mordtaten nicht zurückschreckt«. Die Sühnezahlung mussten alle Juden mit einem Vermögen von über 5000 RM bis zum August 1939 in mehreren Tranchen erbringen.

Die historische Forschung hat ermittelt, dass in der Zeit

des NS-Regimes über 2000 Gesetze, Verordnungen und Erlasse für die Diskriminierung des jüdischen Teils der deutschen Bevölkerung sorgten. Umfang, Ausmaß und Gemeinheit dieser Schikane lassen sich im Einzelnen nicht beschreiben. Die »arischen Reichsbürger«, denen die antijüdischen Maßnahmen doch keineswegs entgangen sein konnten, betrachteten das alles entweder mit Genugtuung oder mit Gleichgültigkeit.

### *5.1.6 »Ausschaltung aus dem Wirtschaftsleben«*

Das Ziel, Juden aus dem Wirtschaftsleben auszuschließen, verfolgten Staat und Partei seit der »Machtergreifung«. Boykott und gewalttätige Übergriffe hatten viele deutsche Juden seit 1933 zum Verkauf ihrer Geschäfte und Betriebe gezwungen. Auswanderungswillige Juden hofften, sich mit dem Erlös – trotz der hohen Abzüge durch die »Reichsfluchtsteuer« – ihre ersten Schritte in einer neuen Heimat zu erleichtern. Der Inhaberwechsel aber war in Wirklichkeit nichts anderes als ein rücksichtsloser Raub jüdischen Eigentums; denn der formell vollzogene Verkauf erfolgte zumeist weit unter dem tatsächlichen Wert dieser Geschäfte und Betriebe zu einem Spottpreis.

Im Januar 1938 erließ das Reichswirtschaftsministerium »Grundsätze zur Bestimmung von Wirtschaftsbetrieben als jüdisch« für eine leichtere Identifizierung jüdischer Firmen. Sämtliche jüdischen Gewerbebetriebe wurden samt Angaben über Besitzverhältnisse und aktuelle Geschäftslage registriert. Eine »Verordnung gegen die Unterstützung der Tarnung jüdischer Gewerbebetriebe« untersagte, den »jüdischen Charakter eines Gewerbebetriebes zur Irreführrung der Bevölkerung oder der Behörden bewusst zu verschleiern«. Ebenfalls unter Strafe stand der Abschluss eines Rechtsgeschäfts im Auftrag eines Juden. Von Juden getätigte Rechtsgeschäfte bedurften generell einer vorherigen Genehmigung. Eine »Verordnung über die Anmeldung des Vermögens von Juden« zwang alle jüdischen Bürger, ein 5000 RM übersteigendes in- und ausländisches Vermögen bei den zuständigen Finanzämtern anzumelden.

Alf Krüger, Ministerialrat im Reichsministerium des Innern, bezeichnete diese Verordnung in einem *Kommentar zur Judengesetzgebung* euphorisch als »Wegbereiter zu der völligen und endgültigen Entjudung der deutschen Wirtschaft«. Als nächster Schritt folgte ein »Gesetz zur Änderung der Gewerbeordnung«. Es untersagte Juden die gewerbsmäßige Auskunftserteilung, den Grundstückhandel, die Vermittlung von Immobilienverträgen, die gewerbsmäßige Heiratsvermittlung für »Arier«, eine Tätigkeit als Fremdenführer und den Hausierhandel. Im weiteren Verlauf des Jahres wurden jüdische Arbeitsmöglichkeiten in freien Berufen massiv eingeschränkt. Eine Verordnung entzog allen noch praktizierenden jüdischen Ärzten die Approbation. Künftig durften sie lediglich als »Krankenbehandler« für jüdische Patienten tätig werden. Es folgte das Verbot der Berufsausübung für jüdische Zahnärzte, Tierärzte und Apotheker. Zudem verloren sämtliche jüdischen Rechts- und Patentanwälte ihre Zulassung. Da alle bisherigen Ausnahmeregelungen endeten, verschwand für viele »arische« Deutsche die unliebsame – und häufig erfolgreiche – jüdische Konkurrenz in diesen freien Berufen. Die Ausdehnung dieser Maßnahmen auf die restliche deutsche Wirtschaft blieb nur noch eine Frage der Zeit.

Zwei Tage nach dem Ende des Pogroms fand am 12. November 1938 in Berlin unter Vorsitz Görings eine Besprechung mit über hundert Teilnehmern aus Partei, Regierung und Wirtschaft statt.[8] Davon erhoffte man sich schnell umsetzbare Maßnahmen zur Vertreibung der Juden aus dem Wirtschaftsleben. Einige Besprechungsteilnehmer brachten daher die Textvorschläge für entsprechende Gesetzesvorlagen gleich mit. Aufgrund des großen wirtschaftlichen Schadens und des Imageverlustes im Ausland bewertete die NS-Führung das Novemberpogrom inzwischen als Fehlschlag. Heydrich bezifferte die Sachschäden, Inventar- und Warenschäden auf mehrere hundert Millionen RM und wies auf Ausfälle bei Umsatz-, Vermögens- und Einkommensteuer hin. Der Leiter der »Reichsgruppe Versicherungen«, Oberregierungsrat Eduard Hilgard, schätzte den entstandenen Gesamtschaden vorsichtiger auf 25 Millionen RM. Allein die von den Versicherungen zu tragenden Glasschäden bezifferte er auf 6 Millionen RM. Da die deutsche Glasindustrie zu einem Ersatz des zerschlagenen Fensterglases gar nicht in der Lage sei, müsse Ersatz bei Glasherstellern in Belgien gesucht werden, der etwa 3 Millionen RM kosten würde. Göring beklagte, dass Deutschland nicht über die erforderlichen Rohstoffe verfüge und der Kauf ausländischen Glases somit Devisen erfordere. Und er rief aus: »Mir wäre lieber gewesen, ihr hättet 200 Juden erschlagen und hättet nicht solche Werte vernichtet.«[9]

Eine »Verordnung zur Wiederherstellung des Straßenbildes bei jüdischen Gewerbebetrieben« legte daher noch am gleichen Tag fest: »Alle Schäden, welche durch die Empörung des Volkes über die Hetze des internationalen Judentums gegen das nationalsozialistische Deutschland am

8., 9. und 10. November an jüdischen Gewerbebetrieben und Wohnungen entstanden sind, sind von dem jüdischen Inhaber oder jüdischen Gewerbetreibenden sofort zu beseitigen.« Auf den Kosten blieben die Inhaber der betroffenen jüdischen Betriebe und Wohnungen sitzen, und alle etwa bestehenden Versicherungsansprüche sollten nicht die Geschädigten, sondern das Deutsche Reich kassieren.

Inzwischen waren allerdings von den im Jahr 1933 bestehenden ungefähr 100 000 jüdischen Betrieben weit über die Hälfte längst entweder »arisiert« oder aufgegeben worden. Die uneingeschränkte Zustimmung der um Göring Versammelten erhielt die am gleichen Tag in Kraft tretende »Verordnung zur Ausschaltung der Juden aus dem deutschen Wirtschaftsleben«. Diese untersagte Juden das Führen noch bestehender Einzelhandelsverkaufsstellen, Versandgeschäfte, Bestellkontoren und den selbständigen Betrieb eines Handwerks. Auf Märkten, Messen oder Ausstellungen durften Juden künftig keine Waren oder gewerblichen Leistungen mehr anbieten. Leitende jüdische Angestellte in Wirtschaftsunternehmen konnten jetzt ohne Abfindung mit einer Frist von nur sechs Wochen gekündigt und entlassen werden. Juden durften nicht länger Mitglieder einer Genossenschaft sein, sondern hatten diese bis Jahresende zu verlassen. Eine »Verordnung über die öffentliche Fürsorge für Juden« schloss Juden künftig zudem von der öffentlichen Wohlfahrt aus.

Goebbels, dessen pathologischer Judenhass erneut deutlich wurde, teilte den Besprechungsteilnehmern mit, er halte es für Deutsche unzumutbar, in kulturellen Veranstaltungen weiterhin neben Juden sitzen zu müssen. Seiner Anregung folgend wurde Juden daher sogleich der Besuch von Theater-, Kino- und Zirkusaufführungen verboten, auch der Zugang zu Bädern, Strandbädern und Erholungsstätten wurde untersagt. In öffentlichen Parks erhielten zahlreiche Bänke die Aufschrift »Nur für Arier«. Goebbels hatte in der Besprechung außerdem beklagt, dass seine Kinder mit jüdischen Mitschülern in einer Klasse sitzen müssten. Am 15. November ließ das für Unterricht und Erziehung zuständige Reichsministerium die Unterrichtsverwaltungen der Länder wissen, »dass es für deutsche Schüler und Schülerinnen unerträglich« sei, »mit Juden in einem Klassenraum zu sitzen«. Jüdische Schüler mussten daraufhin die deutschen Schulen verlassen.

Heydrich hatte in der Besprechung auf die Erfolge der von Eichmann geleiteten Zentralstelle in Wien bei der dortigen Auswanderungsaktion verwiesen. Er schlug deshalb Göring vor, eine solche Zentralstelle zur Beschleunigung der jüdischen Auswanderung unter Beteiligung der Reichsbehörden auch im Deutschen Reich einzurichten. Göring erklärte sich einverstanden und ernannte Heydrich zwei Monate später zum Leiter der »Reichszentrale für die jüdische Auswanderung«. Er beauftragte diesen ausdrücklich, »die Judenfrage einer den Zeitumständen entsprechend möglichst günstigen Lösung zuzuführen«. Damit beschränkte sich die Tätigkeit des SD nicht länger auf die Entwicklung von Konzepten für eine jüdische Auswanderung. Vielmehr wurde die SS jetzt zu einem wesentlichen Werkzeug des NS-Staats bei der Verfolgung und Vertreibung der Juden aus dem Deutschen Reich. Am 3. Dezember 1938 zwang die »Verordnung über den Einsatz des jüdischen Vermögens« Juden zum Verkauf ihrer Gewerbebetriebe, ihres Grundeigentums und ihres land- und forstwirtschaftlichen Besitzes. Die im April des Jahres bei den Finanzämtern angegebenen Aktien und festverzinslichen Wertpapiere mussten jetzt binnen einer Woche einer Devisenbank übertragen werden. Kunstbesitz, Edelmetalle, Perlen oder Edelsteine durften Juden nicht mehr privat veräußern, sondern mussten diese schließlich bei staatlichen Ankaufstellen weit unter Wert abliefern. Interessierten Großunternehmen half ein dazu im RMdI eingerichtetes »Arisierungsreferat« dabei, jüdische Gewerbebetriebe zu übernehmen. Den Banken, die bei einer solchen »Arisierung« halfen, winkte eine ansehnliche Provision.

Eine Polizeiverordnung des RMdI verhängte für bestimmte Stadtteile einen »Judenbann«. Juden durften diese Bezirke nicht mehr aufsuchen und sich zu bestimmten Tageszeiten auch nicht mehr in der Öffentlichkeit zeigen. Die noch im Reichsgebiet verbliebenen – zumeist älteren und kranken – deutschen Juden sahen sich jetzt weitgehend von der übrigen Gesellschaft isoliert. Abgesehen davon, dass kaum noch Länder sie aufgenommen hätten, waren sie schwerlich in der Lage, eine kostspielige Auswanderung zu finanzieren. Jüdische Unterstützungsempfänger und Arbeitslose wurden immer stärker zu unentgeltlicher Pflichtarbeit etwa bei öffentlichen Bauvorhaben herangezogen. Ungefähr 60 000 Juden waren bereits arbeitslos, und ihren Alltag bestimmte inzwischen der Kampf um den Lebensunterhalt.

Das Pogrom und die Verdrängung aus dem wirtschaftlichen Leben hatten gewiss besonderen Anteil daran, dass weitere 46 000 Juden, denen dies noch möglich gewesen war, bis Ende 1938 das Deutsche Reich verließen. Das Referat II 112 (Juden) des SD kam in der Jahresrückschau zu dem

Ergebnis: »Im Berichtsjahr 1938 fand die Judenfrage in Deutschland, soweit sie auf dem Gesetzes- und Verordnungswege zu regeln ist, ihren Abschluss.« Künftig mussten somit zur »Regelung der Judenfrage« im Deutschen Reich neue Mittel und Wege gefunden werden.

### *5.1.7 Kriegsbeginn und Verfolgung*

Am 30. Januar 1939 führte Hitler in einer Rede vor dem in der Kroll-Oper in Berlin versammelten Reichstag aus, falls es dem internationalen »Finanzjudentum« gelinge, »die Völker noch einmal in einen Weltkrieg zu stürzen«, werde »das Ergebnis nicht die Bolschewisierung der Erde und damit der Sieg des Judentums sein, sondern die Vernichtung der Jüdischen Rasse in Europa«.[10]

Das Münchener Abkommen hatte am 30. September 1938 die Annexion des Sudetengebietes durch das Deutsche Reich anerkannt. Es gelang Hitler, sich die Gegensätze zwischen Tschechen und Slowaken zunutze zu machen. Am 14. März 1939 erklärte die Slowakei ihre staatliche Unabhängigkeit. Hitler drohte dem Staatspräsidenten der Tschechoslowakei Emil Hácha mit einer Bombardierung tschechischer Städte und einem Einmarsch der Wehrmacht, es sei denn, dieser lege das »Schicksal des tschechischen Volkes und Landes vertrauensvoll in die Hände des Führers des Deutschen Reiches«. Daraufhin unterstellte Hácha sein Land gezwungenermaßen am folgenden Tag »dem Schutz des Deutschen Reiches«. Das Gebiet wurde durch »Führererlass« unmittelbares Reichsgebiet unter der Bezeichnung »Protektorat Böhmen und Mähren«. Eichmann richtete nun in Prag eine »Zentralstelle für jüdische Auswanderung« nach

Wiener Vorbild ein. Sie betrieb sowohl die Ausreise von Juden aus dem Protektorat Böhmen und Mähren als auch aus dem im Vorjahr errichteten Reichsgau Sudetenland.

Um die noch im Reichsgebiet befindlichen Juden zur Auswanderung zu bewegen, folgten weitere Schikanen. Im April 1939 ermöglichte das »Gesetz über Mietverhältnisse mit Juden« die Kündigung selbst langfristiger Mietverträge. Ein – offensichtlich »arischer« – Rechtsanwalt begründete dieses Gesetz in dem vom RMJ herausgegebenen Amtsblatt *Deutsche Justiz* mit der Feststellung, dass »deutschen Volksgenossen das Zusammenleben mit Juden in einem Hause vom rassenpolitischen Standpunkt aus [...] nicht zugemutet werden kann«. Die Juden wurden zum Verlassen ihrer Wohnungen gezwungen. Ihre Häuser hatten die jüdischen Besitzer auf Grund der bereits erwähnten Verordnung zumeist schon im Vorjahr verkauft. Einige dieser Häuser wandelte das Regime in »Judenhäuser« um, in denen jeweils mehrere jüdische Familien auf engstem Raum zusammengepfercht und ständig kontrolliert bzw. drangsaliert wurden.

Hatten jüdische Gemeinden Einrichtungen wie Schulen, Kindergärten, Altersheime, Krankenhäuser und selbst Friedhofshallen angemietet, mussten diese geräumt werden. Wenige Wochen später zwang eine Verordnung alle jüdischen Verbände und Gemeinden zur Mitgliedschaft in der »Reichsvereinigung der Juden in Deutschland«. Diesem Zwangsverband übertrug das RMdI auch das jüdische Schulwesen; denn jüdische Schüler durften deutsche Schulen schon seit November 1938 nicht mehr besuchen. Er war außerdem für die Wohlfahrt der immer größer werdenden Zahl bedürftiger Juden zuständig, sollte jedoch in erster Linie die Arbeit der »Reichszentrale für jüdische Auswanderung« unterstützen. Die Volkszählung im Deutschen Reich vom 17. Mai 1939 hatte für die »Altmark« eine Zahl von 233 846 »Volljuden« und für die »Ostmark« eine Zahl von 96 042 Juden ergeben.

Inzwischen hatte Hitler der Wehrmacht die Weisung erteilt, den Krieg gegen Polen vorzubereiten. Wie er sich das Vorgehen in Polen vorstellte, erläuterte er führenden Wehrmachtoffizieren am 22. August 1939 auf dem Obersalzberg. Der Chef des Generalstabes des Heeres, Generaloberst Franz Halder, notierte dazu in seinem Kriegstagebuch: »2. Ziel: Vernichtung Polens = Beseitigung seiner lebendigen Kraft[...]. 3. Auslösung: Mittel gleichgültig. 4. Durchführung: Hart und rücksichtslos! Gegen alle Erwägungen des Mitleids hart machen.«[11]

Als erste Kriegshandlung bombardierten am 1. September 1939 Sturzkampfbomber um 4:37 Uhr die polnische Kleinstadt Wieluń. Großbritannien und Frankreich hielten ihr Garantieversprechen gegenüber Polen und erklärten dem Deutschen Reich am 3. September den Krieg. Damit hatte der von Hitler im Januar erwähnte Weltkrieg tatsächlich begonnen. Allerdings hatte ihn keineswegs das »internationale Finanzjudentum«, sondern das nationalsozialistische Deutschland angezettelt. Den Juden im Reichsgebiet brachte der Krieg zunächst eine nächtliche Ausgangssperre, die Sperrung ihrer Telefonanschlüsse und die Beschlagnahme ihrer Radioempfänger. Künftig durften sie nur noch in speziellen »Judenläden« einkaufen. Mit einem J gekennzeichnete Lebensmittelmarken schlossen sie allerdings vom Bezug bestimmter Lebensmittel aus, und Kleiderkarten oder Bekleidungszuteilungen blieben ihnen gänzlich versagt.

Die letzten polnischen Einheiten kapitulierten am 6. Oktober 1939. Entsprechend dem »Geheimen Zusatzprotokoll« zum »Deutsch-Sowjetischen Nichtangriffspakt« vom August 1939 fiel der Osten Polens an die Sowjetunion. Ostpreußen und Schlesien wurden um polnische Gebiete erweitert, und es entstanden der Reichsgau Danzig-Westpreußen und der Reichsgau Wartheland. Der zentrale Teil Polens mit Krakau, Warschau, Radom und Lublin wurde zum »Generalgouvernement für die besetzten polnischen Gebiete«. An dessen Spitze stand der Jurist Hans Frank. Im inzwischen von Himmler in Berlin errichteten »Reichssicherheitshauptamt« (RSHA) stellte man jetzt Überlegungen an, zur Deportation der Juden aus dem »Altreich« im Generalgouvernement ein »Judenreservat« zu errichten. Dort – so jedenfalls die Erwartung – würden die deutschen Juden bei schlechter Unterbringung und mangelnder Ernährung gewiss schnell ums Leben kommen.

Am 7. Oktober 1939 ernannte Hitler den Reichsführer SS zusätzlich zum »Reichskommissar für die Festigung des deutschen Volkstums«. Diesem oblag neben der Rückführung von im Ausland lebenden Reichs- und Volksdeutschen »die Ausschaltung des schädigenden Einflusses von solchen volksfremden Bevölkerungsteilen, die eine Gefahr für das Reich und die deutsche Volkgemeinschaft bedeuteten«. Jetzt stelle sich die Aufgabe, betonte Hitler, »das alte und das neue Reichsgebiet zu säubern von Juden, Polacken und Gesindel.«

### 5.1.8 Deportation und Vernichtung

Im Oktober 1939 erfolgte eine erste Deportation von etwa 5000 deutschen Juden aus dem Reichsgebiet in das Generalgouvernement. Juden aus Wien, aus Mährisch-Ostrau und dem schlesischen Kattowitz wurden nach Nisko am San gebracht. Dort wurden sie – wie künftig bei allen Deportationen und Ermordungen üblich – erst einmal ausgeraubt. Der Plan, dort ein größeres Lager für weitere Deportierte einzurichten, wurde aber zurückgestellt, weil Himmler im Generalgouvernement zunächst die Volksdeutschen aus den von der Sowjetunion besetzten Gebieten ansiedeln lassen wollte. Eine weitere Deportation folgte Anfang 1940, als etwa 1000 Juden aus Stettin, aus Schneidemühl und kleineren Orten Pommerns nach Lublin gebracht wurden. Sie sollten im Reichsgau Pommern Platz für deutschbaltische Rückwanderer schaffen. Diese Deportierten wurden schon bald zusammen mit den polnischen Juden getötet. Im April 1940 wurde im Reichsgau Wartheland in Litzmannstadt (vor 1940 Łódź) ein erstes bewachtes Ghetto errichtet. Es sollte das am längsten existierende nationalsozialistische Ghetto werden.

Der Einmarsch der Wehrmacht in Dänemark und Norwegen sowie in den Niederlanden, Belgien, Luxemburg und Frankreich im Jahr 1940 überraschte die ausgewanderten deutschen Juden, die sich dort in Sicherheit geglaubt hatten. Etwa 22 000 dieser Geflüchteten konnten von SIPO und SD verhaftet und schließlich in KZ verschleppt werden. Die von der Wehrmacht besetzten Staaten in Nord- und Westeuropa gingen mit ihrer jüdischen Bevölkerung in unterschiedlicher Weise um. Schließlich aber kam es auch in diesen Ländern zur Verfolgung, Deportation und Ermordung zumindest von Teilen ihrer jüdischen Bevölkerung durch die Schergen des NS-Regimes.

Nach dem deutschen Sieg über Frankreich lebte kurzzeitig der bereits erwähnte »Madagaskar-Plan« wieder auf, scheiterte allerdings schnell am Widerstand der Vichy-Regierung. Erfolgreicher verliefen hingegen die Verhandlungen über die Entfernung der jüdischen Einwohner aus den von der Wehrmacht besetzten französischen Départements. Bis Mitte September 1940 wurden 23 000 französische Juden in das 80 Kilometer vor der spanischen Grenze liegende Internierungslager Camp de Gurs deportiert. Zwei Gauleiter nutzten die Gelegenheit und ließen etwa 6500 deutsche Juden aus dem Reichsgau Baden sowie dem Reichsgau Saarpfalz nach Gurs verschleppen. Sämtliche bis dahin durchgeführten Deportationen deutscher Juden aus dem Reichgebiet hatten allerdings noch einen spontanen, improvisierten Charakter.

Im Februar und März 1941 erfolgte die Deportation von etwa 5000 Juden aus Wien. Fünf Transporte gingen in die Ghettos der kleinen Orte Kielce, Łagów, Modliborzyce, Opatów und Opole Lubelskie bei Lublin im Generalgouvernement. Da sie dort auf engstem Raum mit deportierten polnischen Juden zusammengepfercht wurden, fanden bereits viele von ihnen aufgrund der Unterernährung und der grassierenden Krankheiten den Tod. Die noch lebenden Deportierten schickte man nach der Auflösung der Ghettos in die 1941 im Rahmen der »Aktion Reinhardt« installierten Gaskammern des Vernichtungslagers Belzec und des Anfang 1942 errichteten Lagers Sobibor.

Am 22. Juni 1941 marschierte die Wehrmacht in die Sowjetunion ein. Führenden Offizieren hatte Hitler erklärt, dass es sich bei dem Krieg gegen die Sowjetunion um einen Vernichtungskrieg handele, der »mit barbarischer Härte« geführt werden müsse. Dabei folgte er der ihn seit den 1920er Jahren bestimmenden rassen- und raumpolitischen Leitidee. Mit der Gewinnung von »Lebensraum im Osten« wollte er auch den aus seiner Sicht ebenfalls nach Weltherrschaft strebenden »jüdischen Bolschewismus« vernichten. Vier Wochen nach dem Beginn der Kampfhandlungen wies Göring Heydrich an, einen Entwurf »zur Durchführung der angestrebten Endlösung der Judenfrage« zu erarbeiten, und beauftragte ihn schließlich im August mit der »Evakuierung« aller europäischen Juden. Damit erhielt die »Lösung der Judenfrage« eine weit über den Rahmen der bisherigen Auswanderungspolitik und Deportation deutscher Juden hinausgehende Dimension.

Im September 1941 entschied sich Hitler, nicht auf das Ende des Krieges gegen die Sowjetunion zu warten, »sondern mit der systematischen Deportation der Juden aus dem Reich zu beginnen« (Dieter Pohl). Zwei Tage später trat die »Polizeiverordnung über die Kennzeichnung der Juden« mit dem »Judenstern« in Kraft, die im Reichsgebiet und in den von der Wehrmacht besetzten Gebieten galt. Einen Monat später untersagte ein Verbot Himmlers den deutschen Juden, den »deutschen Machtbereich« zu verlassen. Seit 1933 war es zwischen 280 000 und 330 000 Juden noch gelungen, diesem »Machtbereich« durch Auswanderung zu entkommen.

Zunächst sollten die deutschen Juden in das annektierte Gebiet in Polen verbracht werden, bis ein Weitertransport in von der Wehrmacht eroberte Gebiete in der Sowjetunion möglich wurde. Zwischen Oktober und November 1941 gingen daher Transporte mit über 30 000 Juden aus deutschen Städten in den Reichsgau Wartheland, in dem in der Gemeinde Chełmno (Kulm) ein erstes Vernichtungslager entstanden war. Dort begann das Regime im November 1941 die Massentötung polnischer Juden mithilfe von Kohlenmonoxid in Fahrzeugen, die bereits im Rahmen der »Euthanasie« im Reichsgebiet genutzt worden waren. Mit Sonderzügen, in die jeweils etwa 1000 Personen gepfercht wurden, gelangten die Deportierten in das Ghetto Litzmannstadt. Da die Aufnahmekapazität des dortigen Ghettos, in dem sich bereits über 150 000 polnische Juden befanden, nicht ausreichte, kam es zur ersten Deportation deutscher Juden in von der Wehrmacht besetztes sowjetisches Gebiet. Etwa 28 000 deutsche Juden wurden bis Ende 1941 in die Ghettos von Minsk, Kowno und Riga im neuen Reichskommissariat Ostland verschleppt. Eine Verordnung hatte dafür gesorgt, dass deportierte deutsche Juden durch den Grenzübertritt automatisch sowohl ihre Staatsangehörigkeit als auch ihr gesamtes Vermögen verloren.

Am 20. Januar 1942 fand in Berlin die Wannsee-Konferenz statt, an der hochrangige Vertreter der Behörden des NS-Staats, der zivilen Besatzungsbehörden wie des Generalgouvernements, des »Ostministeriums« und Funktionäre der SS teilnahmen. Schließlich war »ein Heer von Tätern, Helfern und anderen ›Freiwilligen‹ vonnöten, um die im Reich verbliebenen Juden endgültig aus der Gesellschaft herauszulösen, durch Freiheitsberaubung, Mord und Raub«. (Pohl) Heydrich stellte das Programm für die weiteren Deportationen vor und legte fest, welcher Personenkreis in Frage kam. Alte und gebrechliche Juden sollten ebenso wenig deportiert werden wie die »Mischlinge«, die sowohl einen jüdischen als auch einen nichtjüdischen Elternteil besaßen. Juden, die mit einer nichtjüdischen Person verheiratet waren, blieben ebenfalls verschont. Einen besonderen Schwerpunkt erhielt künftig die »Vernichtung durch Arbeit«: Man zwang arbeitsfähige Juden in KZ und Ghettos so lange zu schwerer Arbeit – nicht zuletzt für große deutsche Unternehmen –, bis sie geschwächt starben oder als »nicht mehr nützlich« einfach liquidiert wurden.

Anlässlich des 22. Jahrestags der Gründung der NSDAP am 24. Februar 1942 verkündete Hitler: »Meine Prophezeiung wird ihre Erfüllung finden, dass durch diesen Krieg nicht die arische Menschheit vernichtet, sondern der Jude ausgerottet werden wird.«[12] Tatsächlich traf die »Ausrottung« in den besetzten Gebieten Polens schon lange nicht mehr allein die polnischen, sondern auch die dorthin verbrachten deutschen Juden. Ihnen folgten bald Juden aus Frankreich, der Slowakei, den Niederlanden und Belgien. Im rückwärtigen Heeresgebiet der in die Sowjetunion vordringenden Wehrmacht wurden zudem bereits Juden bei Massenerschießungen von unvorstellbarem Ausmaß und mit unvorstellbarer Brutalität getötet.

Anfang 1942 gingen Transporte mit etwa 10 000 deutschen Juden in das »Reichsjudenghetto« Riga. Weitere etwa 45 000 deutsche Juden kamen in »Durchgangsghettos« in kleineren polnischen Orten wie Krasnystaw, Izbica, Piaski, Włodawa und Zamość. Von dort gerieten sie gemeinsam mit den zur Ermordung bestimmten polnischen Juden aus dem Generalgouvernement in die neu errichteten Vernichtungslager Belzec, Treblinka und Sobibor. Mitte des Jahres war die Vernichtung der deutschen Juden mit großen Sondertransporten schon fast abgeschlossen. Weitere größere und kleinere Gruppen der deutschen Juden brachte man jetzt direkt in Vernichtungslager wie etwa Auschwitz, welches seit dem Frühjahr mittels Vergasungsanlagen zur großen Vernichtungsmaschine für deutsche und europäische Juden sowie andere als »minderwertig« angesehene Menschen geworden war. Ältere deutsche Juden kamen von Mitte 1942 bis 1945 in das im Protektorat Böhmen und Mähren liegende »Altersghetto« Theresienstadt. Etwa 23 000 von ihnen starben an den dort wie in allen Ghettos herrschenden entsetzlichen Lebensumständen wie Hunger, Krankheit oder Kälte, oder sie wurden, um die ständige Überfüllung zu verringern, in Vernichtungslager weitergeleitet.

Statistiken belegen, dass bis zum Kriegsende im Mai 1945 noch Deportationen von deutschen Juden aus dem Reichsgebiet in diese Lager erfolgten, selbst wenn die Transporte aus den deutschen Städten manchmal nur noch eine Handvoll Personen oder lediglich eine einzelne Person umfassten. »Von den aus Deutschland Deportierten starben an die 130 000, aus Österreich etwa 47 000 Personen. Weiteren 21 000 bis 17 000 Menschen war zwar die Flucht aus dem Reichsgebiet gelungen, sie wurden jedoch in anderen Ländern von der deutschen Herrschaft eingeholt und von dort aus in den Tod transportiert. Zweifelsohne machten die Juden im Reich nur einen kleinen Teil der Opfer des Holocaust in Europa aus, in etwa 4 Prozent aller Ermordeten«, betont Pohl. Das entsetzliche Schicksal der europäischen Opfer des Holocaust kann in diesem Überblick nicht weiter ausgeführt werden. Es ist in zahlreichen erschütternden historischen Forschungsarbeiten umfassend dargestellt worden.

## 5.2 Bundesrepublik: Die »Wiedergutmachung« jüdischen Leids

Anders als die Zwangssterilisierten oder die »Euthanasie«-Geschädigten galten die deutschen Juden – und schließlich auch darüber hinaus die europäischen Opfer des Holocaust – direkt nach 1945 eindeutig als aus rassischen Gründen Verfolgte des Nationalsozialismus. Die Militärbehörden der drei westlichen Alliierten wiesen die Länder in ihren Besatzungszonen daher an, durch Zuteilung erhöhter Lebensmittelrationen sowie Wohnraum und Arbeitsplatzbeschaffung jüdische NS-Verfolgte bevorzugt zu behandeln. In der sowjetischen Besatzungszone erhielten jüdische NS-Verfolgte verbesserte Sozialhilfeleistungen. In der ersten Vollsitzung des Hauptausschusses der »Opfer des Faschismus« (OdF) in Berlin waren im Juni 1945 allerdings noch Zweifel laut geworden, ob Juden überhaupt zu den OdF zählten. Aus dem Kreis der aus politischen Gründen verfolgten Kommunisten war zu vernehmen: »Sie haben alle geduldet und Schweres erlitten, aber sie haben nicht gekämpft«. (Thomas Haury) Schließlich aber fand die Anerkennung der Juden als OdF – gewiss nicht nur aus Opportunismus gegenüber der Haltung der Westmächte in dieser Frage – auch dort eine Mehrheit. Allerdings wurde weiterhin zwischen »Kämpfern« und »Opfern« unterschieden, und Juden galten als »passive Opfer«.

Unabhängig von allen Hilfsmaßnahmen stand außer Zweifel, dass die Überlebenden des Holocaust für das ihnen zugefügte Unrecht entschädigt werden sollten. Anstelle von ›Entschädigung‹ bürgerte sich die – allerdings aus der Rückschau verharmlosend wirkende – Bezeichnung

›Wiedergutmachung‹ ein. Diesen Begriff hatte bereits zwei Jahre vor Kriegsende der nach Palästina ausgewanderte deutsche Jude und spätere Präsident des israelischen Rechnungshofes, Siegfried Moses, in einem Artikel verwendet. Weil auch er dessen Ambivalenz erkannte, hatte er darauf hingewiesen, dass eine Wiedergutmachung mit Geld natürlich nur einen Bruchteil des Unglücks ausgleichen könne, den das nationalsozialistische Deutschland über das jüdische Volk gebracht habe. Dennoch hielt Moses eine finanzielle Wiedergutmachung für folgerichtig, legitim und moralisch berechtigt.

Forderungen nach deutscher Entschädigung richtete der am 14. Mai 1948 gegründete Staat Israel Anfang 1951 zunächst an die Adresse der vier Besatzungsmächte. Während die Westalliierten es ablehnten, solche Forderungen noch vor dem Ende des Besatzungsstatuts zu erörtern, zog es die Sowjetunion vor, auf den israelischen Vorstoß gar nicht erst zu reagieren. Israel hatte zwischen 1933 und 1951 etwa 500 000 mittellose jüdische Flüchtlinge aus Deutschland und den von der Wehrmacht besetzten Gebieten aufgenommen und sah sich als jüdische Gesamtvertretung. Eine materielle Wiedergutmachung verlangte allerdings ebenfalls die im Oktober 1951 nach amerikanischem Recht gegründete *Jewish Claims Conference* (JCC). Unter Führung ihres Gründers und Präsidenten Nahum Goldmann hatten sich darin 23 internationale jüdische Organisationen zusammengeschlossen, um auch Ansprüche nicht in Israel wohnender Juden auf Wiedergutmachung geltend zu machen. Da im Völkermord jüdische Familien mit Kind und Kindeskind umgekommen waren, sah sich die JCC besonders für das »erbenlose Vermögen« zuständig.

Die 1949 gegründete DDR verstand sich als antifaschistischer und sozialistischer Staat, der seine Legitimation aus dem kommunistischen Widerstand gegen den Nationalsozialismus herleitete. Deshalb lehnte sie es ab, Verantwortung für die NS-Verbrechen und für die Kriegsfolgen zu übernehmen. Nach der »Anordnung zur rechtlichen Stellung der anerkannten Verfolgten des Naziregimes« vom 5. Oktober 1949 galten Juden als aus rassischen Gründen verfolgt. Deshalb wurde von ihnen auch nicht wie von den übrigen Verfolgten der Nachweis einer sozialistischen Gesinnung verlangt. Im Februar 1950 erließ die DDR »Richtlinien für die Anerkennung als Verfolgter des Naziregimes«, die nicht mehr zwischen »Opfern« und »Kämpfern« unterschieden. Anerkennung als VdN fanden jetzt auch nichtjüdische Ehepartner ehemaliger »Sternträger« sowie Juden und Jüdinnen, die während der NS-Zeit in einer »privilegierten Mischehe« gelebt hatten, aber zum Tragen der Vornamen »Sara« oder »Israel« gezwungen worden waren. Allerdings konnten ehemalige »Sternträger« diese Anerkennung verlieren, wenn sie gegen die »Grundsätze der antifaschistisch-demokratischen Ordnung« verstießen.

Angesichts der Anfang der 1950er Jahre einsetzenden antisemitischen Aktionen in der Sowjetunion und dem gesamten Ostblock führte auch die DDR antisemitische Kampagnen durch. Beispielsweise verloren jüdische Funktionäre der Sozialistischen Einheitspartei Deutschlands (SED) ihre Funktionen. Daraufhin übersiedelte eine Reihe ostdeutscher Juden, darunter die Vorsitzenden der Jüdischen Gemeinden in Erfurt, Dresden, Leipzig und Halle, mit ihren Familien in die Bundesrepublik. Nach der Abwicklung der »Vereinigung der Verfolgten des Naziregimes« (VVN) in der DDR im Februar 1953 entstand das »Komitee der antifaschistischen Widerstandskämpfer«. Die beiden jüdischen Mitglieder dieses Komitees ernannte bezeichnenderweise das Zentralkomitee der SED. Ab Mitte der 1960er Jahre verlieh die DDR eine »Medaille für Kämpfer gegen den Faschismus 1933–1945« und eine »Ehrenpension«. Die jüdischen Verfolgten mußten sich allerdings mit einer geringeren Pension als die »Kämpfer« begnügen. Ab Anfang der 1960er Jahre unterstützte die DDR – schon aus Sorge um ihr internationales Ansehen – die ungefähr 1500 Mitglieder umfassenden kleinen jüdischen Gemeinden des Landes und kümmerte sich um deren Einrichtungen.

Konrad Adenauer (CDU), dem ersten Kanzler der Bundesrepublik, lag besonders an der internationalen Akzeptanz und größerem Vertrauen gegenüber dem westdeutschen Staat, der sich völkerrechtlich als Rechtsnachfolger des Deutschen Reichs ansah. In diesem Kontext – aber nicht zuletzt auch aus moralischer Verpflichtung – erwog der Bundeskanzler Entschädigungszahlungen für die jüdischen Überlebenden der NS-Rassenpolitik. Im September 1951 gab Adenauer im Bundestag eine Regierungserklärung ab, in der er Wiedergutmachungsregelungen mit Israel und internationalen jüdischen Organisationen ankündigte. Dabei führte er aus: »Im Namen des deutschen Volkes sind aber unsagbare Verbrechen begangen worden, die zur moralischen und materiellen Wiedergutmachung verpflichten, sowohl hinsichtlich der individuellen Schäden, die Juden erlitten haben, als auch des jüdischen Eigentums, für das heute individuell Berechtigte nicht mehr vorhanden sind. [...] Die Bundesregierung ist bereit, gemeinsam mit Vertretern des Judentums und des Staates Israel [...] eine Lösung des materiellen Wiedergutmachungsproblems herbeizuführen, um damit den Weg zur seelischen Bereinigung unendlichen Leidens zu erleichtern.«

Direkter Verhandlungspartner der Bundesrepublik über die Ausgestaltung von Entschädigungsleistungen wurde die JCC. Andere Verfolgte des NS-Regimes verfügten zu dieser Zeit über keine auch nur annähernd vergleichbar effektive und international gut vernetzte Interessenvertretung. Nach schwierigen sechsmonatigen Verhandlungen unterzeichneten Bundeskanzler Adenauer und der israelische Außenminister Moshe Scharett im September 1952 in Luxemburg ein Abkommen zur Wiedergutmachung. Der »Deutsch-israelische Vertrag« sah für den Staat Israel innerhalb eines Zeitraums von 14 Jahren deutsche Zahlungen beziehungsweise Warenlieferungen im Wert von insgesamt 3 Milliarden DM vor. Diese Kapitalhilfen an Israel wurden 1960 und 1966 neu verhandelt. Gegenüber der JCC verpflichtete sich die Bundesrepublik zu einer Zahlung von 450 Millionen DM, um die Ansiedlung und Eingliederung jüdischer Flüchtlinge außerhalb Israels zu fördern.

Da sich die JCC nur für Glaubensjuden zuständig sah, richtete ein Kabinettsbeschluss im Juli 1952 einen weiteren Fonds über 50 Millionen DM für rassisch Verfolgte nichtjüdischen Glaubens ein. Dieser zunächst vom Regierungspräsidium Köln verwaltete und später vom Bundesministerium der Finanzen übernommene Fonds unterstützte Verfolgte, die nicht der jüdischen Glaubensgemeinschaft angehört hatten, jedoch wegen ihrer jüdischen Abstammung nach den »Nürnberger Gesetzen« oder als nahe Angehörige von Verfolgungsmaßnahmen betroffen gewesen waren. Dazu zählten etwa die Ehegatten jüdischer Verfolgter, die wegen der jüdischen Abstammung ihres Partners Unrecht erlitten hatten.

Die in der amerikanischen und britischen Besatzungszone eingeleitete Rückerstattung festgestellter Vermögensschäden – zumeist von jüdischem Eigentum, das im Kontext der »Arisierung« in die Hände neuer Besitzer gelangt war – setzte die Bundesregierung fort. Das »Bundesrückerstattungsgesetz« (BRüG) vom Juli 1957 regelte zudem die Rückgabe von Vermögen, das Institutionen des NS-Staats oder Organisationen der Partei den – zumeist jüdischen – Besitzern geraubt hatten. Es ermöglichte eine Entschädigung selbst dann, wenn eine Rückgabe aufgrund von Verlust nicht mehr möglich war. Das Gesetz wurde 1964 und im Laufe der folgenden Jahre ergänzt und verbessert. Die Rückerstattung wurde nach 1990 durch weitere gesetzliche Regelungen auf die neuen Bundesländer ausgedehnt und ist inzwischen abgeschlossen.

Das BEG galt allerdings lediglich für diejenigen Juden, die zur Zeit ihrer Verfolgung ihren Wohnsitz oder dauernden Aufenthalt in den Grenzen des Deutschen Reiches von 1937 gehabt hatten. Zudem mussten sie am 31. Dezember 1952 ihren Wohnsitz in der Bundesrepublik oder einem anderen Land der »westlichen Welt« haben. Ihre Antragsberechtigung hatten die Betroffenen selbst nachzuweisen. Da die Mehrheit der Opfer des Holocaust aus Osteuropa, Südosteuropa und aus Teilen der Sowjetunion stammte, blieb sie zunächst unberücksichtigt. Das Gesetz sah außerdem keine Entschädigung für ausländische Arbeiter und Kriegsgefangene vor, die als »Fremdarbeiter« zwischen 1939 und 1945 zum Arbeitseinsatz gezwungen worden waren. Den

Entschädigungsansprüchen jüdischer Häftlinge aus den KZ, die für deutsche Unternehmen Zwangsarbeit geleistet hatten, nahm sich die JCC an. 1957 zahlte der in Aufteilung begriffene Chemiekonzern I. G. Farben erste Entschädigungsleistungen an überlebende jüdische Zwangsarbeiter in Höhe von etwa 30 Millionen DM. Der Konzern hatte 1941 in unmittelbarer Nähe des KZ Auschwitz das firmeneigene KZ Buna-Monowitz errichten lassen, um kriegswichtigen synthetischen Kautschuk zu produzieren. Bald entschieden sich – nicht zuletzt aus Sorge vor Individualklagen und möglichen exportbehindernden Imageschäden – weitere Unternehmen für solche Zahlungen. So einigte sich die Friedrich Krupp AG im Dezember 1959 mit der JCC auf die Einrichtung eines Fonds mit 10 Millionen DM für Ansprüche von jüdischen Zwangsarbeitern in Fabriken des Unternehmens. Ein Jahr später legte die AEG-Telefunken einen Fonds zu diesem Zweck in Höhe von 4,3 Millionen DM auf. 1963 erklärte sich die Siemens & Halske AG zu einer entsprechenden Entschädigung von bis zu 7 Millionen DM bereit. 1964 folgte die im Besitz von Friedrich Flick befindliche Dynamit Nobel AG mit 5 Millionen DM. Diese Zahlung wurde allerdings erst 1986 nach dem Verkauf des Unternehmens an die Deutsche Bank ausgeführt. Schließlich folgte 1966 noch die Rheinmetall AG mit der Zusage über eine Zahlung von 2,5 Millionen DM.

Die Bundesrepublik gewährte außerhalb der eigentlichen Gesetzgebung zur Wiedergutmachung weitere finanzielle Unterstützungsleistungen. So beteiligte sie sich 1969 im »Dinstein-Abkommen« – benannt nach dem stellvertretenden israelischen Finanzminister Zwi Dinstein – an den Renten für gesundheitsgeschädigte deutsche jüdische NS-

Verfolgte in Israel. Weiterhin sicherte ab 1973 ein deutsch-israelisches Sozialversicherungsabkommen den nach Israel ausgewanderten deutschen Juden für ihren Lebensalltag wichtige Rentenleistungen zu.

Die DDR bewilligte als Wiedergutmachung nur die – allerdings umfangreichen – Reparationsleistungen an die Sowjetunion. Forderungen Israels scheiterten an der dezidiert feindseligen Haltung der DDR gegenüber diesem Land, außerdem gehörte Antizionismus inzwischen zum festen Bestandteil ihrer sogenannten antiimperialistischen Grundhaltung. Auch die Forderungen der JCC an die DDR bezüglich einer Rückerstattung erbenloser jüdischer Immobilien und Vermögen waren somit zum Scheitern verurteilt. Nachdem die DDR 1973 in die Vereinten Nationen aufgenommen worden war, bemühte sie sich im folgenden Jahr um Aufnahme diplomatischer Beziehungen zu den USA. In den folgenden Verhandlungen verpflichtete sie sich, Gespräche mit jüdischen Organisationen über die Entschädigung der in den USA lebenden jüdischen NS-Verfolgten zu führen. Dieser Verpflichtung Rechnung tragend, ließ die SED-Führung Ende 1976 vom »Komitee der antifaschistischen Widerstandskämpfer« eine Million US-Dollar zur Unterstützung jüdischer Amerikaner, die vom NS-Regime verfolgt worden waren, an die JCC überweisen. Diese sandte den Betrag allerdings sogleich zurück, da sie eine beträchtlich höhere Wiedergutmachungszahlung von der DDR erwartete – nämlich ein Drittel derjenigen Summe, die die Bundesrepublik Anfang der 1950er Jahre an Israel und die JCC gezahlt hatte.

Ende der 1970er Jahre nutzten jüdische Bürger osteuropäischer Staaten und der Sowjetunion die ihnen eingeräumte Möglichkeit einer Ausreise nach Israel. Weil sich unter ihnen eine große Zahl von jüdischen NS-Verfolgten befand, für die die bestehenden Regelungen keine Entschädigungen vorgesehen hatten, erhob die JCC gegenüber der Bundesrepublik nun erfolgreich Forderungen nach weiteren Mitteln. Die Bundesregierung wollte der JCC eine letzte maßvolle Abschlusszahlung gewähren. Nachdem Überlegungen zur Errichtung einer Stiftung, nicht zuletzt wegen des negativen öffentlichen Echos, gescheitert waren, kam es Ende 1979 zu einem entsprechenden Beschluss im Bundestag. Weitere Forderungen des Staates Israel lehnte die Bundesregierung ab, weil sie ihre Beziehungen zu den erdölbesitzenden arabischen Staaten nicht belasten wollte. Nach zähen Verhandlungen mit der JCC kam es schließlich zu einer Vereinbarung, die von der Bundesregierung bezeichnenderweise als »Abschlussgeste Wiedergutmachung« und von der JCC als *Hardship Fund* (›Härtefonds‹) bezeichnet wurde. Die Bundesregierung verabschiedete im Oktober 1980 »Richtlinien für die Vergabe von Mitteln an jüdisch Verfolgte zur Abgeltung von Härten in Einzelfällen im Rahmen der Wiedergutmachung«. Das JCC erhielt 400 Millionen DM und der »Zentralrat der Juden in Deutschland« pauschal 40 Millionen DM zugunsten der jüdischen Gemeinden des Landes. Die JCC sollte die Gelder für bisher nicht entschädigte jüdische Verfolgte in aller Welt, also auch im Ostblock einschließlich der Sowjetunion, verwenden, die in Not lebten, einen schweren Gesundheitsschaden oder einen Freiheitsentzug von mindestens zwei Jahren erlitten hatten oder aus nachvollziehbaren Gründen keinen rechtzeitigen Antrag gestellt hatten. Trafen eine oder mehrere dieser Voraussetzungen zu, so konnten Berechtigte eine einmalige Beihilfe von 5000 DM erhalten. Der Fonds wurde später um weitere 135 Millionen DM aufgestockt, weil die Zahl der berechtigten Antragsteller größer war als ursprünglich angenommen.

Im Juni 1988 stellte die Daimler Benz AG der JCC 10 Millionen DM zur Verfügung. Die Summe sollte an Alters- und Pflegeheime in Israel gehen, die jüdische Überlebende betreuten. Diesem Beispiel folgte vier Jahre später die Volkswagen AG und zahlte 2,75 Millionen DM für israelische Einrichtungen, die sich der häuslichen Pflege und Unterbringung von betagten und gebrechlichen Menschen annahmen. Sie legte zehn Jahre später noch einen Fonds über 12 Millionen US-Dollar auf, um auf diese Weise eine moralische Verantwortung für jüdische Zwangsarbeit zu übernehmen.

Im April 1990 bat die erste nach freier Wahl gebildete »Volkskammer der DDR« sowohl die »Juden in aller Welt« als auch »das Volk in Israel« um Verzeihung für die »Heuchelei und Feindseligkeit der offiziellen DDR-Politik gegenüber dem Staat Israel und für die Verfolgung und Entwürdigung jüdischer Mitbürger auch nach 1945 in unserem Land«. Allenfalls symbolische Bedeutung besaß allerdings ihre Erklärung, sich für eine Entschädigung materieller Verluste der jüdischen Opfer des NS-Regimes einzusetzen. Nach einem erfolglosen Treffen mit dem Staatsratsvorsitzenden der DDR, Erich Honecker, wandte sich Rabbi Israel Miller, der 1982 nach dem Tod von Goldmann die Präsidentschaft der JCC übernommen hatte, angesichts der kurz bevorstehenden Vereinigung der beiden Teile Deutschlands an Bundeskanzler Helmut Kohl. Er forderte vom Bundeskanzler die Rückgabe der enteigneten jüdischen Vermögenswerte auf dem früheren Gebiet der DDR und eine Entschädigung der dortigen Holocaust-Überlebenden.

In Artikel 2 der »Vereinbarung zwischen der DDR und der Bundesrepublik zur Durchführung und Auslegung des Einigungsvertrages« vom September 1990 erklärte sich die Bundesregierung bereit, gemäß der Erklärung der Volkskammer für eine gerechte Entschädigung der jüdischen Opfer des NS-Regimes in der ehemaligen DDR einzutreten und mit der JCC eine Vereinbarung über eine zusätzliche Fondslösung zu treffen. Zunächst regelte das zum Einigungsvertrag gehörende »Vermögensgesetz« die Rückerstattung des bisher von der DDR zurückgehaltenen jüdischen Eigentums. Im Mai 1992 beendete das »Entschädigungsgesetz« die Zahlung der bisher in der DDR gezahlten »Ehrenpensionen« zugunsten einer einheitlichen Rente. Das im Oktober 1992 abgeschlossene »Artikel-2-Abkommen« der Bundesrepublik mit der JCC ermöglichte eine zusätzliche Fondslösung für bedürftige Überlebende aus KZ, Ghettos oder Verstecken, »die nach den gesetzlichen Vorschriften der Bundesrepublik bisher keine oder nur geringfügige Entschädigungen erhalten« hatten. Der JCC wurden dafür bis 1999 insgesamt 975 Millionen DM zur Verfügung gestellt, von denen der überwiegende Teil in Israel oder in den USA lebenden Berechtigten zugutekam. Im November 2012 erfuhr diese Vereinbarung eine Neufassung, um den geänderten Verhältnissen Rechnung tragen zu können. Außerdem wurde eine Fortführung des 1980 beschlossenen Härtefonds vereinbart, um Menschen in besonderer Notlage oder mit schweren Gesundheitsschäden die Zahlung einer laufenden Beihilfe zu gewähren. Es hatte sich gezeigt, dass bei vielen Holocaust-Überlebenden erst im hohen Alter posttraumatische Störungen und Belastungen auftraten. Die Regelung von Härtefällen blieb bestehen, und die zur Verfügung gestellten Finanzmittel der Bundesrepublik ermöglichten der JCC Hilfeleistungen für jüdische Verfolgte in osteuropäischen Staaten oder in der Sowjetunion. Auch diese Finanzmittel wurden stetig angepasst.

Bereits 1991 hatte sich die Bundesrepublik bereit erklärt, eine Summe von 500 Millionen DM an die Stiftung »Deutsch-Polnische Aussöhnung« für in Polen lebende Opfer des NS-Regimes – unter denen sich zahlreiche Juden befanden – zu zahlen. 1993 bewilligte die Bundesregierung finanzielle Unterstützungen an die Stiftungen zur »Verständigung und Aussöhnung« in Russland (Moskau), Weißrussland (Minsk) und der Ukraine (Kiew) und an den »Deutsch-Tschechischen Zukunftsfonds«. Mit Zahlungen an die drei baltischen Staaten förderte die Bundesrepublik die dortigen sozialen Einrichtungen für NS-Opfer.

Bundespräsident Roman Herzog erklärte 1996 den 27. Januar, den Tag der Befreiung des KZ Auschwitz durch sowjetische Truppen, zum nationalen Tag des Gedenkens an die »Opfer des Nationalsozialismus«. Seitdem führt der Deutsche Bundestag an diesem Datum eine Gedenkveranstaltung durch, zu der er ausgewählte Redner einlädt.

Im Januar 1998 errichtete die JCC nach Verhandlungen mit der Bundesrepublik einen *Central and Eastern European Fund*, eine Art Pendant zum »Artikel-2-Fonds«. Erstmals wurde NS-Opfern in der ehemaligen Sowjetunion und in Osteuropa Entschädigung gewährt. Sie konnten eine monatliche Rente von 250 DM erhalten. Zuvor hatte die Bundesrepublik bereits im September ein deutsch-amerikanisches Abkommen getroffen. Es ermöglichte Anträge von NS-Opfern, die zur Zeit ihrer Verfolgung durch den NS-Staat US-amerikanische Staatsangehörige gewesen waren und bisher keine Entschädigungen erhalten hatten. Im Dezember 1998 fand in Washington eine Konferenz über Vermögenswerte aus der Zeit des Holocaust statt. Daran nahmen die Bundesrepublik und weitere 43 Staaten sowie 12 nichtstaatliche Organisationen teil. Die Bunderepublik erklärte sich bereit, nach während der NS-Zeit jüdischen Eigentümern entzogenen Kulturgütern zu suchen und diese ihren früheren Eigentümern oder deren Erben zurückzugeben. Museen und andere kulturelle Einrichtungen in der Bundesrepublik erhielten Unterstützung bei der Suche und Identifizierung solcher Kulturgüter in ihren Beständen. Die Ergebnisse dieser Provenienzforschung wurden an die »Koordinierungsstelle für Kulturverluste« übermittelt und öffentlich gemacht. Potentielle Berechtigte konnten sich dort informieren und erhielten bei konkreten Anfragen Hilfestellung. Auf diese Weise konnte bereits einer Reihe von Bildern berühmter Künstler zurückgegeben werden.

Im Juli 2000 errichtete die Bundesregierung mit Unterstützung von fast 5000 deutschen Unternehmen und Privatpersonen in Berlin die Stiftung »Erinnerung, Verantwortung und Zukunft« (EVZ). Vom Stiftungsvermögen wurden 5,2 Milliarden Euro dafür vorgesehen, zunächst in verschiedenen Ländern lebende Zwangsarbeiter zu entschädigen. Weiterhin fördert die EVZ Projekte zur Erforschung der Geschichte der NS-Zwangsarbeit und soll generell die Erinnerung an NS-Unrecht wachhalten. Die Entschädigungen wurden von den erwähnten fünf nationalen

Stiftungen, der »International Organization for Migration« und für jüdische Überlebende in der ganzen Welt von der JCC verteilt. Die Antragsfrist endete am 31. Dezember 2002. Die Auszahlungen fanden Anfang 2007 ihren Abschluss. Seitdem fördert die Stiftung internationale Projekte.

Im Juni 2002 erließ die Bundesrepublik ein »Gesetz zur Zahlbarmachung von Renten aus Beschäftigungen in einem Ghetto«, dem später noch notwendig gewordene »Anerkennungsrichtlinien« folgten. Das Gesetz ermöglichte Rentenzahlungen für Tätigkeiten in Ghettos, die deportierte und dort eingesperrte Juden und deren Hinterbliebene aus den von der Wehrmacht besetzten Gebieten Osteuropas, des Baltikums und dem Balkan geleistet hatten. 2004 stellte die Bundesregierung der JCC eine Summe von 6 Millionen Euro für die notwendig gewordene häusliche Betreuung betagter Holocaust-Überlebender bereit. Diese Summe wurde danach stetig den größer werdenden Bedürfnissen dieser Altersgruppe angepasst. Im gleichen Jahr bewilligte die Bundesregierung der JCC einen Fonds, der weitere Einmalzahlungen von je 2000 Euro an Überlebende ermöglichte. Die Bundesregierung wurde zu einer erneuten Überprüfung der Anträge Überlebender auf Sozialversicherungsleistungen, Renten- und Einmalzahlungen für Ghettoarbeit verpflichtet. 2014 richtete die Bundesrepublik einen *Child Survival Fund* ein, in dessen Rahmen der JCC Einmalzahlungen an bestimmte Holocaust-Überlebende in aller Welt in Höhe von 2500 Euro leisten konnte.

Im Mai 2005 konnte im Beisein internationaler Gäste das bereits 1988 angeregte »Denkmal für die ermordeten Juden Europas« eröffnet werden. Auf einer Fläche von 19 000

Quadratmetern wurden südlich des Brandenburger Tors 2711 quaderförmige Betonstelen aufgestellt. Der Vorschlag, das Mahnmal nicht nur den ermordeten Juden, sondern allen Opfern der NS-Herrschaft zu widmen, war allerdings auf Ablehnung gestoßen.

# 6. »Rassische Absonderung des Zigeunertums«

> *»Die Blutsvermischung und das dadurch bedingte Senken des Rassenniveaus ist die alleinige Ursache des Absterbens alter Kulturen; denn die Menschen gehen nicht an verlorenen Kriegen zugrunde sondern am Verlust jener Widerstandskraft, die nur dem reinen Blute zu eigen ist.«*[1]
>
> *»Die verlorene Blutsreinheit allein zerstört das innere Glück für immer, senkt den Menschen herunter für ewig und seine Folgen sind niemals mehr aus dem Körper und dem Geiste zu entfernen.«*[2]

## 6.1 Ausgrenzung, Entrechtung, Gewalt

Unter den »Schutzhäftlingen« des ersten Halbjahres 1933 befanden sich auch angeblich politisch verdächtige »Zigeuner«, denen eine Nähe zum Kommunismus vorgeworfen wurde. Einige von ihnen wurden allerdings wahrscheinlich allein schon deshalb verhaftet, weil sie keine gültigen Ausweispapiere vorweisen konnten und die traditionellen Vorurteile sowohl bei der Polizei als auch bei der als Hilfspolizei agierenden SA zum Tragen kamen. Die Verhafteten kamen in zumeist noch provisorische KZ wie Brauweiler bei Köln oder Osthofen bei Worms. Diese wurden nach der schrittweisen Entlassung aller Inhaftierten bis Mitte 1934 wieder aufgelöst. Im März 1933 kam es zu einer »Ländervereinbarung zur Bekämpfung der ›Zigeunerplage‹«. Dabei handelte es sich praktisch um die Erweiterung eines bayerischen Gesetzes aus dem Jahr 1926 sowie eines entsprechenden preußischen Erlasses von 1927. Die Länder erhielten die Möglichkeit, noch weitere Beschränkungen zu erlassen, wovon einige auch Gebrauch machten.

Die »Zigeunerpolitik« blieb damit zunächst Ländersache. Die Wohlfahrtsunterstützung wurde an Pflichtarbeit gebunden, und »Zigeuner« ohne Beschäftigungsnachweis kamen in Zwangsarbeitslager oder Arbeitshäuser. Der neue »Zigeunersatz« der Fürsorge lag unter dem Satz der Leistungen für »hilfsbedürftige Volksgenossen« und wurde außerdem nicht mehr durch Geldzuwendungen, sondern durch Lebensmittelscheine oder Sachmittel erbracht. Schulpflichtige Kinder von »Zigeunern« unterstanden künftig der Kontrolle der städtischen Wohlfahrtsämter. Die Bewegungsfreiheit der »Zigeuner« auf dem Land wurde durch Durchzugsverbote verschiedener Landkreise oder amtliche Festlegungen von Wanderrouten eingeschränkt, die regional unterschiedlich gehandhabt wurden. Generell wurde die Ausgabe von Wandergewerbescheinen für Scherenschleifer, Korbflechter oder Kleinhändler erschwert. Manche Länder führten überdies in unregelmäßigen Abständen Fahndungen nach »Zigeunern« durch.

Das GzVeN vom Juli 1933 hatte sich zwar nicht explizit gegen »Zigeuner« gerichtet. Dennoch meldeten Heil- und Pflegeanstalten, Haftanstalten, Ärzte, Bürgermeister, Polizisten und Fürsorgeinstitutionen auch »erbkranke Zigeuner«. Die zuständigen Erbgesundheitsgerichte folgten in ihren Urteilen den Einschätzungen der ärztlichen Gutachter, die bei den ihnen vorgeführten »Zigeunern« zumeist »erblichen Schwachsinn« oder »soziales Versagen« diagnostizierten. Das »Rasse- und Siedlungshauptamt« (RuSHA) der SS hätte gern gesehen, dass »Zigeuner und Zigeunermischlinge – gleichgültig, ob sozial angepasst oder asozial und kriminell – in der Regel unfruchtbar gemacht werden sollten«. Obwohl das Amt mit seiner Forderung keinen Erfolg hatte, lag die Sterilisationsrate bei »Zigeunern« höher als beim Durchschnitt der Bevölkerung. Dem Eingriff mussten sich mehr als zwei Prozent der zwischen 14 und 50 Jahre alten »Zigeuner« unterziehen, wobei sich genauere Zahlen nicht mehr ermitteln lassen.

Im Juli 1933 erließ die Reichsregierung das »Gesetz über den Widerruf von Einbürgerungen und zur Aberkennung der deutschen Staatsangehörigkeit«, im November das »Gesetz gegen gefährliche Gewohnheitsverbrecher«, und im März 1934 folgte das »Gesetz über Reichsverweisungen«. Diese drei Gesetze boten genügend Vorwände, um einigen deutschen »Zigeunern« die Staatsbürgerschaft zu entziehen. Am 15. September 1935 erließ der NS-Staat in Nürnberg weitere Gesetze, die auch »Zigeuner« betrafen. Das »Reichsbürgergesetz« legte fest, dass Reichsbürger künftig nur noch sein konnte, wer »deutschen oder artverwandten Blutes« war. Reichsinnenminister Frick stellte dazu in der *Deutschen Juristenzeitung* fest: »Da die Deutschblütigkeit eine Voraussetzung des Reichsbürgerrechtes bildet, kann kein Jude Reichsbürger sein. Dasselbe gilt auch für die Angehörigen anderer Rassen, deren Blut dem deutschen Blut nicht artverwandt ist, z. B. für Zigeuner und Neger.« Das »Gesetz zum Schutze des deutschen Blutes und der deutschen Ehre« legte fest, dass eine Ehe nicht geschlossen werden sollte, »wenn aus ihr eine die Reinheit des deutschen Blutes gefährdende Nachkommenschaft zu erwarten ist«. Im Kommentar zum Gesetz hieß es: »Nicht nur durch deutsch-jüdische Mischungen wird die Reinheit des deutschen Blutes gefährdet. Auch die Mischung anderen artfremden Blutes mit deutschem Blut ist für die Weiterentwicklung des Volkes nachteilig. [...] Als Träger artfremden Blutes werden [...] die sich in Deutschland aufhaltenden Zigeuner in Betracht kommen.« Das Gesetz untersagte nicht nur die Eheschließung bei »Rassenmischehen«, sondern selbst den außerehelichen Geschlechtsverkehr. Verstöße wurden als »Rassenschande« mit Gefängnis oder Zuchthaus geahndet. Sexuelle Beziehungen eines »Zigeuners«, also eines »Fremdrassigen«, mit einer Staatsangehörigen »deutschen Blutes« brachten diesen in ein KZ.

Das »Gesetz zum Schutz der Erbgesundheit des deutschen Volkes« machte die Vorlage eines Ehetauglichkeitszeugnisses erforderlich. Dadurch konnten Standesbeamte Eheschließungen zwischen »artfremden Zigeunern« und Deutschen verhindern. Dies war immer dann der Fall, wenn die für die Ausstellung des Ehetauglichkeitszeugnisses zuständigen Gesundheitsämter einem der Verlobten »Zigeunerischen Bluteinschlag« oder ein »Zigeunerisches Erscheinungsbild« attestiert hatten. Diese durch die nationalsozialistische Gesetzgebung staatlich attestierte »Minderwertigkeit« ging weit über die traditionelle Ablehnung der »Zigeuner« im Kaiserreich oder in der Weimarer Republik hinaus. Jetzt standen »Zigeuner« als »rassenfremde Elemente« außerhalb der »deutschen Volksgemeinschaft« und gefährdeten das große rassenpolitische Ziel Hitlers: die »Reinerhaltung des deutschen Blutes«.

1936 verstärkte die gleichgeschaltete deutsche Presse ihre negativen Veröffentlichungen über »Zigeuner«. Eindringlich warnte sie die Bevölkerung vor den vom »artfremden Blut« der »Zigeuner« ausgehenden Gefahren. Die Artikel wiesen besonders auf deren »Fremdrassigkeit« und ihre angeblich biologisch bedingte Kriminalität hin. Mit der Ernennung des Reichsführers SS zum »Chef der deutschen Polizei im Reichsministerium des Innern« fiel die Zuständigkeit in der »Zigeunerfrage« ab Juni 1936 an Himmler, der in Berlin das Reichskriminalpolizeiamt (RKPA) einrichtete. Bevor sich dieses Amt mit der »Zigeunerfrage« auf Reichsebene befasste, hatten die zuständigen städtischen Behörden und die Gauleitung Berlins bereits selbst Überlegungen angestellt, auf welche Weise man der »Zigeunerplage in der Reichshauptstadt« Herr werden könne. Den Anstoß zu schnellem Handeln gaben die Olympischen Spiele, die am 1. August in Berlin beginnen stattfinden sollten. Angesichts der zu erwartenden ausländischen Besucher wollten die Nationalsozialisten die – aus ihrer Sicht das Stadtbild störenden – »Zigeuner« von dort entfernen. Schon während der Weimarer Republik hatten diese für ihre Standquartiere nicht nur im Winter die Anonymität der größeren Städte bevorzugt und dort häufig Unterkünfte in Behelfsbauten gesucht. Kommunale Verwaltungen hatten ihnen Plätze zugewiesen oder erlaubt, solche von privaten Anbietern anzumieten. Diese Standplätze sollten eigentlich ganz bewusst keinem längeren Aufenthalt dienen, sondern ein möglichst schnelles Weiterziehen bewirken. Inzwischen erwogen viele Kommunen angesichts der mit der »Schutzhaft« gemachten Erfahrungen, für »Zigeuner« spezielle Lager einzurichten.

Auf Standplätzen in Berlin wurden am frühen Morgen des 16. Juli 1936 etwa 600 »Zigeuner« festgenommen und unter Zwang mit ihren Wohnwagen auf einen »Rastplatz« am Rande der Stadt gebracht. Dieser lag in der Nähe des

Dorfes Marzahn, das zu Berlin-Lichtenberg gehörte. In unmittelbarer Nachbarschaft des »Rastplatzes« befanden sich ein Friedhof und große Rieselfelder zur Reinigung von Abwässern. Beides waren somit Orte, die traditionell bei »Zigeunern« als »unrein« galten und in deren Umgebung ein freiwilliger Aufenthalt keinesfalls in Frage gekommen wäre. Der vom unerträglichen Gestank der Rieselfelder stark beeinträchtigte »Rastplatz« verfügte zudem weder über einen Strom- noch über einen Wasseranschluss. Für die Unterbringung standen die mitgebrachten, häufig brüchigen und beschädigten Wohnwagen und Buden bereit, welche die Familien allerdings weder vor Nässe noch vor Kälte zu schützen vermochten. Wasch- und Kochgelegenheiten fehlten, und das Wasser aus drei schließlich eingerichteten Brunnenanlagen erwies sich als ungenießbar. Frisches Wasser musste deshalb aus dem zwei Kilometer entfernten Dorf Marzahn geholt werden. Dort konnten auch einige Lebensmittel – allerdings nur die, welche die Dorfbewohner nicht selbst benötigten – gekauft oder gegen Lebensmittelkarten eingetauscht werden.

Ihre Arbeitsplätze verloren die betroffenen »Zigeuner« allein schon wegen der Distanz zur Stadt. In der näheren Umgebung des »Rastplatzes« in Lichtenberg oder Neukölln gab es – abgesehen von schlecht bezahlter Zwangsarbeit – kaum Erwerbsmöglichkeiten. Daher litten die »Zigeunerfamilien« ständig an Hunger, zumal die ihnen zugeteilten Rationen ab September 1939 noch verringert wurden. Zum Diebstahl von Feldfrüchten praktisch gezwungen, lebten sie in ständiger Angst vor der Polizei und den Dorfbewohnern. Um 22 Uhr mussten alle Personen im Lager anwesend sein. Die ständig anwesende »Rastplatzwache«, die skrupellos auch einen bissigen Schäferhund einsetzte, übte nach Belieben Gewalt aus. Sie kontrollierte den Ein- und Ausgang und führte bei Übertretungen der Lagerordnung selbstherrlich Bestrafungen durch. Mangelhafte Ernährung, unzureichende Unterbringung, zerfetzte Bekleidung und Überbelegung, aber auch die Brunnen und Toilettenanlagen erwiesen sich als gesundheitsgefährdend. Krankheiten wie Diphterie, Scharlach und Tuberkulose griffen schnell um sich, und viele Kinder starben. Da die zahlreichen Erkrankungen der Stadt Berlin Kosten verursachten, stellte diese auf dem Gelände einige vom Reichsarbeitsdienst ausgemusterte baufällige Baracken auf, was die Lebensbedingungen jedoch keineswegs verbesserte. An den Bewohnern des Lagers in Marzahn wurden zudem »rassenbiologische Untersuchungen« im Rahmen einer »Asozialen- und kriminalbiologischen Forschung« der Deutschen Forschungsgemeinschaft durchgeführt.

1936 war beim Reichsgesundheitsamt in Berlin-Dahlem die »Rassenhygienische und Erbbiologische Forschungsstelle« (RHF) gegründet worden. Diese sollte an den in Deutschland lebenden »Zigeunern« genealogische und genetische Untersuchungen durchführen und konnte ihren Auftrag auf dem »Rastplatz« in Marzahn beginnen. Später bereisten Anthropologen, Genetiker und Psychiater der Forschungsstelle das gesamte Reichsgebiet und suchten dabei sowohl die in Lagern als auch die auf Wanderschaft befindlichen »Zigeunerfamilien« auf. Zu einem späteren Zeitpunkt dehnten sie ihre Arbeit auf die in KZ inhaftierten »Zigeuner« aus. Im Rahmen dieser »Zigeunerforschung« sammelten die Mitarbeiter mithilfe verschiedener Behörden und in enger Zusammenarbeit mit der Polizei »wissenschaftliches« Material. Dafür entnahmen sie Blutproben, machten Handabdrücke, notierten Kopf- und Körpermaße sowie Augen-, Haar- und Hautfarbe. Sie fotografierten die Familienmitglieder und versuchten für ein geplantes »Zigeunersippenarchiv« die Verwandtschaftsverhältnisse über Generationen zu erkunden. Am Institut in Berlin-Dahlem erstellten sie Gesichts- und Schädelabdrücke sowie Kopfmodelle. Dabei wurde zwischen »Zigeunermischlingen«, »nach Zigeunerart umherziehenden« und »reinrassigen Zigeunern« unterschieden. Der Leiter der RHF, Robert Ritter, hielt die »Zigeunermischlinge« für »geborene Verbrecher«, weil sich deren ursprünglich rein »zigeunerisches Blut« mit »asozialem Blut« vermischt habe. 90 Prozent aller im Reichsgebiet lebenden »Zigeuner« waren für ihn »Zigeunermischlinge«. Aus seiner Sicht galt es, diese von der Bevölkerung abzusondern, um eine weitere Vermischung mit »gutem Blut« zu verhindern. Vor Ansiedlungsversuchen warnten die Reichsregierung sowohl Ritter als auch seine Mitarbeiterin Eva Justin. Diese schrieb in ihrer Dissertation: »Wir erreichen nur, dass durch solche Einschmelzungsversuche immer neues minderwertiges Erbgut in den deutschen Volkskörper einsickert.« Um dies zu vermeiden, schlug Justin die Sterilisation von »Zigeunern« vor.

Das Zwangslager in Marzahn galt als »das größte kommunale Zigeunerlager im ›Altreich‹«. (Karola Fings) Ab dem Frühjahr 1943 wurden die meisten der dort Festgesetzten nach Auschwitz-Birkenau gebracht und vergast. Etwa zwei Dutzend »Zigeuner« blieben im Zwangslager Marzahn bis zu ihrer Befreiung im April 1945 durch sowjetischen Soldaten. Vergleichbare »Zigeunerlager« entstanden in Braunschweig, Cloppenburg, Danzig, Dortmund, Düsseldorf, Essen, Frankfurt a. M., Fulda, Gelsenkirchen, Hamm, Hannover, Herne, Kassel, Kiel, Köln-Bickendorf, Königsberg, Magdeburg, Neubrandenburg, Oldenburg, Osnabrück, Ravensburg, Recklinghausen, Remscheid, Pölitz bei Stettin, Solingen und Wiesbaden-Biebrich. Bereits bestehende »Zigeunerlager« wurden zu Zwangslagern ausgebaut und neue Zwangslager errichtet. In Bayern wurden 400 »Zigeuner« in das – im März 1933 vom damaligen Leiter der politischen Polizei des Landes und Polizeipräsidenten Münchens Himmler errichtete – KZ Dachau geschickt. Bei den »Zigeunerlagern« handelte es sich generell »um einen außerhalb des KZ-Systems etablierten Lagertyp mit Zwangscharakter«. (Fings) Schließlich befand sich die Hälfte aller im Deutschen Reich lebenden »Zigeuner« in solchen Zwangslagern, was zum einen ihre »rassenbiologische Untersuchung« und zum anderen ihre spätere Deportation etwa in die KZ Sachsenhausen oder Ravensbrück, in die besetzten Gebiete Polens oder in das Vernichtungslager Auschwitz-Birkenau erleichterte. Die in den Zwangslagern verbliebenen »Zigeuner« wurden häufig zwangssterilisiert.

Im Dezember 1937 veröffentlichte das RMdI einen »Grundlegenden Erlass über die vorbeugende Verbrechensbekämpfung durch die Polizei«. Dieser sah für Personen, »die durch geringfügige, aber sich immer wiederholende Gesetzesübertretungen sich in die in einem nationalsozialistischen Staat selbstverständlichen Ordnungen nicht fügen wollen« und als »asozial« anzusehen seien, »polizeiliche Vorbeugungshaft« vor. Zu dieser Personengruppe zählte der Erlass auch »Landstreicher (Zigeuner)«. Unter den bereits in die KZ Buchenwald, Dachau und Sachsenhausen deportierten Personen befanden sich schon deshalb »Zigeuner«, weil diese vielen Polizisten traditionell als »asozial« galten. Gegen eine verhängte »Schutzhaft« konnten keine Rechtsmittel eingelegt werden, und ihre Dauer war praktisch unbegrenzt. Ein Erlass Himmlers vom Januar 1938 erweiterte den Kreis der potentiellen Vorbeugehäftlinge noch um »Arbeitsscheue«. Die Gestapo sollte daher im gesamten Reichsgebiet die »Männer im arbeitsfähigen Lebensalter«, die keine Arbeit nachweisen konnten, verhaften. Da sich in diesen Wochen die Aufmerksamkeit zunächst auf den »Anschluss« Österreichs als »Ostmark« richtete, verschob sich die Durchführung der geplanten Verhaftungsaktion auf die Monate April und Juni. Unter den schließlich mehr als 10 000 Verhafteten befanden sich nicht zuletzt deshalb »Zigeuner«, weil diese höchst selten über ein festes Arbeitsverhältnis verfügten. Eine Weisung an die Kriminalpolizeistellen im Juni benannte ausdrücklich »Zigeuner« und nach »Zigeunerart herumziehende Personen, wenn sie keinen Willen zur geregelten Arbeitszeit gezeigt haben oder straffällig geworden sind« als zu verhaftende Personengruppen. Die Festgenommenen kamen in die als »staatliche Besserungs- und Arbeitslager« bezeichneten KZ und leisteten dort Zwangsarbeit. Da im folgenden Jahr die Haftdauer aller »Zigeuner« verlängert wurde, verblieben sie auch weiterhin in den KZ.

### *6.1.1 Verfolgung und Ermordung*

Im Oktober 1938 verlegte die bisher im Münchener Polizeipräsidium untergebrachte »Reichszigeunerzentrale« ihren Sitz nach Berlin und firmierte dort künftig als »Reichszentrale zur Bekämpfung des Zigeunerunwesens«. Innerhalb des Reichskriminalpolizeiamts bildete sie das Amt V, welches der Reichskriminaldirektor und SS-Sturmbannführer Arthur Nebe leitete. Die generelle Richtung künftiger Maßnahmen gegen »Zigeuner« skizzierte Himmler mit einem Runderlass »Bekämpfung der Zigeunerplage« im Dezember 1938.[3] Darin hieß es: »Die bisher bei der Bekämpfung der Zigeunerplage gesammelten Erfahrungen und die durch die rassenbiologischen Forschungen gewonnenen Erkenntnisse lassen es angezeigt erscheinen, die Regelung der Zigeunerfrage aus dem Wesen dieser Rasse heraus in Angriff zu nehmen.« Es gelte, eine »Rassenvermischung zu verhindern« und die »rassische Absonderung des »Zigeunertums vom deutschen Volkstum« zu sichern. »Rassenreine Zigeuner« und »Zigeunermischlinge« sollten getrennt behandelt werden, weil »die Mischlinge den größten Anteil an der Kriminalität der Zigeuner« hätten. Ferner ordnete Himmler an, Informationen über »alle sesshaften und nicht sesshaften Zigeuner« und alle nach »Zigeunerart umherziehenden Personen« im Reichsgebiet und in der »Ostmark« polizeilich wie rassenbiologisch zu erfassen und die ermittelten Daten zusammenzuführen. Da für »Zigeuner« keine deutschen Pässe mehr ausgestellt werden durften, sollten sie künftig »Zigeunerausweise« mit ihren Fingerabdrücken erhalten. »Reinrassige Zigeuner« erhielten braune Ausweise, die für »Zigeunermischlinge« zusätzlich mit einem hellblauen Querstreifen versehen wurden.

Eine Ausführungsanweisung des RKPA zu Himmlers Runderlass hob im März 1939 hervor, dass eine »Lösung der Zigeunerfrage« nur bei Berücksichtigung »nationalsozialistischen Gedankenguts« möglich sei. Zwar »achte das deutsche Volk auch jede seinem Volkstum fremde Rasse«, doch das »Ziel der staatlichen Maßnahmen zur Wahrung der Einheit der deutschen Volksgemeinschaft« müsse »die rassische Absonderung des Zigeunertums vom deutschen Volkstum« und eine »Verhinderung der Rassenmischung« sein. Am 2. September 1939 – also nur einen Tag nach dem Beginn des Überfalls auf Polen – untersagte eine Verordnung das »Umherziehen von Zigeunern« und von nach »Zigeunerart wandernden Personen«, da diese als potentielle Spione galten. Als sich am 21. September die Kapitulation der polnischen Truppen abzeichnete, hielt SS-Obergruppenführer Heydrich eine Konferenz im RSHA ab, die sich mit der künftigen Nutzung des eroberten polnischen Territoriums befasste. Dorthin wollte Heydrich die »Juden aus dem Reich« und die »restlichen 30 000 ›Zigeuner‹« deportieren. Die geplante Deportation der »Zigeuner« fand allerdings weder die Zustimmung des Leiters der RHF noch die von Leonardo Conti, der nach dem Tod Wagners 1939 Reichsärzteführer geworden war. Ritter und Conti hätten einer Zwangssterilisation aller »Zigeuner« und »Zigeunermischlinge« den Vorzug gegeben, vermochten sich jedoch nicht gegen Heydrich durchzusetzen.

Zur Vorbereitung der Deportation teilte Heydrich am 17. Oktober allen Kriminalpolizeidienststellen mit, dass »binnen kurzem im gesamten Reichsgebiet die Zigeunerfrage im Reichsmaßstab grundsätzlich geregelt« werde. Sie erhielten die Anweisung, alle in ihrem Bereich lebenden »Zigeuner« und »Zigeunermischlinge« samt deren Kindern schnellstmöglich zu erfassen. Sie alle dürften ihren Wohnsitz oder momentanen Aufenthaltsort »bis auf weiteres« nicht mehr verlassen. Wer gegen diese Auflage verstieß, kam auf eine Fahndungsliste und wurde nach Ergreifung sogleich in ein KZ eingewiesen. Dass ihnen diese Auflagen bekanntgemacht worden waren, mussten die erfassten »Zigeuner« in einer »Eröffnungsverhandlung« mit ihrer Unterschrift bestätigen. Die »später festzunehmenden Zigeuner« sollten von den Polizeidienststellen bis zu ihrem »endgültigen Abtransport« in speziellen Lagern »gesammelt« werden. Die Ausführung der Weisung trennte willkürlich die gerade nicht an ihrem Wohnsitz befindlichen »Zigeuner« von ihren Familien und verschlechterte deren wirtschaftliche Situation weiter. Diese Einschränkung der Freizügigkeit behielt bis zum Ende des Krieges Gültigkeit. Auf diese Weise gelang es im Winter 1939/40 – wie Ritter offensichtlich nicht ohne Stolz vermerkte – »erstmalig eine Übersicht über sämtliche in Deutschland lebenden Zigeuner zu gewinnen und die Stammeszugehörigkeit sämtlicher 30 000 Zigeuner und Zigeunermischlinge zu klären«.

Am 27. April 1940 befahl Himmler die Deportation von 2500 west- und nordwestdeutschen »Zigeunern«. Sie wurden aus mehreren Lagern des »Altreichs« in das im besetzten Polen im Oktober des Vorjahres errichtete Generalgouvernement gebracht. Die zuständigen Kriminalpolizeileitstellen im Reichsgebiet wies Heydrich an, die vorgesehenen »Zigeuner« »zusammenzuziehen« und mit Hilfe zur Verfügung gestellter Eisenbahnzüge und möglichst »in geschlossenen Sippen« in Marsch zu setzen. Offensichtlich hatte man bereits heftigen Widerstand erlebt, wenn man die traditionell eng zusammenhaltenden »Zigeunerfamilien« willkürlich auseinandergerissen hatte. Ausnahmen sollten für »Vollzigeuner«, Lalleri – Angehörige einer Teilminderheit der Roma – und die »Zigeuner«, die mit »Deutschblütigen rechtmäßig verheiratet« waren, gemacht werden. Allerdings dürfte ein gewöhnlicher Polizist die von der RHF in ihren Untersuchungen festgestellten Unterschiede wohl kaum erkannt haben. Generell konnten Polizeibeamte bei »Zigeunern«, für die keine »gutachterlichen Äußerungen« vorlagen, eine eigene Entscheidung treffen. Die für die Deportation Vorgesehenen mussten schriftlich einer Abtretung ihres Besitzes zustimmen. Ihr Grundbesitz und ihr Vermögen fielen nach dem »Gesetz über die Einziehung volks- und staatsfeindlichen Vermögens« an den deutschen Staat.

Aufgrund der schwierigen Lebensverhältnisse im Generalgouvernement starben viele »Zigeuner« an Unterernährung und Seuchen. Die Überlebenden wurden in verschiedene Lager verbracht und zu Arbeitseinsätzen herangezogen. Nicht mehr arbeitsfähige »Zigeuner« wurden sich selbst – und somit dem sicheren Tod – überlassen oder erschossen. Schließlich ging die SS zu Massenerschießungen von polnischen und deutschen »Zigeunern« über. Weitere wurden in jüdische Ghettos wie Radom, Siedlce oder Warschau verbracht. Sie starben dort an den Folgen der harten Zwangsarbeit in Steinbrüchen und Werken der deutschen Rüstungsindustrie oder verhungerten. Wer zurück ins »Altreich« flüchtete, kam dort entweder in ein KZ oder wurde nach einer »Schutzhaft« erneut ins Generalgouvernement abgeschoben. Die ursprünglich vorgesehene vollständige Deportation aller deutschen »Zigeuner« in das Generalgouvernement sollte erst erfolgen, sobald »die Judenfrage allgemein gelöst sei«. Da die Leitung des Generalgouvernements protestierte, kamen weitere Deportationen von »Zigeunern« aus dem »Altreich« allerdings nicht mehr zustande. Nicht nur im besetzten Polen, sondern auch in Serbien, der Sowjetunion und anderen von deutschen Truppen besetzten Gebieten Europas fanden Tausende »Zigeuner« den Tod durch Massenerschießungen des SD, der deutschen Sicherheits- und Ordnungspolizei sowie der Wehrmacht.

Der erwähnte Erlass Heydrichs vom Oktober 1939 galt auch im »angeschlossenen« Österreich, dessen Kripoleitstellen den Befehl erhielten, Lager zu errichten, in denen die »Zigeuner« bis zu ihrem Abtransport verbleiben sollten. Der als Landeshauptmann des Burgenlands amtierende Nationalsozialist Tobias Portschy veröffentlichte zum künftigen Kurs der Politik gegenüber »Zigeunern« im August 1938 die Denkschrift *Die nationalsozialistische Lösung der Zigeunerfrage.* Darin bezeichnete er die »Zigeuner« als »ein Volk von ausgesprochenen Gewohnheitsverbrechern«. Um der Gefährdung der »Reinheit des Blutes deutschen Grenzlandbauerntums« zu begegnen, müsse man die Vermehrung der »Zigeuner« verhindern. Deren Sterilisierung sei auf der Grundlage des gültigen GzVeN möglich. Es gelte daher, sich »kühl und entschlossen« der »willkommenen Handhabe des genannten Gesetzes« zu bedienen. In Tirol war 1938/39 die Zahl der durchziehenden »Zigeuner« aus Ostösterreich und dem »Altreich« deutlich angestiegen. Das bisher übliche Hin- und Herschieben der »Zigeunerfamilien« über die Gemeindegrenzen reichte den Behörden offensichtlich nicht mehr aus. Daher erhielt die Kriminalpolizeistelle in Salzburg ein eigenes »Zigeunerreferat« und errichtete auf dem Gelände der Salzburger Pferderennbahn ein »Auffanglager«, in dem sich schließlich 300 »Zigeuner« befanden. Die Männer wurden zu Arbeiten außerhalb des Lagers herangezogen. Eine Ausgangserlaubnis gab es nicht;

ein Entkommen war kaum möglich. Schließlich wurden sie aus Salzburg wohl überwiegend in das KZ Auschwitz-Birkenau überführt und dort ermordet.

Im November 1940 errichtete die SS das »Zigeuner-Anhaltelager« Lackenbach im Burgenland. Zwangsarbeit, mangelhafte Ernährung und Fleckfieberepidemien forderten unter den aus dem Burgenland und anderen Regionen sowie aus Süddeutschland stammenden Häftlingen zahlreiche Opfer. Im Herbst 1941 gingen zwei Transporte mit jeweils 1000 »Zigeunern« von Lackenbach ins Ghetto nach Łódź. Die SS hatte im Februar des vorangegangenen Jahres die nördlichen Teile der Stadt zum jüdischen Ghetto erklärt, das sie mit Stacheldraht und Wachtürmen einfassten. In dem Ghetto mussten zu dieser Zeit bereits ungefähr 164 000 Juden ausharren. Ab Oktober 1941 kamen weitere »Zigeuner« in ein vom Ghetto eigens mit Wassergraben und doppeltem Stacheldrahtzaun abgetrenntes »Zigeunerlager«. Die aus dem Reichsgebiet, dem Burgenland, Rumänien und Ungarn stammenden etwa 5000 »Zigeuner« mussten wie die jüdischen Ghettobewohner ohne Wasserleitungen und Elektrizität auskommen. Die meisten von ihnen starben an Hunger und Fleckfieber. Die Übriggebliebenen kamen im Januar 1942 in den Gaswagen des Vernichtungslagers Chełmno ums Leben. Einige »Zigeunerfrauen« und »Zigeunermädchen« aus dem Burgenland schaffte das Regime bereits im Frühjahr 1939 in das KZ Ravensbrück, weitere folgten 1944. An »Zigeunerinnen« führte dort der Gynäkologe und SS-Brigadeführer Carl Clauberg mit Genehmigung Himmlers Experimente zu einer »operationslosen Unfruchtbarmachung« durch Injektionen in den Uterus durch. Mit diesen medizinischen Versuchen, die nur wenige der dazu gezwungenen Frauen überlebten, hatte der Arzt zuvor bereits im KZ Auschwitz-Birkenau begonnen.

Als Beispiel dafür, wie sich weitere Behörden des NS-Staats an Maßnahmen gegen im Reichsgebiet verbliebene »Zigeuner« beteiligten, kann das »Reichsministerium für Wissenschaft, Erziehung und Volksbildung« dienen. Dessen Runderlass vom 23. März 1941 trug die Überschrift: »Zulassung von Zigeunerkindern und Negermischlingen zum Besuch öffentlicher Volksschulen«. Schulpflichtigen »Zigeunerkindern mit deutscher Staatsangehörigkeit« – so Reichsminister Bernhard Rust – könne eine Aufnahme in die öffentliche Volkschule nicht verwehrt werden. Das gelte ebenfalls für die »Negermischlinge«, die unehelichen Kinder von Angehörigen schwarzer Besatzungstruppen nach dem Ersten Weltkrieg, die ja durch ihre Mütter deutsche Staatsangehörige seien. Ihre Zahl – so Rust weiter – reiche nicht aus, um für sie eigene Schulen einzurichten. »Soweit solche Kinder in sittlicher oder sonstiger Beziehung für ihre deutschblütigen Mitschüler eine Gefahr bilden, können sie jedoch von der Schule verwiesen werden.«

Nach Beginn des Krieges gegen die Sowjetunion am 22. Juni 1941 wurden die zumeist sesshaften »Zigeuner« Ostpreußens in einem Lager bei Königsberg zusammengezogen und sodann zur Liquidierung nach Białystok deportiert. Die »Zigeuner« im besetzten Baltikum und in Weißrussland, dem Reichskommissariat Ostland, wurden dort entweder gleich erschossen oder ins KZ Auschwitz gebracht. Hinter der im Osten vorrückenden deutschen Front wüteten vier »Einsatzgruppen«. Ihren Massenerschießungen fielen Juden, angebliche Partisanen, kommunistische

Funktionäre, »Asiatisch-Minderwertige«, angeblich Geisteskranke und »unerwünschte Elemente« sowie viele »Zigeuner« zum Opfer. Die genaue Zahl der insgesamt von den Einsatzgruppen und von Einheiten der Wehrmacht in diesem rassenideologischen Vernichtungskrieg ermordeten »Zigeuner« ist nicht bekannt. Nach Schätzungen umfasste ihre Zahl in Polen 8000 Personen. Im September 1941 vereinbarte Reichsjustizminister Otto Georg Thierack mit Himmler, »asoziale Elemente« aus dem Strafvollzug, darunter Juden und »Zigeuner«, künftig an den Reichsführer SS »zur Vernichtung durch Arbeit« auszuliefern. Generell sollten straffällige Juden und »Zigeuner« gar nicht mehr vor Gericht gestellt, sondern gleich »durch den Reichsführer SS erledigt werden«.

Am 16. Dezember 1942 befahl Himmler, alle noch im Reichsgebiet lebenden »Zigeunermischlinge, Rom-Zigeuner und nicht deutschblütige Angehörige Zigeunerischer Sippen balkanischer Herkunft [...] ohne Rücksicht auf den Mischlingsgrad familienweise in das Konzentrationslager (Zigeunerlager) Auschwitz« einzuweisen. Lagerkommandant Rudolf Höß hatte dafür im KZ Auschwitz-Birkenau (Auschwitz II) den neuen Abschnitt B IIe, das »Familienzigeunerlager«, anlegen lassen. Es umfasste ein Areal von 600 mal 130 Metern. Links und rechts neben einer Lagerstraße wurden auf lehmigem und sumpfigem Untergrund jeweils 20 von der SS als Blöcke bezeichnete dünnwandige unbeheizte Bretterbaracken errichtet. Bei den Baracken handelte es sich um vom Heer ausgemusterte zerleg- und versetzbare Pferdeställe, die undicht waren und anstelle von Fenstern lediglich über Lüftungsklappen verfügten. Es gab kein fließendes Wasser und weder in den Abort- noch in den Waschbaracken Abwasserspülung. Einige der Baracken dienten als Kleiderkammer, Toiletten, Waschraum, Küche oder als Krankenbau. Eine Baracke war für Kinder vorgesehen, eine weitere nutzte der Lagerarzt SS-Hauptsturmführer Josef Mengele für seine Menschenversuche. Insgesamt standen 32 Blöcke für die Aufnahme von »Zigeunerhäftlingen« zur Verfügung. Ab Juli 1943 trennte ein elektrisch geladener Stacheldrahtzaun dieses Lager vom übrigen KZ.

Ein erster Transport von »Zigeunern« aus dem Reichsgebiet erreichte Auschwitz am 26. Februar 1943. Innerhalb weniger Wochen stieg ihre Zahl auf mehr als 14 000 an. Alle Ankömmlinge wurden mit einem Z und einer Nummer tätowiert, ihre Namen samt Nummern notierte man in einem »Hauptbuch«. Die letzte dort für Männer und Jungen vergebene Nummer war Z 10 094, für Frauen und Mädchen Z 10 888. Den im »Zigeunerlager« Neugeborenen musste die Häftlingsnummer unmittelbar nach der Geburt in den Oberschenkel tätowiert werden, weil ihre Unterarme dafür noch zu klein waren. Sie hatten allerdings keine Überlebenschance, denn alle Säuglinge starben schon kurz nach ihrer Geburt. Frauen wurden für die industrielle Garn- und Filzherstellung die Haare abgeschnitten und allen »Zigeunern« ihre wenigen Mitbringsel abgenommen. Sofern sie Häftlingskleidung empfingen, befand sich daran das schwarze Dreieck bzw. der schwarze Winkel zur Kennzeichnung für »Asoziale«. Die vorgesehenen Baracken wurden vollgestopft, und jede Familie erhielt lediglich eine der dreistöckig übereinanderliegenden Pritschen. Zumeist befanden sich in einer Baracke über 800 Menschen. Die männlichen Häftlinge wurden überwiegend zu Schwerarbeiten innerhalb des gesamten KZ-Bereichs eingesetzt. Hunderte Familienmitglieder starben an Hunger und Durst oder an Krankheiten wie Fleckfieber, Masern, Tuberkulose, Typhus und Wasserkrebs. Kinder erlitten schon bald den Hungertod, denn täglich gab es pro Person lediglich einen Viertelliter Wasser mit Steckrüben, einen Viertelliter Tee und eine Scheibe Brot. Fast die Hälfte der »Zigeuner« war bei ihrer Einlieferung in Auschwitz jünger als 16 Jahre.

Für eine Behandlung von Kranken – an der die SS allenfalls zwecks Wiederherstellung der Arbeitsfähigkeit Interesse besaß – fehlte es an Medikamenten und Verbandsmaterial. Deshalb ermordeten die Lagerärzte die kranken Häftlinge in den Gaskammern, um die Krankenzahlen zu senken. Am 23. März 1943 fanden 2700 nicht registrierte »Zigeuner« aus der Gegend von Białystok im Rahmen einer ersten Massenvergasung kurz nach ihrer Ankunft den Tod, weil Lagerarzt Mengele sie als typhusverdächtig ansah. Bekannt wurden später dessen »medizinische Versuche«, etwa an Zwillingen, die unterschiedliche Augenfarben hatten. Nachdem der Lagerarzt diese »Zigeunerzwillinge« getötet hatte, sandte er ihre Augen für weitere Untersuchungen an das Kaiser-Wilhelm-Institut für Anthropologie nach Berlin. Die Toten sezierte Mengele eigenhändig, der außerdem im »Zigeunerlager« mit Seren und Viren experimentierte. Die Opfer dieser Experimente ließ er anschließend vergasen oder erschießen. Tödliche Herzinjektionen verabreichte Mengele persönlich. Viele »Zigeuner« fanden bei diesen unmenschlichen »medizinischen Versuchen« nicht nur im KZ Auschwitz, sondern auch in anderen KZ den Tod. Zur gleichen Zeit erging ein Erlass des Reichskriminalpolizeiamts zur »Unfruchtbarmachung von Zigeunermischlingen«, der die in KZ befindlichen Häftlinge ebenso betraf wie sesshafte »Zigeuner«. Betroffene, die keine KZ-Häftlinge waren, brachte die Kriminalpolizei für solche Eingriffe in die bereits zur Durchführung der Zwangssterilisationen nach dem GzVeN genutzten Krankenhäuser.

Lagerkommandant Höß – der die vor seiner Hinrichtung erstellten autobiographischen Aufzeichnungen bezeichnenderweise mit seiner angeblichen Entführung als Kind durch »Zigeuner« beginnt – berichtete über das ihn offensichtlich überraschende Eintreffen von »Zigeunern« in Wehrmachtuniform. Einige von ihnen hätten sogar noch ihre Auszeichnungen getragen. Deutsche »Zigeuner« hatten als Soldaten aller Dienstgrade schon am Ersten Weltkrieg teilgenommen und dank ihrer Tapferkeit entsprechende Auszeichnungen erhalten. Auch im September 1939 hatte sich eine Reihe von »Zigeunern« freiwillig gemeldet oder war eingezogen worden. Viele von ihnen blieben in der Wehrmacht als »Zigeuner« unerkannt, und manche von ihnen wussten wahrscheinlich selbst nicht, dass sie als »Zigeunermischlinge« galten. Einer Aufzeichnung von Major Gerhard Engel, dem Heeresverbindungsoffizier bei Hitler, ist zu entnehmen, dass dieser erstmals im Mai 1940 von der Existenz von »Zigeunern« in der Wehrmacht erfuhr. Über diese Nachricht sichtlich erregt, kündigte Hitler im Beisein Engels an, darüber mit dem Oberkommando der Wehrmacht sprechen zu wollen; denn schließlich seien »Zigeuner« »artfremd« und daher »in gleicher Weise wie Juden zu behandeln«.[4]

Am 11. Februar 1941 erinnerte eine Allgemeine Heeresmitteilung zunächst an bereits im November 1937 erlassene

Richtlinien. Diese hatten »vollblütige Zigeuner« und Personen mit »besonders auffälligem Einschlag von Zigeunerblut« als für die Ableistung des aktiven Wehrdienstes nicht geeignet bezeichnet und der Ersatzreserve II zugewiesen. Diese Richtlinien seien offensichtlich nicht genügend beachtet worden, weshalb man im Heer befindliche »Zigeuner« zum Teil ausgezeichnet oder für Auszeichnungen vorgeschlagen habe. Das Oberkommando der Wehrmacht befahl, noch im Wehrdienst stehende »Zigeuner« unverzüglich wegen »mangelnder Eignung« zu entlassen. Neueinstellungen selbst von freiwilligen »Zigeunern« seien unzulässig. Noch ausstehende Auszeichnungen für »Zigeuner« müssten unterbunden werden. Auch diese Anordnung fand bei den an der Front kämpfenden Einheiten zunächst wohl nur wenig Beachtung. Im Oktober 1941 erwähnte Heydrich in einem Gespräch mit Hitler erneut in der Wehrmacht vorhandene »Zigeuner«. Das Oberkommando der Wehrmacht sah sich am 10. Juli 1942 veranlasst, seine Anordnung aus dem Vorjahr zu wiederholen. Erst jetzt erfolgte die Entlassung in der Wehrmacht befindlicher und teilweise noch an der Front kämpfender »Zigeuner«. Auf Heimaturlaub befindliche »Zigeuner« wurden verhaftet und in das »Zigeunerlager« im KZ Auschwitz-Birkenau gebracht.

Ein am 16. Mai 1944 unternommener Versuch, die zu diesem Zeitpunkt im Lager befindlichen 6500 »Zigeuner« in den Gaskammern zu liquidieren, scheiterte an der überraschenden Gegenwehr der Betroffenen. Diese wussten, was sie erwartete, und weigerten sich deshalb, ihre Baracken zu verlassen. Außerdem hatten sie sich mit Schaufeln, Brechstangen und Steinen bewaffnet. Höß schrieb später, es sei nicht leicht gewesen, die sich sträubenden »Zigeuner« in die Gaskammern hineinzubekommen. Um eine verlustreiche Konfrontation zu vermeiden, verlegte man daher zunächst schrittweise die arbeitsfähigen Häftlinge in andere Konzentrationslager, wo sie zumeist bei harten Zwangsarbeiten in der Rüstungsproduktion den Tod fanden. So gelangten am 23. Mai 1944 mehr als 1400 »Zigeuner« zunächst in das Stammlager Auschwitz I. Von dort wurden sie auf andere KZ verteilt. Eine größere Zahl von ihnen wurde in das KZ Buchenwald überführt. Von den im »Zigeunerlager« in Auschwitz übrigen 3000 bis 4000 Frauen, Kindern und älteren Männern konnte kein wirksamer Widerstand mehr ausgehen. Am 2. August wurden die im »Zigeunerlager« Verbliebenen in den Gaskammern ermordet. Am Morgen des folgenden Tages liquidierten die Angehörigen der SS-Wachmannschaft schließlich die wenigen »Zigeuner«, die sich noch irgendwo im Lager versteckt gehalten hatten. Im September 1944 schickte das KZ Buchenwald 1000 »Zigeuner«, darunter Frauen, Jungen und Männer, die als nicht mehr arbeitsfähig galten, zurück nach Auschwitz. Dort wurden sie im Oktober in den Gaskammern ermordet.

Von den in Auschwitz-Birkenau eingesperrten 23 000 »Zigeunern« aus elf europäischen Ländern, davon 13 000 aus dem »Altreich« und der »Ostmark«, fanden 20 078 den Tod. Ungefähr 6500 »Zigeuner« wurden in mobilen Gaskammern auf Fahrzeugen ermordet, und weitere 16 600 starben durch die in den Lagern herrschenden Zustände – zumeist an Hunger oder Seuchen. Polnische Schätzungen gehen davon aus, dass die Deutschen im Generalgouvernement weitaus mehr »Zigeuner« erschossen, als in den KZ oder Vernichtungsstätten ums Leben kamen. Außerdem fanden Tausende »Zigeuner« in den von Deutschland eroberten Ländern Westeuropas ebenso den Tod wie in den mit Deutschland verbündeten Ländern Osteuropas. Die Gesamtzahl der in Europa während der NS-Zeit ermordeten »Zigeuner« lässt sich nicht mehr genau ermitteln, sie dürfte wohl zwischen 250 000 und 500 000 liegen. Auch die Zahl der noch während der letzten beiden Kriegsjahre innerhalb und außerhalb der KZ zwangssterilisierten »Zigeuner« bleibt offen.

## 6.2 Bundesrepublik: Späte Rehabilitierung und Entschädigung

### *6.2.1 Rassisch verfolgt oder »kriminell« und »asozial«?*

Am Ende des Zweiten Weltkriegs gab es praktisch keine deutsche »Zigeunerfamilie«, die nicht Opfer der nationalsozialistischen Mordaktion zu beklagen hatte. Nach ihrer Befreiung aus KZ und Zwangslagern suchten die durch Verfolgung und Haft traumatisierten sowie häufig kranken Überlebenden zumeist jene Orte auf, aus denen sie ausgewiesen worden waren und an denen sie noch Verwandte anzutreffen hofften. Dort erhielten sie wie andere NS-Verfolgte die Hilfsmaßnahmen der dazu auf kommunaler und regionaler Ebene auf Weisung der Alliierten in den vier Besatzungszonen zugelassenen Ausschüsse für die »Opfer des Faschismus« (OdF). Bei diesen Leistungen handelte es sich zumeist um Lebensmittelzuteilungen, Bekleidung, Überlassung von Wohnraum, ärztliche Behandlung und die Zuweisung von Arbeit.

Einige »Zigeuner« erwarben wieder Wohnwagen, um ihren früheren Lebensgewohnheiten nachzugehen. Schon bald stießen sie erneut auf traditionelle antiziganistische Vorurteile und die abweisende Haltung der Behörden. Viele »Zigeuner« hatten Schwierigkeiten, Ausweispapiere zu erhalten, weil dafür ein Nachweis der deutschen Staatsangehörigkeit erforderlich war. In den für ihre Anliegen zuständigen Abteilungen der Innenministerien der Länder und der Polizeidienststellen saßen nicht selten Beamte, die dort bereits während der NS-Zeit tätig gewesen waren. In einigen Ländern wie in Bayern und Hessen galten zudem noch Erlasse und Gesetze zur »Bekämpfung der Zigeunerplage« aus der Zeit vor 1933, auf die zurückgegriffen wurde, bis die jeweilige Besatzungsmacht sie aufhob. Manche Kommunen suchten eine Sesshaftwerdung von »Zigeunern« zu unterbinden oder wenigstens zu erschweren, indem sie ihnen an die nationalsozialistischen Zwangslager erinnernde Notbaracken oder schadhafte Behelfswohnungen zuwiesen. Verlorenen Besitz zurückzuerlangen erwies sich zumeist als unmöglich. Ferner schränkten einige Städte und Landkreise die Bewegungsfreiheit der »Zigeuner« ein, verdrängten diese erneut auf Plätze am Rand der Städte und verhinderten eine Erwerbstätigkeit.

Der Publizist und Soziologe Eugen Kogon hatte als Gegner des Nationalsozialismus mehrere Jahre im KZ Buchenwald verbringen müssen. In seinem Buch über den SS-Staat bezeichnete er 1946 die an den »Zigeunern« begangenen Verbrechen als eine Folge nationalsozialistischer Rassenpolitik. Seine Sichtweise wurde jedoch im Nachkriegsdeutschland keineswegs geteilt, vielmehr empfanden viele Zeitgenossen die von den Nationalsozialisten gegen »Zigeuner« getroffenen Maßnahmen weiterhin als eine Art Verbrechensvorbeugung. »Weite Kreise der Öffentlichkeit rechneten die ›Zigeuner‹ den ›Asozialen‹ zu.« (Gilad Margalit) Die Alliierten sahen die »Zigeuner« zwar als rassisch Verfolgte, versäumten jedoch – von einzelnen Schritten abgesehen –, den ihnen unterstellten deutschen Behörden gemeinsam entsprechende Anweisungen zu erteilen. Alliierte Programme zur Rehabilitierung oder Integration der »Zigeuner« in die Gesellschaft gab es nicht.

Ein erster Entwurf für Förderrichtlinien der vom Berliner Senat eingerichteten »Abteilung für die Opfer des Faschismus« führte bezeichnenderweise aus: »Da die Zigeuner im Zuge von Aktionen gegen asoziale Elemente verhaftet wurden, können sie nicht als politisch oder rassisch Verfolgte angesehen werden.« Vor allem aber hatten aus Sicht der politischen und vielleicht auch mancher jüdischen Verfolgten eben keineswegs rassische Gründe, sondern der »asoziale Charakter« und die »kriminelle Neigung« der »Zigeuner« zu deren Verfolgung und Verhaftung geführt. In den schließlich im Mai 1946 in der SBZ verabschiedeten Richtlinien für die Anerkennung als OdF hieß es allerdings: »Jeder Zigeuner, der aus rassischen Gründen oder auf Grund einer antifaschistischen Tätigkeit verhaftet wurde, kann als Opfer des Faschismus anerkannt werden.« Einer solchen Anerkennung standen jedoch häufig fehlende Papiere über eine KZ-Haft – das bloße Vorzeigen einer im KZ eintätowierten Häftlingsnummer reichte nicht aus – ebenso im Weg wie traditionelle Vorurteile. Um Leistungen als NS-Verfolgte zu erhalten, mussten »Zigeuner« nachweisen, dass sie »wegen ihrer Abstammung« statt als »arbeitsscheu« in Haft geraten waren, jetzt über einen festen Wohnsitz verfügten und einer Beschäftigung nachgingen.

Ihr oft langjähriger Aufenthalt in Zwangslagern – wie etwa in Marzahn – galt nicht als Haft. In der SBZ und später in der DDR entschieden zum einen die Einstufung als ehemaliger »Kämpfer gegen den Faschismus« und zum anderen die »überzeugende Mitwirkung am Aufbau der neuen sozialistischen Gesellschaft« über die Höhe der Sozialhilfe und einer späteren »Ehrenrente«. Die »Zigeuner« waren jedoch nur selten wegen politischen Widerstands, sondern vielmehr wegen ihres dem deutschen Blut gefährlichen »fremdartigen Blutes«, also eindeutig aus rassenpolitischen Gründen, in die KZ gekommen. Nach der Verordnung vom Februar 1950 fanden »Zigeuner« dann Anerkennung als VdN, wenn sie wegen ihrer Abstammung in Haft geraten, nach 1945 vom zuständigen Arbeitsamt erfasst worden waren und sich »eine antifaschistisch-demokratische Haltung« bewahrt hatten. Eine Anerkennung führte zu verbesserten Altersrenten. Nach einer Statistik aus dem Jahr 1966 befanden sich unter den über 60 000 VdN in der DDR aber lediglich 177 »Zigeuner«. (Christoph Hölscher)

Auch die US-amerikanische Besatzungsmacht sah »Zigeuner« als rassisch Verfolgte an. Doch sie überließ, ähnlich wie Großbritannien und Frankreich, deren Anerkennung als NS-Verfolgte den deutschen Verwaltungsstellen in ihrer Besatzungszone. Im Gegensatz zu den politisch Verfolgten und den Juden gelang es den »Zigeunern« wegen ihrer Heterogenität und ihrer geringen Zahl nicht, eine Interessensvertretung zu bilden. Ein 1946 in München gegründetes »Komitee Deutscher Zigeuner« hatte sich bereits im gleichen Jahr wieder aufgelöst. Die Verbrechen an dieser Minderheit erhielten wohl auch deshalb keine öffentliche Aufmerksamkeit, weil sie vor dem Internationalen Militärgerichtshof in Nürnberg nicht verhandelt worden waren. Und dass sie »Zigeuner« weiterhin ablehnten, offenbarten beispielsweise mehrere zu den politisch Verfolgten gehörende Vorsitzende hessischer Betreuungsstellen für NS-Verfolgte. Sie teilten dem Hessischen Innenministerium mit: »Asoziale und kriminelle Elemente schädigen unser Ansehen. Wir haben es nicht verdient, dass man uns in einem Atemzug mit diesen Elementen nennt.« Im Stuttgarter Länderrat diskutierten die Vertreter der Länder der amerikanischen Besatzungszone auf Anregung der Besatzungsmacht über Entschädigungsansprüche für NS-Verfolgte. Dabei äußerten die Vertreter der politisch Verfolgten Bedenken, in künftige Entschädigungsgesetze auch »Asoziale« einzubeziehen. Damit meinten sie die »Zigeuner«, die in den KZ ein schwarzer Winkel an der gestreiften Häftlingskleidung als »Asoziale« oder ein grüner Winkel als »Kriminelle« kenntlich gemacht hatte. Eine Anerkennung der »Zigeuner« als NS-Verfolgte schien für die Mehrheit der politischen Gefangenen ihr eigenes Ansehen in der Gesellschaft zu gefährden. Das in der amerikanischen Besatzungszone vorgelegte USEG, das die Gesetzgebung zu Entschädigungen der Bundesrepublik künftig weitgehend bestimmen sollte, berücksichtigte »Zigeuner« nicht als NS-Verfolgte.

Dasselbe galt für das bereits erwähnte BEG von 1953. Ein an den Vorgesprächen zu diesem Gesetz beteiligter Beamter aus dem Bundesministerium für Justiz berichtete, dass politisch Verfolgte nicht zusammen mit »Asozialen« oder »Kriminellen« in einem Gesetz hätten genannt werden wollen. Das BEG begrenzte 1956 den Anspruch auf Entschädigung auf Verfolgte des NS-Regimes, und damals galten lediglich Juden als solche. Ein zum Gesetz erschienener Kommentar führte aus: »Die Zigeuner wurden seit jeher von den westlichen Kulturvölkern als Landplage empfunden. Es kann nicht behauptet werden, dass Maßnahmen gegen sie in der Zeit vor 1933 eine rassische Verfolgung sind. Die den Zigeunern eigenen Eigenschaften (Asozialität, Kriminalität, Wandertrieb) gaben Anlass zu ihrer Bekämpfung.« Der Kommentar sah deshalb sämtliche vor dem 8. Dezember 1942 / Januar 1943 – also vor dem »Auschwitz-Erlass« Himmlers – gegen »Zigeuner« ergriffene Maßnahmen als rein kriminalpolitisch begründet an. Alle vor diesem Datum in Haft geratenen »Zigeuner« seien als »Asoziale« festgenommen worden. Die mangelnde Bereitschaft der Rechtsprechung, »Zigeuner« in die Opfergruppe der rassisch Verfolgten einzuordnen, verdeutlichte der Kommentar mit einem Hinweis auf ein Urteil des Oberlandesgerichts München. Die Urteilsbegründung des OLG enthielt den Satz: »Auch Sterilisierungen, die nicht wegen der Zugehörigkeit zu einer bestimmten Rasse, wie besonders häufig bei Zigeunern, sondern aus erbbiologischen Gründen durchgeführt wurden, sind keine rassischen Verfolgungsmaßnahmen, auch wenn sie zur Reinerhaltung der Rasse von fehlerhaften Erbanlagen durchgeführt wurden.«[5]

Die »Reinerhaltung der Rasse« als das wesentliche Ziel des rassenpolitischen Programms Hitlers zu erkennen und entsprechend zu bewerten, fiel den Richtern also nicht nur bei Zwangssterilisierten und »Euthanasie«-Geschädigten, sondern auch bei »Zigeunern« schwer. Eine erneute oder nachträgliche Lektüre der Bemerkungen Hitlers zur »Reinerhaltung des Blutes« und zum daher aus seiner Sicht erforderlichen Vorgehen gegen »Fremdrassige« in *Mein Kampf* hätte ihnen bei der Urteilsfindung gewiss helfen können. Doch scheuten sich viele Richter vor allem, »Zigeuner« auf eine Stufe mit den eindeutig aus rassischen Gründen verfolgten Juden zu stellen. Und das Bundesministerium der Finanzen hatte kein Interesse daran, den Haushalt des Bundes mit Ansprüchen weiterer NS-Verfolgter auf Entschädigung zu belasten. Die Geschichtswissenschaft vermochte zu diesem Zeitpunkt noch keine Forschungsergebnisse zu den rassischen Gründen der Verfolgung der »Zigeuner« vorzulegen, welche die Bundesregierung oder den Bundestag zu einer Änderung des Entschädigungskurses hätten veranlassen können.

Schlimmer noch: Ein Grundsatzurteil des IV. Zivilsenats des Bundesgerichtshofs vom 7. Januar 1956 festigte noch die bisherige Haltung gegenüber »Zigeunern«. Das Gericht unterstrich seine Auffassung mit dem Hinweis, »Zigeuner« neigten, wie die Erfahrung zeige, »zur Kriminalität und besonders zu Diebstählen und zu Betrügereien«. Sie besäßen keine Achtung vor fremdem Eigentum, weil ihnen »wie primitiven Urmenschen ein ungehemmter Okkupationstrieb zu eigen ist«. Die in den ersten Jahren vom NS-Staat gegen »Zigeuner« getroffenen Maßnahmen hätten sich »noch im Rahmen polizeilicher Vorbeugungs- und Sicherungsmaßnahmen« bewegt. Erst mit dem »Auschwitz-Erlass« habe die Deportation der »Zigeuner« und ihre Vernichtung aus rassischen Gründen eingesetzt. Erst 2015 distanzierte sich die Präsidentin des BGH, Bettina Limperg, mit deutlichen Worten von diesem Urteil.

Der Historiker Hans Buchheim vom Institut für Zeitgeschichte in München verfasste 1958 ein Gutachten für die Gerichte, die sich damit befassen mussten, wann die Verfolgung von »Zigeunern« aus rassischen Gründen begonnen hatte. Buchheim legte diesen Anfang bereits auf das Datum des Runderlasses Himmlers vom Dezember 1938. Sein Gutachten, das sich allerdings damals nur auf wenige Dokumente stützen konnte, wurde in juristischen Kreisen praktisch nicht zur Kenntnis genommen. Ende 1962 stieß jedoch Franz Calvelli-Adorno, der Präsident der Zweiten Kammer des Oberlandesgerichts in Frankfurt, mit einem Artikel in der Zeitschrift *Rechtsprechung zum Wiedergutmachungsrecht* eine Änderung der bisherigen Rechtsprechung an. Sein Aufsatz trug den programmatischen Titel: »Die rassische Verfolgung der Zigeuner vor dem 1. März 1943«. Der Jurist sah – wie zuvor schon Buchheim – den Runderlass Himmlers vom Dezember 1938 als den eigentlichen Beginn der rassischen Verfolgung der »Zigeuner« an.

Ende 1963 räumten die Richter des BGH schließlich ein, dass für die Verfolgung von »Zigeunern« schon vor 1943 »rassepolitische Gründe mit ursächlich« gewesen seien, und der Anfangszeitpunkt der kollektiven Verfolgung von »Zigeunern« wurde auf das Jahr 1938 vorverlegt. Das »BEG-Schlussgesetz« vom 14. September 1965 enthielt den Satz: »Zigeuner, deren Entschädigungsanspruch für die zwischen 1938 und 1943 erlittene Verfolgung aufgrund des BGH-Urteils von 1956 rechtskräftig abgelehnt worden ist, können eine Wiederaufnahme des Verfahrens beantragen.« Die Antragsfrist betrug allerdings nur ein knappes Jahr, und die negativen Erfahrungen mit abgelehnten Anträgen hielten viele »Zigeuner« wohl von einer erneuten Antragsstellung ab. Obschon eine Mehrheit der »Zigeuner« in der

Bundesrepublik letztlich eine – wenn zumeist auch geringe – Entschädigung erhalten sollte, empfanden sie angesichts der ausstehenden Rehabilitierung als rassenpolitische Opfer des Nationalsozialismus den Umgang mit ihnen als eine Art »zweiter Verfolgung«. Den »Zigeunern«, denen der NS-Staat die deutsche Staatsbürgerschaft aberkannt hatte, verweigerten die westdeutschen Behörden noch jahrelang deren Rückgabe.

### *6.2.2 Eigeninitiative und Rehabilitierung*

In den 1970er Jahren entwickelte sich im Rahmen gesellschaftlicher Veränderungen die Bürgerrechtsbewegung, die auch den »Zigeunern« Anregungen für eine effektive Selbstorganisation gab. Eine besondere Rolle spielten dabei die Sinti-Brüder Vinzenz und Oskar Rose. Nachdem ihre Eltern und weitere Familienmitglieder in Auschwitz und anderen KZ ermordet worden waren, glückte Vinzenz mithilfe Oskars die Flucht aus dem KZ-Außenlager Neckarelz. Beide konnten sich bis zum Kriegsende in Bayern versteckt halten. In den 1950er Jahren versuchten die Brüder, die Sinti in Westdeutschland zu organisieren. Sie gründeten 1956 den »Verband rassisch Verfolgter nichtjüdischen Glaubens«, der sich allerdings schon bald wieder auflöste. Oskar Rose finanzierte einen Privatdetektiv, dem es gelang, den ehemaligen Leiter des RHF, Robert Ritter, aufzuspüren. Im Ermittlungsverfahren gegen Ritter sagten beide Brüder aus. Das Verfahren wurde allerdings schnell eingestellt, zumal der Frankfurter Oberstaatsanwalt Hans-Krafft Kosterlitz bezweifelte, »ob und inwieweit überhaupt Aussagen von Zigeunern zur Grundlage richterlicher Überzeugungen gemacht werden können«. (Michael Schmidt-Degenhard)

1971 gründete Vinzenz Rose das »Zentralkomitee der Sinti Westdeutschlands«, das in »Verband der Sinti Deutschlands« umbenannt wurde. 1972 veranstaltete der Verband in Heidelberg eine erste Protestdemonstration, nachdem der Sinto Anton Lehmann dort bei einer Razzia von der Polizei erschossen worden war. 1974 finanzierte Vinzenz Rose aus privaten Mitteln das weltweit erste Mahnmal für Sinti und Roma auf dem Gelände des früheren »Zigeunerlagers« Auschwitz. 1978 veröffentlichte Romani Rose, der Sohn des 1968 verstorbenen Oskar Rose, die Schrift *Bürgerrechte für Sinti und Roma. Das Buch zum Rassismus in Deutschland.* Bewusst ersetzte Romani Rose darin die klischeehafte und vorurteilsbeladene Bezeichnung ›Zigeuner‹ durch die Eigenbezeichnung ›Sinti und Roma‹, die sich schließlich auch im Sprachgebrauch der Bundesrepublik durchsetzen sollte. Die Schrift berichtete von der rassischen Verfolgung der Sinti während der NS-Zeit und wies mit überzeugenden Beispielen auf die diskriminierende Behandlung ihrer Anträge auf Entschädigung in der Bundesrepublik hin. Doch diese Aktivitäten fanden in der deutschen Öffentlichkeit, bei Parteien und den Kirchen zunächst nur wenig Beachtung. Um die bisherige Fragmentierung zu überwinden und Forderungen nach einer globalen Entschädigung nach dem Muster der jüdischen Opfergruppe besser vorbringen zu können, gründete der 2. Welt-Roma-Kongress 1978 in Genf die »International Roma Union«. Diese fand als Vertretung einer eigenständigen Minderheit die Anerkennung der Vereinten Nationen. Sie wurde 1979 als »Nichtregierungsorganisation« Mitglied in deren Wirtschafts- und Sozialrat und erhielt in der UNESCO beratenden Status.

In der Fragestunde des Bundestages am 2. März 1979 wollte mit Volkmar Kretkowski (SPD) erstmals ein Abgeordneter des Deutschen Bundestages wissen, was die Bundesregierungen seit Ende des Krieges »hinsichtlich Leiden der ›Zigeuner‹ im ›Dritten Reich‹ zur Wiedergutmachung (nicht nur in materieller Form)« getan hätten. Der Parlamentarische Staatssekretär im Bundesministerium der Finanzen, Karl Haehser (SPD), hob in seiner Antwort zunächst hervor, dass alle bisherigen Bundesregierungen Wiedergutmachung »als eine moralische und politische Aufgabe allerersten Ranges« angesehen hätten. Aus dem »Kernstück der Wiedergutmachung«, dem BEG, würden »Zigeuner«, die Haehser jetzt ausdrücklich neben den jüdischen Verfolgten zu den »aus rassischen Gründen Geschädigten« zählte, die vorgesehenen Entschädigungsleistungen erhalten. Bei den übrigen Entschädigungsleistungen würden sie wie sonstige Verfolgte des NS-Regimes behandelt und die jeweiligen vollen Wiedergutmachungsleistungen bekommen. Diese vollmundigen Aussagen entsprachen allerdings – wie die Bunderegierung nur zwei Jahre später einräumen musste – keineswegs der Realität.

Der Parlamentarische Staatssekretär des Bundesministeriums für Jugend, Familie und Gesundheit Karl Fred Zander (SPD) wies in seiner Antwort auf Kretkowskis Frage zunächst darauf hin, dass »Zigeuner« in der Bundesrepublik über keinen Sonderstatus als Minderheit im Sinne des Völkerrechts verfügten. Als deutsche Staatsangehörige besäßen sie jedoch die gleichen Rechte und Pflichten wie jeder Deutsche. Soziale Maßnahmen würden ihnen, soweit sie notwendig seien, mit dem Ziel gewährt, »die wirtschaftliche und soziale Lage abzusichern, ohne die Eigenständigkeit dieser Personengruppe zu beeinträchtigen«. Zander erwähnte, dass die Bundesregierung drei Forschungsvorhaben vorantreibe: eine inzwischen abgeschlossene Literaturanalyse, eine Erfassung der sozialen Situation der »Zigeuner« und eine Prüfung der Wirksamkeit der bisher gewährten Hilfen. Nach dem 1980 zu erwartenden Abschluss der Studien sei ein genereller Überblick über die »soziale Situation der ›Zigeuner‹ und anderer Landfahrer« in der Bundesrepublik möglich. Schließlich wies er noch auf das laufende Modellvorhaben einer »Zigeunersiedlung« in Köln-Thenhoven hin. Gespräche zur Weiterentwicklung von Hilfsmaßnahmen für »Zigeuner« seien Gegenstand von Erörterungen in Fachgremien und mit »Zigeunervertretern«.

Im September 1979 erregte ein von Tilman Zülch, dem Gründer der »Gesellschaft für bedrohte Völker«, herausgegebener Sammelband Aufmerksamkeit. Das Buch trug mit Absicht den provozierenden Titel: *In Auschwitz vergast, bis heute verfolgt*. Es wies sowohl auf die Verfolgung der »Zigeuner« in der NS-Zeit als auch auf deren durch Bildungsdefizite und hohe Arbeitslosigkeit verursachte schwierige Lage in der Bundesrepublik hin. Die Bundesregierung ergriff daraufhin verschiedene Maßnahmen zur Milderung oder Beseitigung der angesprochenen Defizite, um »Zigeunern« die Integration in die Gesellschaft zu erleichtern. Den während der NS-Zeit schulpflichtigen Kindern von »Zigeunern« hätten eigentlich Entschädigungen wegen eines »Ausbildungsschadens« zugestanden. Doch die gestellten Anträge hatten die Behörden abgelehnt. Im Kontext der

Überlegungen, wie man die schulische Bildung von »Zigeunerkindern« in der Bundesrepublik fördern könne, äußerte sich erstmals ein Vertreter der Bundesregierung zum Schicksal der »Zigeuner« in der NS-Zeit. Am 10. Oktober 1979 räumte der Parlamentarische Staatssekretär im Bundesministerium für Bildung und Wissenschaft, Björn Engholm (SPD), im Bundestag ein, dass »den Zigeunern in der Phase des Nationalsozialismus bitteres Unrecht zugefügt worden ist«.

Einige der aktiven Vertreter der Minderheit unter Führung von Romani Rose hatten inzwischen erkannt, dass sie ihre Bemühungen um eine Anerkennung als rassisch Verfolgte und eine bessere finanzielle Entschädigung selbst energischer vorantreiben mussten. Deshalb suchte der Verband Deutscher Sinti zusammen mit der Romani-Union und mithilfe der Gesellschaft für bedrohte Völker die Medien für die Unterstützung ihrer Ziele zu gewinnen. Am 27. Oktober 1979 organisierten sie im ehemaligen KZ Bergen-Belsen eine internationale Kundgebung mit 2000 Teilnehmern. An dieser Kundgebung nahmen 500 Sinti und Roma aus zwölf europäischen Staaten, Vertreter anderer NS-Opfergruppen und nationale wie internationale Politiker teil. Als besonders medienwirksam erwies sich die Rede der damaligen Vizepräsidentin des Europäischen Parlaments Simone Veil. Die französische Jüdin war zusammen mit ihrer Mutter und Schwester von Paris nach Auschwitz deportiert worden. Ihr Vater und ein Bruder waren bei der Deportation nach Litauen umgekommen. Veil hatte den Todesmarsch von Auschwitz zum KZ Bergen-Belsen überlebt, wo ihre Mutter an Typhus verstarb. Den Kampf der Sinti und Roma um Anerkennung als Opfer der NS-Rassenpolitik bezeichnete sie in ihrer Rede als fundamentalen Kampf für die Menschenrechte. Großes Echo fand zudem in der Öffentlichkeit ein Hungerstreik von zwölf Sinti und Roma an Ostern 1980 in der Gedenkstätte auf dem Gelände des ehemaligen KZ Dachau. Er wurde nach sieben Tagen wohl auch deshalb abgebrochen, weil der damalige Bundesjustizminister Hans-Jochen Vogel (SPD) nach Dachau reiste und dort seine Unterstützung für den Kampf der Sinti und Roma gegen Diskriminierung und Vorurteile zum Ausdruck brachte. Im folgenden Jahr besetzten einige Sinti das Universitätsarchiv in Tübingen, in dem Akten der RHF Ritters lagerten. Mit dieser öffentlichkeitswirksamen Aktion erreichten sie die Sicherung und Übergabe dieses Materials an das Bundesarchiv in Koblenz.

Im August 1981 erließ die Bundesregierung »Richtlinien für die Vergabe von Mitteln an Verfolgte nicht-jüdischer Abstammung zur Abgeltung von Härten in Einzelfällen im Rahmen der Wiedergutmachung«. Das Bundesministerium der Finanzen erhielt einen Wiedergutmachungs-Dispositions-Fonds von 20 Millionen DM, der in bestimmten Fällen die Zahlung laufender Beihilfen ermöglichen sollte. Die Bearbeitung von Anträgen nach der Härteregelung übernahm das Regierungspräsidium Köln, dem dafür 80 Millionen DM zur Verfügung standen. Auch »Zigeuner« konnten erneut Anträge stellen und bei überzeugendem Nachweis einer Notlage eine einmalige Beihilfe von bis zu 5000 DM erhalten. Allerdings bezweifelte das Kölner Regierungspräsidium noch 1985, dass »Sinti einer Verfolgung aus rassischen Gründen überhaupt ausgesetzt« gewesen seien. Es bedurfte erst einer Demonstration von Sinti vor dem Regierungspräsidium, um ein Einlenken herbeizuführen. Allerdings wurden etwa 60 Prozent der Anträge von »Zigeunern« aus verschiedenen Gründen abgelehnt; zudem war die Frist für die Antragsstellung nur kurz bemessen. Außerdem war eine Reihe derjenigen, deren Entschädigungsanträge in den vergangenen Jahrzehnten gescheitert waren, inzwischen bereits verstorben. 1981 sorgte die Gesellschaft für bedrohte Völker für die deutsche Übersetzung eines bereits zehn Jahre zuvor in englischer Sprache erschienenen Buches über das Schicksal der »Zigeuner« Europas. Auch dessen Autoren Donald Kenrick und Grattan Paxton bezeichneten das Vorgehen des NS-Staats gegen die »Zigeuner« ausdrücklich als einen Bestandteil der nationalsozialistischen Rassenpolitik.

Im Februar 1982 bildete sich mit Unterstützung der Gesellschaft für bedrohte Völker und wohl nach dem Vorbild des Zentralrats der Juden in Deutschland der »Zentralrat Deutscher Sinti und Roma«. Er umfasste 16 regionale sowie überregionale Sinti- und Roma-Vereinigungen. Der Zentralrat setzte sich zum Ziel, sowohl die Entschädigungsfrage voranzutreiben als auch die prekäre Lage der Sinti und Roma zu verbessern. Bisher war häufig noch – wenn wohl auch zumeist nicht mehr in diskriminierender Absicht – das Wort »Zigeuner« genutzt worden. Zunehmend setzte sich jetzt für diesen nicht erst seit der NS-Zeit negativ belegten Begriff die Bezeichnung Sinti und Roma durch. Die Zahl der in Deutschland lebenden Sinti schätzte die Bundesregierung zu dieser Zeit auf 30 000, die der Roma auf 15 000 Personen. Am 17. März 1982 empfing Bundeskanzler Helmut Schmidt (SPD) eine Delegation des neuen Zentralrats. Bei dieser Gelegenheit gab er zu Protokoll: Sinti und Roma sei durch die NS-Diktatur schweres Unrecht angetan worden, und er stellte ausdrücklich fest, dass diese aus rassischen Gründen verfolgt worden seien. Schmidts eindeutige Einstufung der Sinti und Roma als rassisch Verfolgte erhielt noch größeres Gewicht, weil der Bundeskanzler die an ihnen begangenen NS-Verbrechen als Völkermord bezeichnete.

Im August 1982 stellten die Fraktionen der Regierungsparteien SPD und FDP eine Große Anfrage an die Bundesregierung zur »Lage und Forderungen der Sinti, Roma und verwandter Gruppen«. In ihrer Antwort bestätigte die Bundesregierung die Aussagen von Bundeskanzler Schmidt zur Verfolgung von Sinti und Roma aus rassischen Gründen sowie die Einstufung dieser Verbrechen als Völkermord. Sinti und Roma, so betonte die Bundesregierung, hätten bei Einhaltung der gesetzlichen Anmeldefristen die ihnen nach dem »BEG-Schlussgesetz« zustehenden Entschädigungsleistungen erhalten können. Dass dies jedoch nicht in ausreichendem Maße geschehen sei, sei auch den Sinti und Roma selbst zuzuschreiben. So seien Entschädigungsleistungen von »Zigeunern« oft gar »nicht oder nicht rechtzeitig angemeldet« worden, wohl – so nahm die Bundesregierung an – weil deren »besondere Lebensweise und die Ungeübtheit in Verwaltungsangelegenheiten« dies erschwert hätten. Die Bundesregierung räumte außerdem ein, dass eine Durchsetzung der Ansprüche auf Wiedergutmachung in der Praxis aufgrund der Rechtsprechung des BGH zumindest bis 1963 schwierig gewesen sei. Nach dem 31. Dezember 1969 habe allerdings keine Antragsmöglichkeit nach dem Entschädigungsgesetz mehr bestanden. Eine Aufstellung über die Zahl der Fälle und die Höhe der an Sinti und Roma tatsächlich gezahlten Entschädigungsleistungen sei nicht vorhanden. Abschließend wies die Bundesregierung auf eine mögliche Härtebeihilfe nach den »Richtlinien für Verfolgte nichtjüdischer Abstammung« vom August 1981 hin.

Bei den Wahlen im März 1983 kam erstmals die Partei Die Grünen in den Bundestag, die sich künftig besonders der Probleme der Sinti und Roma annahm. Im September des folgenden Jahres stellte sie an die von CDU/CSU und FDP gebildete Bundesregierung ebenfalls eine Große Anfrage zu »Lage und Forderungen der Sinti, Roma und verwandter Gruppen«. Die Fraktion der SPD stellte einen Antrag zur »Verbesserung der Situation der Sinti und Roma«, dem die Koalitionspartner CDU/CSU und FDP mit einem Antrag zur »Lage der Sinti, Roma und verwandter Gruppen« folgten. Inhaltlich unterschieden sich die Vorschläge der Parteien kaum, zumal sie mehr auf die Verbesserung der aktuellen Lage der Sinti und Roma abhoben als auf weitere Entschädigungen. Die Anfrage der Fraktion Die Grünen beantwortete die Bundesregierung Anfang Mai 1985. Sie wiederholte, dass das den Sinti und Roma zugefügte Unrecht als Völkermord zu beurteilen sei und gab die erwünschte Auskunft über den Verbleib der Akten der RHF. Sodann zählte sie ausführlich die bereits in Angriff genommenen und die geplanten Maßnahmen zur Verbesserung der Unterbringung, Ausbildung, Gesundheit und Sozialfürsorge für Sinti und Roma auf. Deren Anerkennung als deutsche Volksgruppe nach dem Vorbild der dänischen Minderheit in Schleswig-Holstein lehnte die Bundesregierung allerdings ebenso ab wie eine Verwaltung finanzieller Hilfsmittel durch eine eigene Organisation der Betroffenen nach dem Vorbild der JCC.

In seiner Rede zum 40. Jahrestag des Endes des Zweiten Weltkriegs am 8. Mai 1985 gedachte Bundespräsident von Weizsäcker auch der Sinti und Roma, die in den KZ ermordet worden waren. Die darin geäußerte Bestätigung, dass diese Verfolgung rassenpolitisch motiviert gewesen war, »kam insofern einer Rehabilitierung von Sinti und Roma gleich, als sie die Verfolgungsgründe von den Stereotypen der Kriminalität und Asozialität abkoppelte«, schreibt Yvonne Robel. Am 7. November 1985 debattierte der Bundestag über diese Minderheit. Bundeskanzler Kohl (CDU) eröffnete die Aussprache mit einem bemerkenswerten Eingeständnis: »In dieser Republik haben wir die Chance der Versöhnung mit denen gesucht, die unter der NS-Diktatur besonders gelitten haben. Im Vordergrund stand dabei die Aussöhnung mit den Juden und mit dem Staat Israel. Dafür, dass sie möglich wurde, sind wir dankbar. Aber, ich glaube, wir sollten uns auch eingestehen, dass nach 1945 den Sinti und Roma Solidarität keineswegs in gleichem Maß zuteilwurden.« Die Bundesregierung sei sich ihrer Verantwortung bewusst, sie führe Gespräche mit den Sinti und Roma. Zudem werde die Selbstorganisation, Selbsthilfe und eine soziale Beratungsstelle »für diese Gruppe unserer Bevölkerung« finanziell gefördert. Es gehe darum, den besonderen Anliegen der Sinti und Roma und verwandter Gruppen gerecht zu werden, »ohne die Behörden zu überfordern und ohne die Grenze zwischen Flexibilität und Bevorzugung zu überschreiten«.

In allen weiteren Wortbeiträgen erkannten Mitglieder der im Bundestag vertretenen Parteien die Sinti und Roma als Opfer des Nationalsozialismus mit dem gleichen Status wie die jüdischen Opfer an. Einigkeit bestand auch dahingehend, dass Sinti und Roma durch ihre erst spät erfolgte Anerkennung als NS-Verfolgte selbst in der Bundesrepublik noch Unrecht erlitten hätten. Im Oktober 1986 legte die Bundesregierung einen »Bericht über die Wiedergutmachung und Entschädigung für nationalsozialistisches Unrecht und über die Lage der Sinti, Roma und verwandter Gruppen« vor. Sie stellte fest, dass sich Sinti und Roma nach Kriegsende ausreichend über Entschädigungsleistungen informiert hätten und von diesen Leistungen in vergleichbarem Umfang wie andere NS-Verfolgte Gebrauch gemacht hätten. Der Abgeordnete der Partei Die Grünen, Ströbele, zeigte sich allerdings empört darüber, dass Sinti und Roma praktisch von den Zahlungen nach dem Entschädigungsgesetz ausgeschlossen gewesen seien.

Die erfolgreichen Aktivitäten der Gesellschaft für bedrohte Völker und des Zentralrats Deutscher Sinti und Roma in der Bundesrepublik veranlassten den in der DDR lebenden Journalisten Reimar Gilsenbach im März 1985 zu einer Eingabe an den DDR-Staatsratsvorsitzenden Honecker. Gilsenbach, der sich schon länger für die Sinti in diesem Teil Deutschlands einsetzte, regte an, in unmittelbarer Nähe des 1936 von den Nationalsozialisten eingerichteten »Rastplatzes« in Berlin-Marzahn ein Mahnmal für die dort festgesetzten Sinti aufzustellen. Er wies darauf hin, dass von Zwangslagern wie denen in Marzahn und in Magdeburg Sinti und Roma nach Auschwitz deportiert worden seien. Tatsächlich errichtete man im folgenden Jahr immerhin einen Gedenkstein auf dem Parkfriedhof in Marzahn.

Die friedliche Revolution und die folgende Vereinigung der beiden Teile Deutschlands gaben den Anstoß zu einer erneuten Beschäftigung mit dieser Opfergruppe der NS-

Rassenpolitik. Jetzt akzeptierte die Bundesregierung die früheren Forderungen der Sinti und Roma nach globaler Entschädigung zusätzlich zu individuellen Entschädigungsleistungen. Das »Entschädigungsrentengesetz« vom Mai 1992 sicherte gesetzliche Leistungen für Sinti und Roma mit Wohnsitz in den neuen Bundesländern. Außerdem erklärte sich die Bundesregierung bereit, die Errichtung eines Dokumentations- und Kulturzentrums für Sinti und Roma zu finanzieren.

1994 erinnerte der Bundesrat in seiner letzten Jahressitzung vor Weihnachten mit einer Schweigeminute und einer Rede des amtierenden Bundesratspräsidenten Johannes Rau (SPD) an die an den Sinti und Roma begangenen Verbrechen. Im Dezember des folgenden Jahres verglich der Bundesratspräsident Edmund Stoiber (CSU) die Folgen, die der »Auschwitz-Erlass« Himmlers für die Sinti und Roma gehabt habe, mit den Folgen der »Wannsee-Konferenz« für die Juden. Die nationalsozialistische Rassenkunde sei ihr Todesurteil gewesen. Mit einer Schweigeminute und einer Gedenkrede erinnert der Bundesrat inzwischen seit 1994 am Ende eines jeden Jahres an die Sinti und Roma als eine Opfergruppe der NS-Rassenpolitik. Bundespräsident Roman Herzog hatte – wie bereits erwähnt – den 27. Januar zum »Tag des Gedenkens an die Opfer des Nationalsozialismus« erklärt. Bei der Eröffnung des Dokumentations- und Kulturzentrums für Sinti und Roma in Heidelberg am 16. März 1997 betonte der Bundespräsident: »Der Völkermord an den Sinti und Roma ist aus dem gleichen Motiv des Rassenwahns, mit dem gleichen Vorsatz, mit dem gleichen Willen zur planmäßigen und endgültigen Vernichtung durchgeführt worden wie der an den Juden.«

Bisher hatten die Bundesregierungen – zuletzt noch die Regierung Kohl – Sinti und Roma ihre Anerkennung als nationale Minderheit in Deutschland mit dem Hinweis verweigert, es handle sich bei diesen um eine »Minderheit ohne festes Staatsgebiet«, und das von ihnen gesprochene Romanes sei eine »Sprache ohne eigenen Sprachraum«. Doch 1998 wurde das drei Jahre zuvor auch von der Bundesrepublik unterzeichnete Rahmenabkommen des Europarats zum Schutz nationaler Minderheiten zum Bundesgesetz. Damit galten Sinti und Roma in Deutschland ebenso als nationale Minderheiten wie die Sorben und die dänische Minderheit. Gleichzeitig fand auch Romanes gemäß der »Europäischen Charta der Regional- oder Minderheitensprachen« Anerkennung als Minderheitensprache.

Einer Anregung des Zentralrats Deutscher Sinti und Roma folgend, beschloss der Bundestag 2008 einstimmig, in der Bundeshauptstadt Berlin ein Denkmal für die Opfer des nationalsozialistischen Völkermords an den Sinti und Roma zu errichten. Gedenktafeln waren bereits in Frankfurt, Berlin-Dahlem, Hamburg und Köln angebracht worden. Für das Denkmal in Berlin wurde ein Platz am Simsonweg im Großen Tiergarten zwischen Reichstag und Brandenburger Tor ausgewählt, der nicht weit vom Holocaust-Mahnmal lag. Zunächst galt es, Meinungsverschiedenheiten zwischen der Bundesregierung und den beteiligten Opferverbänden zu klären. Der Zentralrat Deutscher Sinti und Roma, die »Sinti Allianz Deutschland« und ein »Jenischer Bund in Deutschland & Europa e. V.« rangen um den Text einer Widmung für das geplante Mahnmal. Der Beauftragte der Bundesregierung für Kultur und Medien, Kulturstaatsminister Bernd Neumann, ließ dafür vom Institut für Zeitgeschichte in München und vom NS-Dokumentationszentrum der Stadt Köln den Text einer »Chronologie des Völkermordes an den Sinti und Roma« erarbeiten.

Diese Chronologie trug den Anliegen der Opferverbände Rechnung, indem sie eingangs alle Teilgruppen der als »Zigeuner« verfolgten europäischen Minderheit aufzählte und sodann unterstrich, das Ziel des nationalsozialistischen Staates mit seiner Rassenideologie sei die Vernichtung auch dieser Minderheit gewesen. Die Chronologie schloss mit Zitaten Bundeskanzler Schmidts von 1982 und Bundespräsident Herzogs von 1997. Beide hatten die nationalsozialistische Rassenideologie als eindeutige Ursache für den Völkermord an den Sinti und Roma hervorgehoben. Die heutigen Besucher des Denkmals finden die Chronologie auf Informationstafeln. Auch der Bundesrat hatte dem Bau des Denkmals und dem Text der Chronologie zugestimmt. Der Baubeginn für das Denkmal fand deshalb symbolisch bei der Jahresabschlusssitzung des Bundesrates am 19. Dezember 2008 statt. Aus technischen Gründen zogen sich die Bauarbeiten allerdings länger hin. Doch am 24. Oktober 2012 konnte das Denkmal in Anwesenheit von Bundeskanzlerin Angela Merkel und Bundespräsident Joachim Gauck (beide CDU) eingeweiht werden.

Im Dezember 2018 folgte die Unterzeichnung einer »Bund-Länder Vereinbarung zum Erhalt der Gräber der unter der nationalsozialistischen Gewaltherrschaft verfolgten Sinti und Roma«. Während die jüdischen Friedhöfe nach mosaischem Recht für die Ewigkeit angelegt sind, existierte für die zumeist in Familiengräbern bestatteten NS-Verfolgten der Sinti und Roma kein ewiges Ruherecht.

Da diese Gräber auch nicht zu den gesetzlich zu erhaltenden Gräbern »der Opfer von Krieg und Gewaltherrschaft« gehörten, stellte diese Vereinbarung eine große Erleichterung für die Hinterbliebenen dar. Auch dieser Erfolg war nicht zuletzt entsprechenden jahrelangen Bemühungen des »Zentralrats Deutscher Sinti und Roma« zu verdanken.

Anlässlich des 10. Jahrestags der Einweihung des Denkmals für die vom NS-Regime ermordeten Sinti und Roma bat Bundespräsident Frank Walter Steinmeier (SPD) am 24. Oktober 2022 um Vergebung für das dieser Minderheit angetane Unrecht. Er erinnerte außerdem an die Missachtung, die deutsche Sinti und Roma noch in der Bundesrepublik erfahren hatten.

# 7. »Staatsfeind« Homosexueller

*»Am gestrigen Abend sprach der Führer lange über die Pest der Homosexualität. Sie müsse mit rücksichtsloser Strenge verfolgt werden [...].*
*In einer Organisation aber muß jeder Fall von Homosexualität mit dem Tod bestraft werden; nämlich in der HJ, wenn sie einmal die Auslese der Nation darstellen soll, dann darf es gegen das Vergehen in ihren Reihen nie ein anderes Urteil geben.«*[1]

*»Umgekehrt aber muß es als verwerflich gelten: gesunde Kinder der Nation vorzuenthalten.«*[2]

## 7.1 Ausgrenzung, Entrechtung, Gewalt

Was Homosexuelle (im damaligen Sprachgebrauch waren lediglich Männer gemeint) vom Nationalsozialismus zu erwarten hatten, deutete der NSDAP-Abgeordnete Wilhelm Frick schon 1927 während einer Debatte um eine Reform des § 175 im Reichstag an. Da ein solches »Laster« nach seiner Ansicht »zum Untergang des deutschen Volkes führe«, sei seine Partei der Ansicht, dass Homosexuelle mit aller Schärfe verfolgt werden müssten. Was mit »aller Schärfe« gemeint war, ließ sich einem Artikel des *Völkischen Beobachters* vom 2. August 1930 entnehmen. Darin wurden alle Überlegungen zu einer Liberalisierung des § 175 zurückgewiesen. Stattdessen erfolgte die Ankündigung, nach Erlangung der politischen Macht durch die NSDAP würden körperliche Beziehungen zwischen Gleichgeschlechtlichen gesetzlich »als allerschwerste, mit Strang oder Ausweisung zu ahnende Verbrechen« behandelt werden.

Eine der ersten polizeilichen Maßnahmen der Regierung

Hitler richtete sich daher gegen Homosexuelle. Hermann Göring, zu diesem Zeitpunkt noch Reichskommissar für das preußische Innenministerium, erließ im Februar 1933 mehrere Verordnungen »Zur Bekämpfung der Unsittlichkeit«. Ein Runderlass vom 23. Februar richtete sich gegen »Gaststätten, in denen ausschließlich oder überwiegend Personen verkehren, die der widernatürlichen Unzucht huldigen«. Da der Wiederaufstieg Deutschlands eine sittliche Erneuerung des deutschen Volkes bedinge – so führte der Erlass weiter aus –, seien solche Gaststätten »auf das Schärfste zu überwachen«. Gegen Betriebe, »die den Kreisen, die der wiedernatürlichen Unzucht huldigen, als Verkehrslokale dienen«, sei ein Verfahren zur Entziehung der Erlaubnis einzuleiten.[3] Einige der Gaststätten, in denen sich bisher homosexuelle Männer und lesbische Frauen getroffen hatten, wurden daraufhin geschlossen. Gleichzeitig mussten die in Berlin verlegten Zeitschriften der homosexuellen Emanzipationsbewegung ihr Erscheinen einstellen.

Ein Akt der Gewalt richtete sich gegen das Institut für Sexualwissenschaft von Magnus Hirschfeld. Am Morgen des 6. Mai 1933 stürmten nationalsozialistische Studenten der Berliner »Deutschen Hochschule für Leibesübungen« das Institut und ließen es unter Mitnahme von Kunstwerken und mit ausgeraubter Bibliothek verwüstet zurück. Nachmittags setzten Angehörige der zur Hilfspolizei erklärten SA die Plünderung fort. Hirschfeld, der Mitbegründer des »Wissenschaftlich-humanitären Komitees« und der ersten Homosexuellen-Bewegung in Deutschland, entging diesem Gewaltakt, weil er rechtzeitig in die Schweiz und von dort nach Frankreich geflüchtet war. Die entwendeten

Bücher und eine ebenfalls geraubte Büste Hirschfelds wurden einige Tage später, am 10. Mai, auf dem heutigen Bebelplatz in Berlin zusammen mit aus der Universitätsbibliothek entfernten Büchern jüdischer, kommunistischer, liberaler und sozialkritischer deutscher wie internationaler Autoren öffentlich verbrannt.

Das am 24. November 1933 erlassene »Gesetz gegen gefährliche Gewohnheitsverbrecher und über Maßregeln der Sicherung und Besserung« sah für »Gewohnheitsverbrecher« eine unbefristete Sicherheitsverwahrung vor. Außerdem konnten Männer über 21 Jahre, die bereits zweimal »wegen Unzucht mit Kindern oder eines zur Erregung oder Befriedigung des Geschlechtstriebs begangenen Vergehens oder Verbrechens« verurteilt worden waren, »entmannt« werden. Ob eine Kastration wirklich »vorbeugende« Wirkung hatte, war unter Medizinern und Psychologen zwar höchst umstritten. Dennoch wurde sie in einigen Fällen richterlich angeordnet und durchgeführt. Das im Juli 1934 in Kraft tretende GzVeN erlaubte die Kastration eines Homosexuellen, wenn dazu dessen Einverständnis vorlag. Einige der Homosexuellen, die nach Verbüßung einer Gefängnisstrafe mit einer anschließenden Sicherheitsverwahrung in einem KZ rechnen mussten, könnten daher ihre Zustimmung zu diesem Eingriff gegeben haben, um freigelassen zu werden. Ein weiterer Erlass des Preußischen Ministeriums des Innern ermöglichte zudem »Schutzhaft« für die wegen Sittlichkeitsdelikten Bestraften. Gestapo und Kriminalpolizei konnten jetzt Homosexuelle in »Schutzhaft« nehmen und zur »Besserung« sowie »Umerziehung« in KZ, Arbeitslager oder psychiatrische Anstalten einweisen. Die Überstellung von Homosexuellen in KZ galt als

»notwendige Vorbeugehaft«, wie sie auch bei Berufsverbrechern Anwendung fand. Offensichtlich herrschte noch die Vorstellung, Homosexualität sei eine Art »Krankheit«, die durch Arbeitszwang »geheilt« werden könne.

Wegen eines angeblichen Putschversuches wurden am 1. Juli 1934 sowohl der 1931 zum Stabschef der SA ernannte Ernst Röhm als auch weitere höhere SA-Führer auf Anordnung Hitlers erschossen. Tatsächlich hatte sich die SA gegen den NS-Staat gar nicht erhoben. Noch am gleichen Tag ernannte Hitler SA-Obergruppenführer Viktor Lutze zum neuen Stabschef der SA. Er forderte von ihm, dieser möge darauf achten, »dass Verfehlungen nach § 175 mit dem sofortigen Ausschluss des Schuldigen aus SA und Partei« beantwortet würden. Am 1. Juli 1934 schrieb Hitler im *Völkischen Beobachter*, Röhms »unglückliche Veranlagung führte zu so unerträglichen Belastungen, dass der Führer der Bewegung und Oberste Führer der SA selbst in schwere Gewissenskonflikte getrieben wurde.«

Dabei war die Homosexualität Röhms schon lange vor dessen Ermordung keineswegs ein Geheimnis gewesen. So hatte Joseph Goebbels am 17. Mai 1931 in seinem Tagebuch vermerkt: »Und dann der § 175. Da traue ich manchem nicht. Röhm? Man muss Hitler rechtzeitig warnen. Das wäre der Anfang vom Ende.«[4] Im Juni 1931 hatte dann eine Pressekampagne gegen die NSDAP eingesetzt, welche die *Münchener Post* mit der Überschrift »Warme Bruderschaft im Braunen Haus« eröffnete. Hitler hatte den Artikel der *Münchener Post* im *Völkischen Beobachter* als von »Anfang bis Ende frei erfunden« zurückgewiesen und betont: »Röhm bleibt mein Stabschef.« Im Frühjahr 1932 hatte die Pressekampagne gegen Röhm erneut Fahrt aufgenommen.

Diesmal spielten private Briefe Röhms eine Rolle, in denen er sich als Gegner des § 175 bezeichnet hatte. Außerdem war Röhm Mitglied der homosexuellen Gruppierung »Bund für Menschenrechte«. Erneut hatte Hitler sich im April 1932 im *Völkischen Beobachter* zu einem Bekenntnis für Röhm, einem seiner wenigen Duzfreunde, veranlasst gesehen und hinzugefügt: »Die schmutzige, widerliche Hetze wird daran nichts ändern.« Zum Vorwurf der Homosexualität seines Stabschefs äußerte Hitler sich danach nicht mehr. Allerdings musste ihm dieser wegen der möglichen Angriffe auf die Partei zu diesen Zeitpunkt höchst ungelegen kommen, da er gegen Hindenburg für das Amt des Reichspräsidenten kandidieren wollte.

Die im Juni 1934 erfolgte »Staatsnotwehr« gegen einen scheinbar bevorstehenden Putsch der SA entschied in Wirklichkeit interne Machtkämpfe in der NSDAP zugunsten Hitlers und der SS. Die Reichswehr sah sich von der lästigen Konkurrenz mit der SA um die bewaffnete Macht im Staat befreit. Dem Reichsführer SS Himmler kam die Ermordung der Führung der SA für den Aufstieg seiner SS gelegen, denn diese wurde organisatorisch aus der SA gelöst und unterstand jetzt Hitler direkt. Durch die Ermordung Röhms war es Hitler gelungen, sich in der Öffentlichkeit von der möglichen Belastung durch einen homosexuellen hohen SA-Führer zu distanzieren. Künftig konnte sich die Partei geradezu als ein Bollwerk gegen die Homosexualität präsentieren – schreckte sie offensichtlich doch selbst vor harten Schnitten in den eigenen Reihen nicht zurück. Goebbels brachte den befürchteten Imageverlust der Partei durch die SA auf den Punkt, als er in einer Rundfunkrede am 2. Juli ausführte: »Sie [die SA-Führer, R. P.] waren im Begriff, die ganze Führung der Partei in den Verdacht einer schimpflichen, ekelerregenden sexuellen Abnormität zu bringen.« Ein nicht geringer Teil der deutschen Bevölkerung dürfte das sich jetzt verschärfende Vorgehen gegen Homosexuelle stillschweigend mitangesehen haben.

Himmler sah Homosexualität als eine reale Bedrohung des Staates und der Partei an, die er mit allen Mitteln bekämpfen wollte. Zudem gefährdete sie wohl »aus seiner Sicht seine eigene Identität, seine Vorstellung von Männlichkeit und Ordnung«. (Peter Longerich) Als neu ernannter Inspekteur und stellvertretender Chef der Gestapo richtete Himmler beim Gestapa in Berlin sogleich ein »Sonderdezernat für Homosexualität« ein. Zudem verlangte er Listen zu den der Homosexualität verdächtigten Personen und setzte das Sonderdezernat auf eventuell homosexuelle Mitglieder in SA und NSDAP an. Ab Dezember 1934 begann in Berlin eine Welle der Verfolgung. Regelmäßig fanden Razzien in Bars, Gaststätten, Cabarets und Privatwohnungen statt, in denen Lesben und Homosexuelle verkehrten. Die verhafteten Personen wurden häufig unter schweren Folterungen verhört, um die Namen weiterer möglichst prominenter Homosexueller aus ihnen herauszupressen. Nach Aufnahme der Personalien wurden einige der Verhafteten wieder entlassen, doch etwa 325 von ihnen in »Schutzhaft« in das KZ Lichtenburg verbracht. Diese Maßnahmen des NS-Staats sorgten bei den Homosexuellen in Berlin wie in anderen deutschen Großstädten für Angst und Schrecken. Mit Hilfe der Razzien und Verhaftungen gelang es auch – wie von Himmler erwünscht –, Homosexuelle in der Partei und deren Gliederungen zu ermitteln und auszuschließen.

### *7.1.1 Verschärfung des § 175*

Seit Anfang 1935 erschien in München *Das Schwarze Korps* als Zeitung für die SS. Darin veröffentlichte im Mai des Jahres der Rechtshistoriker Professor Karl August Eckhardt – zu diesem Zeitpunkt SS-Untersturmführer im Persönlichen Stab des Reichsführers SS – einen Artikel über Homosexualität mit der Überschrift: »Widernatürliche Unzucht ist todeswürdig«. Zu Beginn verwies der Verfasser auf den römischen Historiker und Senator Tacitus. Dieser habe berichtet, dass die Germanen sich der Homosexuellen durch deren Opferung im Moor entledigt hätten. Eckhardt beendete seinen Artikel mit dem Appell: »Wie wir heute in der Frage der Mischehen zwischen artfremden Rassen zu der altgermanischen Auffassung zurückgefunden haben, so müssen wir auch in der Beurteilung der rassevernichtenden Entartungserscheinung der Homosexualität zurückkehren zu dem nordischen Leitgedanken der Ausmerzung der Entarteten. Mit der Reinhaltung der Rasse steht und fällt Deutschland.«[5]

Die Bedeutung, die der Bekämpfung der Homosexualität aus Sicht der Nationalsozialisten zukam, unterstrich die Neufassung des § 175 RStGB vom 28. Juni 1935. Sie lautete: »Ein Mann, der mit einem anderen Mann Unzucht treibt, oder sich von ihm zur Unzucht missbrauchen lässt, wird mit Gefängnis bestraft.« Die bisherige Höchststrafe von sechs Monaten wurde auf fünf Jahre erhöht. In der amtlichen Begründung wurde die Neufassung des Gesetzes mit dem Hinweis versehen, der Staat müsse »ein an Kraft und Zahl starkes, sittlich gesundes Volk« anstreben. Die gleichgeschlechtliche »widernatürliche Unzucht« müsse wegen der Gefahr ihrer »seuchenartigen Ausbreitung« besonders scharf bekämpft werden. Viele Nationalsozialisten sahen Homosexuelle als »Asoziale«, die außerdem »alle boshaften Triebe der Judenseele« in sich trügen.

Nach der alten Fassung des § 175 waren »beischlafähnliche Handlungen« als »widernatürliche Unzucht« bestraft worden. Diese aber konnten – wie sich bei der Verhaftungswelle im Vorjahr gezeigt hatte – zumeist nur schwer nachgewiesen und daher häufig nicht verfolgt werden. Aus Sicht des Reichsgerichts galt der Straftatbestand künftig bereits dann als erfüllt, wenn »objektiv das allgemeine Schamgefühl verletzt und subjektiv die wollüstige Absicht vorhanden war, die Sinneslust eines der beiden Männer oder eines Dritten [zu] erregen.« Ein neuer § 175a sah bei Fällen schwerer Unzucht Zuchthausstrafen zwischen einem und zehn Jahren vor. »Schwere Unzucht« lag bei erfolgter Androhung von Gewalt, bei Ausnutzung eines Abhängigkeitsverhältnisses, Verführung einer Person unter 21 Jahren oder bei männlicher Prostitution vor.

Bei der Verfolgung von Homosexuellen waren Polizei, Gestapo und SD künftig keine Grenzen gesetzt. Schließlich hatte die Änderung des Strafgesetzbuches im Juni 1935 festgelegt, dass jede Tat strafbar sei, die »nach dem gesunden Volksempfinden« eine Strafe verdiene. Für eine Strafverfolgung reichte daher anstelle der bisher nachzuweisenden »Berührung« zwischen Männern künftig bereits das Bemerken eines Austauschs »begehrlicher Blicke«. Jede Form einvernehmlicher gleichgeschlechtlicher Kontakte stand unter Strafe. Viele – auch anonyme – Anzeigen aus der Bevölkerung führten zu Gerichtsverfahren, die Zahl der Verurteilten erhöhte sich beträchtlich. Allein zwischen 1935 und 1938 stieg sie auf das Vierfache. Außer Gefängnis- oder Zuchthausstrafen erfolgte häufig eine Einweisung Homosexueller in »Schutzhaft«. Dazu dienten zunächst die KZ Esterwegen und Lichtenburg. Dort wurden die Häftlinge verschiedensten Schikanen ausgesetzt und erhielten brutale Prügelstrafen.

Weibliche Homosexualität war in der NS-Zeit kein Strafbestand. Gleichgeschlechtlich orientierte Frauen erlebten zwar keine mit der männlicher Homosexueller vergleichbare Verfolgung. Dennoch sahen sie sich vielfältigen Repressionen und Diskriminierungen etwa in der Arbeitswelt ausgesetzt. Anders als bei männlichen Homosexuellen hielt man bei Frauen scheinbar jedoch immer noch eine »Einsicht« und Änderung ihres Verhaltens für möglich. Dennoch wurden lesbische Frauen aus Gründen der sogenannten Unzucht, »Asozialität« oder Prostitution verurteilt und in KZ deportiert. Häufig waren die dahin Überstellten zugleich jüdische oder politisch gegen den Nationalsozialismus eingestellte Frauen, deren lesbisches Verhalten zu einer zusätzlichen Bestrafung führte.

Nachdem Himmler im Juni 1936 auch das Amt des Chefs der Deutschen Polizei im Reichsministerium des Innern übernommen hatte, endete die Polizeihoheit der Länder. Die Zentralisierung erleichterte eine Erfassung Homosexueller im gesamten Reichsgebiet, wobei Kriminalpolizei und Gestapo eng zusammenarbeiteten. Doch zunächst sah Himmler sich gezwungen, auf die mögliche Anwesenheit ausländischer Homosexueller während der Olympischen Spiele in Berlin vorübergehend Rücksicht zu nehmen. Am 20. Juli 1936 verbot er, »in den nächsten Wochen gegen irgendeinen Ausländer wegen des § 175 ohne meine persönliche Genehmigung auch nur mit einer Vernehmung oder Vorladung vorzugehen«.

Am 10. Oktober 1936 schuf Himmler beim RKPA die »Reichszentrale zur Bekämpfung der Homosexualität und Abtreibung« unter Leitung des Kriminalrats und SS-Sturmbannführers Josef Meisinger. In einem geheimen Erlass wies er das Gestapa sowie alle Polizei- und Kriminalpolizeidienststellen des Reichs auf »die homosexuelle Betätigung einer nicht unerheblichen Schicht der Bevölkerung« hin. Diese stelle eine der größten Gefahren für die Jugend dar und erfordere daher »wirksame Bekämpfung«. Als Voraussetzung für eine erfolgreiche Bekämpfung der als »Volksfeinde« angesehenen Homosexuellen sah er die Erstellung umfangreicher Daten über die im Reichsgebiet Lebenden an. Besonders gemeldet werden sollten bei Vergehen gegen § 175 und § 175 a, ob die Täter der NSDAP, einer Ordensgemeinschaft oder der Wehrmacht angehörten. Gemeldet werden sollten auch jene Personen, die vor 1933 eine führende Stellung eingenommen hätten. Zudem sollte eine »Reichskartei« für »Abtreiber und Strichjungen« erstellt werden.[6]

Die Bedrohung, die Himmler der Existenz von Homosexuellen in Deutschland zumaß, suchte er auch der Führung der SS klarzumachen. In einer Rede vor SS-Gruppenführern führte er am 18. Februar 1937 aus, er halte ein bis zwei Millionen deutscher Männer, also 20 Prozent, für homosexuell. Das bedeute, »[w]enn das so bleibt, dass unser Volk an dieser Seuche kaputt geht. Ein Volk wird es auf Dauer nicht aushalten, dass sein Geschlechtshaushalt und Gleichgewicht derartig gestört wird [...]. Wenn wir dieses Laster weiter in Deutschland haben, ohne es bekämpfen zu können, dann ist das das Ende Deutschlands, das Ende der germanischen Welt.«[7] Damit enthüllte Himmler den rassenpolitischen Kern der nationalsozialistischen Homophobie. Bevölkerungspolitisch war jeder Homosexuelle demnach ein »Ausfall«, weil er keinen Beitrag zur Erhöhung der Bevölkerungszahl leistete. Diese aber galt als wesentliche Voraussetzung für den angestrebten Weltmachtstatus Deutschlands. In diesem Kontext stellte das »Weitergeben« homosexueller Neigungen durch die »Verführung« jüngerer Männer aus Sicht der NS-Rassenpolitik eine besondere Gefahr dar.

Himmler machte den SS-Führern abschließend deutlich, wie er sich die Regelung der Homosexuellenfrage innerhalb der SS vorstellte. Zunächst bedauerte er – den erwähnten Artikel von Eckhardt kannte er offensichtlich –, dass Homosexuelle nicht wie bei den »Vorfahren« einfach im Moor versenkt werden könnten; »bei uns ist das leider, muss ich sagen, nicht mehr möglich«. Das traf allerdings nicht ganz zu, denn eine Reihe von Homosexuellen war in Arbeitslager eingewiesen worden, die – wie das KZ Esterwegen – in Moorgebieten lagen. Dort hatten bereits einige von ihnen, zwar nicht durch »Versenkung«, doch durch härteste Arbeit, brutale Behandlung und unzureichende Ernährung den Tod gefunden. Homosexuelle SS-Angehörige, so ließ Himmler schließlich die SS-Gruppenführer wissen, müssten erst öffentlich degradiert und sodann aus der SS ausgestoßen werden. Danach sollten sie in ein KZ eingeliefert und dort »auf der Flucht erschossen« werden.

Anfang März 1937 lieferte ein Artikel in *Das Schwarze Korps* mit der Überschrift »Das sind Staatsfeinde!« die rassenpolitische Begründung des Vorgehens gegen Homosexuelle: »Ein Volk, das vor der Aufgabe steht, seine jährliche Geburtenziffer um 1,5 Millionen zu erhöhen, kann es sich nicht leisten, auf einen großen Teil seiner Väter zu verzichten, weil diese die Opfer einer durch Jahrzehnte ungehemmten, gegen den deutsche Volkskörper gerichteten Zermürbungstaktik geworden sind«. Homosexuelle seien nicht länger als »arme kranke Menschen« zu »behandeln«, im Gegenteil: »Staatsfeinde sind auszumerzen«.[8] In einer Richtlinie der Kriminalpolizeistelle Kassel vom 11. Mai 1937 hieß es: »Homosexuelle Männer sind Staatsfeinde und als solche zu behandeln. Es geht um die Gesundung des deutschen Volkskörpers, um die Erhaltung und Stärkung der deutschen Volkskraft.«[9]

Schon bald nach dem Abschluss des Reichskonkordats mit dem Vatikan im Juli 1933 hatte sich die katholische Kirche über zunehmende Einschränkungen der ihr zugesicherten Freiheiten beklagt. Tatsächlich betrachteten die Nationalsozialisten beide Kirchen als Gegner ihrer Vorstellungen von Staat und Volksgemeinschaft. Es kam zu Verwarnungen, Geldstrafen, zu Überfällen auf Pfarrhäuser, körperlichen Misshandlungen von Priestern und deren Einweisung in »Schutzhaft«, Gefängnisse oder auch in KZ. Besonders gern wurden sogenannte Sittlichkeitsprozesse gegen Ordens- und Weltpriester angestrengt, um auf diese Weise die Glaubwürdigkeit der katholischen Kirche bei den Gläubigen zu schwächen. In den Jahren 1936/37 kam es zu ungefähr 250 Strafverfahren gegen Geistliche und Ordensbrüder wegen »unzüchtiger« Handlungen zwischen Männern. Besonders empfindlich reagierte die NSDAP auf die Enzyklika *Mit brennender Sorge* von Papst Pius XI., die im März 1937 mit deutlichen Worten die NS-Rassenpolitik verurteilte. Im April 1937 berichtete der *Völkische Beobachter* daraufhin über »Jugendverderber im Priesterrock« und bezeichnete besonders das katholische Kloster als »Brutstätte der Homosexualität«. Weitere Verfahren wegen sexuellen Missbrauchs von Jugendlichen durch Geistliche oder wegen Unzucht mit Abhängigen wurden eröffnet. Die katholischen Bischöfe protestierten zwar gegen die öffentlichen Angriffe, distanzierten sich jedoch entsprechend der katholischen Moraltheologie von den Verurteilten. Allerdings erzielten die Sittlichkeitsprozesse nicht den erwünschten Erfolg; denn das katholische Kirchenvolk widerstand offensichtlich dieser Propaganda.

Hitler nutzte den Vorwurf homosexueller Handlungen geschickt, um Oberhand über die Reichswehr zu gewinnen. Ende 1937 eröffnete er den Oberbefehlshabern von Heer, Luftwaffe und Marine seine Absicht, gegen Deutschlands Nachbarstaaten einen Angriffskrieg zu führen. Sowohl der Reichswehrminister und Oberbefehlshaber der Wehrmacht Generalfeldmarschall Werner von Blomberg als auch der Oberbefehlshaber des Heeres Generaloberst Werner Freiherr von Fritsch bezweifelten, dass solche Kriege bereits zu diesem Zeitpunkt erfolgreich geführt werden könnten. Solche Zweifler musste Hitler sich vom Hals schaffen. Zunächst gelang es ihm im Januar 1938, die nicht standesgemäße Eheschließung von Blombergs mit einer früheren Prostituierten, die der Offizier nicht annullieren lassen wollte, zur Entlassung des Reichswehrministers zu nutzen. Bei dieser Gelegenheit erinnerte er sich an ein Gerücht, dass von Fritsch homosexueller Handlungen bezichtigt hatte. Hitler forderte den Generaloberst zum Rücktritt auf, obgleich dieser weder ein Gegner der NSDAP noch grundsätzlich gegen einen Krieg war. Doch wäre mit von Fritsch aus Hitlers Sicht ein vermeintlich Homosexueller als Nachfolger von Blombergs denkbar gewesen. Das aber kam nach den Erfahrungen mit der öffentlichen Diskussion im »Fall Röhm« für ihn nicht in Frage. Am 2. Februar gab Hitler in einer Kabinettssitzung bekannt, beide Generale seien aus gesundheitlichen Gründen zurückgetreten. Obgleich er offensichtlich Opfer einer Verwechslung geworden war und deshalb von einem Ehrengericht freigesprochen und voll rehabilitiert wurde, blieb es bei der Entlassung von Generaloberst von Fritsch. Zu dessen Nachfolger wurde Generaloberst Walther von Brauchitsch ernannt. Damit war es Hitler gelungen, sowohl zwei seinen Plänen kritisch gegenüberstehende Generale aus Führungspositionen auszuschalten als auch eine eventuelle erneute Diskussion über einen Fall von Homosexualität in seiner Führungsmannschaft abzuwehren.

### *7.1.2 Verfolgung und Ermordung*

In Österreich war Homosexualität seit 1852 ein Straftatbestand. Der § 129 des österreichischen Strafgesetzbuchs zwang auch dort Homosexuelle zu einem Doppelleben. Geheime Treffen mit Sexualpartnern erfolgten in Parks, öffentlichen Toiletten, Gaststätten und Badeanstalten. Anders als in Deutschland hatte sich in Österreich keine Homosexuellenbewegung gebildet. »Das weitgehende Fehlen einer Szene führte dazu, dass bereits zu Beginn der nationalsozialistischen Verfolgung die österreichischen Schwulen, die sich nur im ›Schutz der Dunkelheit‹ trafen, sozusagen im Untergrund waren.« (Nico Wahl) Die Verfolgung

Homosexueller wurde 1938 nach dem »Anschluss« in der »Ostmark« aus den gleichen Gründen und in gleicher Weise durchgeführt wie im »Altreich«. Der bisherige Leiter der »Reichszentrale zur Bekämpfung der Homosexualität und Abtreibung« Meisinger übernahm die neue Gestapoleitstelle in Wien und richtete dort sogleich ein Referat zur Verfolgung von Homosexualität ein. Kriminalpolizei und Gestapo legten entsprechende Namenslisten an, richteten einen »Beobachtungsdienst« ein, veranstalteten Razzien und führten Verhaftungen mit anschließenden Verhören durch. Wie im »Altreich« folgten Verurteilungen zu Gefängnisstrafen, »Schutzhaft« oder zu Überstellungen in KZ. Anders als der § 175 verbot der österreichische § 129 auch gleichgeschlechtliche Liebe von Frauen. Die wenigen Verfahren gegen lesbische Frauen – die wohl teilweise von ihren Ehemännern angezeigt worden waren – führten allerdings zumeist zu geringen Strafen, die einen Gefängnisaufenthalt von sechs Monaten nicht überstiegen.

Der Zweite Weltkrieg bot dem NS-Regime für die Verfolgung von Homosexuellen weitere Möglichkeiten. Die organisatorische Voraussetzung hatte die Zusammenlegung der SIPO und des SD im 3000 Mitarbeiter umfassenden RSHA geschaffen. In der »Reichskartei« hatten die Polizeibehörden bis 1939 etwa 33 000 Homosexuelle registriert, Ende 1940 sollten es angeblich 42 000 sein. Die Zahl der zwischen 1933 und 1940 nach § 175 und § 175 a Verurteilten betrug 35 000 Männer. Himmler beklagte im Februar 1940 vor der SS-Führung, dass immer noch eine »riesengroße stille Hypothek« auf dem deutschen Volk laste – die Homosexualität, die »Todeskrankheit eines Volkes«. Zwar sei der bisherige Kampf gegen die von ihm früher geschätzte Zahl von zwei Millionen Homosexuellen nicht ohne Erfolg geblieben, doch mit einer halben Million müsse man weiterhin rechnen.

In der Wehrmacht verschwiegen die Kameraden im Offizierkorps, wie schon zuvor im Kaiserreich, etwaige gleichgeschlechtliche Vorlieben von Kameraden. »Das ›Nichts sehen und nichts hören‹ konnte nur aufrechterhalten werden, so lange tatsächlich nichts gehört und nichts gesehen wurde – oder werden musste. [...] War der Vorwurf ausgesprochen, griffen die gesellschaftlichen Regeln, aus der stillschweigenden Toleranz wurde eine Frage der Ehre und der Offiziersehre.« (Klaus Storkmann) Zumeist erhielten die Betroffenen dann wegen Verbrechen gegen § 175 und Wehrkraftzersetzung eine Gefängnis- oder Zuchthausstrafe. Heeresadjutant Major Gerhard Engel legte Hitler im März 1940 mehrere Gesuche wegen homosexueller Delikte verurteilter Unteroffiziere und Offiziere vor. Diese hatten um »Bewährung an der Front« gebeten. Engel versuchte Hitler mit dem Hinweis auf Alkoholeinfluss sowie das bereits erfolgte Einverständnis des Oberkommandos der Wehrmacht zur Annahme der Gesuche zu überreden. Doch Hitler betonte, er habe in Bezug auf sexuelle Dinge keine puritanische oder jesuitische Einstellung. Wenn es sich um normale Beziehungen der Geschlechter zueinander handele, solle man großzügig sein. Die Geschichte lehre aber, dass gleichgeschlechtliche Dinge der Anfang vom Ende der Existenz von Völkern seien, was Sparta und Rom bewiesen hätten. Das sei hochgradige Dekadenz, die er mit Stumpf und Stiel ausrotten werde.[10] Da sich in Hitlers programmatischer Schrift *Mein Kampf* keine entsprechende Äußerung findet, könnte die Notiz Engels die früheste überlieferte Stellungnahme Hitlers zur Homosexualität enthalten.

Ein Runderlass des RSHA vom 12. Juni 1940 wies die Polizeidienststellen an, alle Homosexuellen, »die mehr als einen Partner verführt« hätten, nach Verbüßung ihrer Gefängnisstrafe in KZ zu überstellen. Ein Teil der zu hohen Haftstrafen Verurteilten wurde in Straflager eingewiesen. Aus der zu Beginn der NS-Zeit erfolgten »erzieherischen Maßnahme«, Homosexuelle für begrenzte Zeit in ein KZ zu schicken, wurde jetzt eine Vorbeugungsstrategie und aus der »Schutzhaft« eine »Vorbeugehaft«. Ein weiterer Erlass sah wenig später vor, dass eine Überstellung nach verbüßter Gefängnisstrafe in ein KZ zur Vorbeugehaft nicht mehr notwendig sei, wenn der Betreffende sich freiwillig kastrieren lasse. Wie viele Homosexuelle von dieser Möglichkeit Gebrauch machten, lässt sich nicht ermitteln. Ob ein solcher »freiwilliger« Eingriff tatsächlich vor dem KZ bewahrte, ist ebenfalls unklar. Himmler hatte zudem angeordnet, das gesetzliche Gebot der »Freiwilligkeit« bei der Sterilisation von Homosexuellen nicht zu eng auszulegen.

Homosexuelle Häftlinge in den KZ wurden seit 1938 nach Eintätowierung der Häftlingsnummer mit einem »Rosa Winkel« gekennzeichnet. Wiederholungstäter erhielten manchmal auch den »Grünen Winkel« der Berufsverbrecher. In der Häftlingshierarchie rangierten Homosexuelle auf der untersten Stufe und wurden von vielen ihrer Mithäftlinge schon auf Grund der traditionellen Homophobie schikaniert. Es kam zu Erpressungen, Misshandlungen und Vergewaltigungen. Zur schwierigen Situation Homosexueller in den KZ trug bei, dass sie dort im Vergleich zu anderen Häftlingsgruppen zumeist nur eine kleine Minderheit bildeten und sich daher kaum selbst organisieren konnten. Die SS-Wachmannschaften behandelten Häftlinge mit dem »Rosa Winkel« in allen KZ mit besonderer Brutalität. Häufig kamen Homosexuelle zur »Umerziehung« oder »Heilung durch Arbeit« in die Strafbataillone der KZ. Dort wurden sie systematisch umgebracht, denn aufgrund der körperlich überaus harten Arbeit und der völlig unzureichenden Ernährung hatten sie kaum eine Chance, zu überleben. Im KZ Sachsenhausen wurden Homosexuelle von den übrigen Häftlingen isoliert und in das Außenlager Klinkerwerk verlegt. Dort fanden etwa 200 von ihnen im Sommer 1942 den Tod; auch in anderen KZ stieg zu dieser Zeit ihre Todeszahl. Im KZ Buchenwald wurden sie im Steinbruch zu Tode geschunden, oder sie mussten unter ebenso harten Bedingungen für die Kriegsindustrie schuften. Nach Schätzungen lag die Todesrate von Homosexuellen in den KZ bei 60 Prozent, während sie bei politischen Häftlingen 42 Prozent und bei den »Bibelforschern«, den Zeugen Jehovas, 35 Prozent betrug. Dazu könnte beigetragen haben, dass Homosexuelle in der Häftlingshierarchie nicht mit Solidarität rechnen konnten.

Am Abend des 18. August 1941 hielt Hitler im Führerhauptquartier Wolfsschanze eine längere Rede über die »Pest der Homosexualität«, die aus seiner Sicht mit »rücksichtsloser Strenge« verfolgt werden müsse.[11] Im jugendlichen Alter – so führte er aus – gebe es eine Zeit, in der Jungen leicht in die falsche Richtung beeinflusst und von Homosexuellen verführt werden könnten. Da ein Homosexueller eine Unzahl von Jungen verführe, sei Homosexualität »ansteckend und gefährlich wie die Pest«. Der Homosexuelle lehne die tüchtigsten Männer für Führungspositionen ab, wenn sie nicht homosexuell seien, und ziehe Homosexuelle vor. Bei Röhm habe man leider wie in anderen Fällen erlebt, dass ein Homosexueller alle maßgebenden Stellen mit Homosexuellen besetze. Die Partei und die Wehrmacht müssten gegen jeden Fall von Homosexualität in ihren Reihen mit rücksichtsloser Strenge vorgehen. Wenn das geschehe, bleibe der Staatsapparat sauber; denn er müsse sauber bleiben. Wo sich innerhalb der Jugend Homosexualität zeige, müsse »mit barbarischer Härte« zugepackt werden. In der HJ, die einmal die Auslese der Nation darstellen solle, müsse jeder Fall von Homosexualität mit dem Tode bestraft werden. Nach diesen Äußerungen konnte es nicht überraschen, dass Hitler sich auch persönlich um die Umsetzung seiner Überlegungen in die Praxis kümmerte.

Am 15. November 1941 unterzeichnete Hitler im Führerhauptquartier einen »Erlass des Führers zur Reinhaltung von SS und Polizei«. Dieser ordnete an, homosexuelle Angehörige von SS und Polizei künftig nicht mehr nach § 175 und § 175 a vor Gericht zu stellen: »Ein Angehöriger der SS und der Polizei, der mit einem anderen Mann Unzucht treibt oder sich von ihm zur Unzucht missbrauchen lässt, wird mit dem Tode bestraft. In minder schweren Fällen kann auf Zuchthaus oder Gefängnis nicht unter sechs Monaten erkannt werden.« Bei sogenannten leichten Fällen konnte bei einem noch unter 21-jährigen und »zur Tat Verführten« von einer Bestrafung abgesehen werden. Eine Veröffentlichung dieses Führererlasses unterblieb, damit keine Gerüchte über in diesen beiden Organisationen vorhandene Homosexualität aufkamen. Himmler nahm in einem an die SS und die Polizei erteilten vertraulichen Befehl vom 7. März 1942 zwar auf den Erlass Hitlers Bezug, erwähnte aber nicht die dort vorgeschlagene Behandlung sogenannter leichter Fälle. Am Ende seines Befehls stand der Satz: Es »ist darauf hinzuweisen, dass alle Angehörigen der SS und Polizei Vorkämpfer im Kampfe um die Ausrottung der Homosexualität im deutschen Volke sein müssen.«

Ab November 1942 konnten die Kommandanten der KZ die Zwangskastration von homosexuellen Häftlingen selbst anordnen. Die Kastration – so die Erwartung – könne sie von dem vermeintlich pathologischen Sexualtrieb befreien. Homosexuelle wurden zudem zu »medizinischen Versuchen« missbraucht. Das KZ Buchenwald verfügte über eine Fleckfieberstation, in der auch homosexuelle Häftlinge als Versuchsobjekte dienten. Der dänische Arzt und SS-Sturmbannführer Carl Vaernet führte dort Ende 1944 an Homosexuellen »Heilungsversuche« durch, indem er ihnen eine von ihm entwickelte künstliche Hormondrüse implantierte. Sie sollte durch regelmäßige Abgabe von männlichen Hormonen an den Körper homosexuelle Häftlinge zur Heterosexualität bewegen. In einer ersten Befragung nach der Implantation gaben diese Häftlinge an, ihre erotischen Gedanken und Träume richteten sich jetzt nicht mehr auf junge Männer, sondern auf Frauen. Vaernet folgerte, »die Homosexualität habe sich in einen normalen Sexualtrieb verwandelt«. Doch es ist wohl eher anzunehmen, dass die befragten Häftlinge hofften, mit diesen Äußerungen dem KZ zu entkommen.

Am 19. Mai 1943 erließ das Oberkommando der Wehrmacht »Richtlinien für die Behandlung für Strafsachen wegen widernatürlicher Unzucht«. In besonders schweren Fällen konnte in der Wehrmacht die Todesstrafe verhängt werden, allerdings wurden wohl nur wenige Todesurteile ausgesprochen und häufig in »Frontbewährung« umgewandelt. Den rassenpolitischen Kontext der Verfolgung von Homosexuellen in der NS-Zeit spiegelte schließlich die unterschiedliche Art und Weise, wie mit Homosexualität in den verschiedenen von deutschen Truppen besetzten Gebieten umgegangen wurde. Lediglich in besetzten Gebieten, deren Bevölkerung als rassisch höherwertig galt, ging man gegen Homosexualität vor. Dies geschah jedoch nur, sofern dort bereits entsprechende Gesetze existierten und mit einer Mitwirkung einheimischer Behörden zu rechnen war. Während für die Niederlande und Frankreich ein rassenpolitisches Interesse vorlag, mangelte es daran für die besetzten Ostgebiete und vor allem für Polen. Insgesamt liegen über die Verfolgungsmaßnahmen gegenüber Homosexuellen in den vom »Dritten Reich« während des Krieges besetzten Gebieten noch keine Forschungsergebnisse vor, die für eine wissenschaftliche Bewertung ausreichen.

Zwischen 1933 und 1945 wurden im »Dritten Reich« von den Gerichten etwa 50 000 Männer wegen Homosexualität verurteilt. Hinzu kamen ab 1939 noch weitere etwa 7000 von Wehrmachtsgerichten verurteilte Männer. Obwohl es keine systematische Vernichtungsplanung wie bei Juden und »Zigeunern« gab, wurden zwischen 5000 und 15 000 Homosexuelle in KZ gebracht. Nach Schätzungen kamen dort ungefähr 53 Prozent von ihnen ums Leben. (Rüdiger Lautmann)

## 7.2 Bundesrepublik: Rehabilitierung und Entschädigung

### *7.2.1 Fortführung der Kriminalisierung*

»In welchem Maße sich Homosexuelle, die nach den NS-Paragraphen 175 und 175 a verurteilt wurden, nach 1945 um Rehabilitierung und Wiedergutmachung bemühten, ist bislang kaum erforscht.« (Alexander Zinn) Eine Anerkennung als NS-Verfolgte blieb ihnen verwehrt; denn für die Alliierten galten die beiden Paragraphen keineswegs als typisches NS-Gesetz und wurden daher nicht aufgehoben. Homosexualität galt in der SBZ sogar als Grund, um eine bereits erfolgte Anerkennung als OdF wieder zurückzunehmen. Auch in der DDR gehörten Homosexuelle nicht zum Kreis der anerkannten NS-Verfolgten. Doch während die DDR 1950 die Kriminalisierung der Homosexualität an die Zeit vor 1935 anpasste und 1968 den § 175 ganz abschaffte, blieb in der Bundesrepublik die von Homosexuellen erhoffte Rückkehr zumindest zu einer Fassung des § 175 wie in der Weimarer Republik aus. Deshalb versuchten einige Homosexuelle vor Gericht wenigstens eine Liberalisierung des von den Nationalsozialisten 1935 verschärften Straftatbestands zu erreichen, doch diese Klagen scheiterten.

Der BGH bezeichnete 1951 die NS-Fassung des § 175 als rechtmäßig zustandegekommen und sah keine Anhaltspunkte dafür, dass diese Fassung »eine Verwirklichung nationalsozialistischer Ziele oder Gedanken« gebildet habe. Damit bestimmte die NS-Fassung des Paragraphen auch weiterhin das Leben Homosexueller in der Bundesrepublik. Die von ihnen gestellten Anträge auf Wiedergutmachung der Verschärfung des § 175 durch die Nationalsozialisten hatten vor Gericht keinen Erfolg. Ein in der Bundesrepublik gültiges Gesetz konnte nach Auffassung der Richter eben kein »typisches NS-Unrecht« sein. Also verurteilte man Homosexuelle weiterhin nach § 175 und § 175 a in der Fassung von 1935. Homosexualität blieb ein gesellschaftliches Tabu und unterlag in der Bundesrepublik »der bewussten Ausgrenzung«. (Hans-Georg Stümke)

Entschädigungsberechtigt war nach § 1 des BEG nur, »wer aus Gründen politischer Gegnerschaft gegen den Nationalsozialismus oder aus Gründen der Rasse, des Glaubens oder der Weltanschauung durch nationalsozialistische Gewaltmaßnahmen verfolgt worden war«. Somit gehörten Homosexuelle ebenso wie Zwangssterilisierte, von Morden der »Euthanasie« betroffene Familien oder »Zigeuner« nicht zu »Opfern der NS-Verfolgung«, galten also nicht als »echte Gegner« des Nationalsozialismus. Aus Sicht des Bundesfinanzministeriums waren Homosexuelle häufig als politische Gegner behandelt und lediglich deshalb in Konzentrationslager eingeliefert worden, »wo sie – wie die echten politischen Gegner des Nationalsozialismus – den Roten Winkel auf der KZ-Kleidung tragen mussten«. In Wirklichkeit jedoch – so eine spätere Erkenntnis des BMF – beruhten die gegen sie ergriffenen Maßnahmen jedoch auf »Gründen der Sicherheit, der Ordnung oder ähnlichen Gründen, die mit einer echten politischen Gegnerschaft nichts zu tun haben«.[12] Dass zwischen dem Vorgehen gegen Homosexuelle und der NS-Rassenpolitik ein enger Zusammenhang bestand, wurde selbst Anfang der 1980er Jahre noch nicht erkannt.

Die wegen eines Verstoßes gegen § 175 StGB durch ein NS-Gericht verhängten Gefängnis- oder Zuchthausstrafen galten weiterhin als ebenso rechtmäßig wie eine zwangsweise Kastration. Entschädigungen für Homosexuelle, die zwischen 1933 und 1945 im Gefängnis, Zuchthaus oder KZ inhaftiert gewesen waren, ließen die Gesetze zur Wiedergutmachung nicht zu. Erst das »Allgemeine Kriegsfolgengesetz« berücksichtigte die Verhaftung eines Homosexuellen und seine Überstellung in ein KZ als »nationalsozialistische Gewaltmaßnahme«. Allerdings reichten lediglich 14 Homosexuelle, die ihre Haft im KZ überlebt hatten, einen Antrag auf Entschädigung ein. Sowohl die Einreichungsfrist von einem Jahr als auch deren Verlängerung um ein weiteres Jahr waren kurz bemessen. Vor allem aber dürfte vielen ehemaligen homosexuellen KZ-Häftlingen die Möglichkeit einer Antragstellung unbekannt geblieben sein. Außerdem verfügten Homosexuelle zu dieser Zeit noch über keine organisierte Interessenvertretung.

Weil der in der Öffentlichkeit abfällig als »Schwulen-Paragraph« bezeichnete § 175 StGB immer noch Gültigkeit besaß, wurden Homosexuelle in ihrem gesellschaftlichen Umfeld in der Bundesrepublik weiterhin diskriminiert: »Die strafrechtliche Verfolgung homosexueller Handlungen reflektierte gesellschaftliche und nicht zuletzt ethische, moralische und religiös basierte Werturteile (oder Vorurteile). Bis 1969 zog jede Verurteilung nach § 175 StGB beispielsweise für Beamte des öffentlichen Dienstes des Bundes, der Länder und Kommunen zwingend ein Disziplinarverfahren nach sich, das in der Regel zur Entfernung dieses Beamten aus dem Dienstverhältnis führte. Jeder Verstoß gegen Strafgesetze oder geltende Moralvorstellungen wurde in der Regel als Dienstvergehen geahndet. Homosexuelle Handlungen gehörten ›zu den gravierendsten‹ dieser Verstöße.« (Storkmann)

### 7.2.2 Aufhebung des § 175 und Rehabilitierung

50 000 Menschen wurden wegen Homosexualität zwischen 1950 und 1969 in der Bundesrepublik rechtskräftig verurteilt. Erst die »Große Strafrechtsreform« vom 25. Juni 1969 entkriminalisierte die Homosexualität. Der § 175 a wurde aufgehoben und teilweise in den § 175 integriert. Strafbar blieben Sex mit einem unter 21-jährigen, homosexuelle Prostitution und die Ausnutzug eines Dienst-, Arbeits- oder Unterordnungsverhältnisses, wenn die beteiligten Männer älter als 21 Jahre waren. Ab 1973 bestrafte der Gesetzgeber einen Mann über 18 Jahren, wenn er sexuelle Handlungen an einem Mann unter 18 Jahren vornahm oder an sich vornehmen ließ. Damit wurde das Schutzalter für einvernehmliche sexuelle Handlungen zwischen männlichen Personen auf 18 Jahre festgelegt.

Im Kontext der 1980 und 1981 eingerichteten Härtefonds konnten Homosexuelle, deren Anträge nach dem Kriegsfolgengesetz nicht rechtzeitig eingegangen waren, jetzt erneut einen Antrag auf Entschädigung stellen. Von den neun eingereichten Anträgen konnten jedoch nur vier Betroffene nachweisen, dass sie eine rechtswidrige KZ-Haft erlitten hatten. Ihnen wurde die Zeit der KZ-Haft als Ausfallzeit für ihre Rentenversicherung angerechnet. Die Geschichtswissenschaft hatte sich bisher mit dem Schicksal der Homosexuellen in der NS-Zeit nicht befasst. Doch seit Beginn der 1980er Jahre veröffentlichen Vertreter der deutschen Schwulenbewegung und Historiker zunehmend Einzelstudien zum Schicksal von Homosexuellen während des »Dritten Reichs«. Generell setzte langsam eine Diskussion über die Rehabilitierung und Entschädigung der bisher ignorierten Opfer der nationalsozialistischen Rassenpolitik ein.

Ähnlich wie bei den Zwangssterilisierten oder den Sinti und Roma gingen Initiativen und Aktivitäten jetzt vor allem von den Homosexuellen selbst aus. Das individuelle und kollektive Selbstbewusstsein einer Generation, die sich nicht länger ausgrenzen lassen wollte, äußerte sich national und international durch verschiedene Aktivitäten. Die Unruhen von 1969 in der Christopher Street in New York City erregten Aufmerksamkeit und beflügelten die internationale Emanzipationsbewegung. Zehn Jahre später fanden auch in deutschen Städten am »Christopher Street Day« – und von da an regelmäßig – Demonstrationen und Umzüge von homosexuellen Männern sowie lesbischen Frauen statt. In Dortmund gründete sich der »Arbeitskreis für Schwule Geschichte«, in Köln der »Verein zur Erforschung der Geschichte der Homosexuellen in NRW e. V.« und in München das »Forum Homosexualität«. Eine wichtige Rolle spielte ab Ende 1985 das »Schwule Museum« in Berlin, welches Dokumente sammelt, Ausstellungen organisiert und über eine gut ausgestattete einschlägige Bibliothek verfügt.

Als die Bundesregierung 1981 einen »Härtefonds« einrichtete, wurde erstmals vier von neun homosexuellen Antragstellern die erlittene »rechtsstaatswidrige KZ-Haft« als Ausfallzeit für ihre Rente angerechnet. Für im Gefängnis und im Zuchthaus verbrachte Zeiten galt diese Regelung allerdings nicht. Der Innenausschuss des Bundestages führte am 24. Juni 1987 eine Anhörung bisher unberücksichtigt gebliebener NS-Opfer durch. Daraufhin wurden die Härtefallregelungen im folgenden Jahr erweitert. Dazu gehörten auch außergesetzliche freiwillige Regelungen des Staates für Homosexuelle. Diese konnten jetzt eine einmalige Beihilfe bis zur Höhe von 5000 DM beantragen, wenn der Antragsteller weitere nationalsozialistische Unrechtsmaßnahmen erlitten hatte, die über eine Verhaftung nach § 175 hinausgingen, und wenn er eine aktuelle Notlage nachweisen konnte. Bis zum Oktober 1996 gingen insgesamt 17 Anträge ein. In sechs Fällen wurde eine einmalige und in zwei Fällen eine laufende Zahlung bewilligt. Nach der Wiedervereinigung beschloss der Bundestag im Mai 1994 im Rahmen des »Neunundzwanzigsten Strafänderungsgesetzes« die ersatzlose Streichung des § 175 und die Herabsetzung des Schutzalters für sexuelle Handlungen mit Jugendlichen auf 14 Jahre. Damit wurde in der Bundesrepublik nach über 120 Jahren die Strafbarkeit von Homosexualität abgeschafft.

Die Fraktionen der SPD und Bündnis 90 / Die Grünen forderten im März 2000, die Bundesregierung solle prüfen, ob das »Gesetz zur Aufhebung nationalsozialistischer Unrechtsurteile in der Strafrechtspflege und von Sterilisationsentscheidungen der ehemaligen Erbgesundheitsgerichte« vom 25. August 1998 bereits eine gesetzliche Rehabilitierung für zwischen 1935 und 1945 verurteilte Homosexuelle sicherstelle oder ob ein Zusatzgesetz notwendig sei. Die Verfolgungsmaßnahmen zugunsten eines »gesunden Volkskörpers« und zur Verhinderung einer Ausbreitung der »Seuche« Homosexualität bezeichneten die beiden Fraktionen als nationalsozialistisches Unrecht. Die unrechtmäßigen Maßnahmen gegen die Homosexuellen wurden in erster Linie der NS-Rassenpolitik angelastet. Auch der Parlamentarische Staatssekretär im Bundesministerium der Justiz,

Eckhart Pick (SPD), betonte während einer Bundestagssitzung im Mai 2002: »Wer aus ideologischen oder rassistischen Gründen verurteilt wurde, soll nicht länger mit dem Makel, Verurteilter zu sein, leben müssen.« Nach kurzer Beratung hob das Parlament mit dem »Gesetz zur Änderung des Gesetzes zur Aufhebung nationalsozialistischer Unrechtsurteile in der Strafrechtspflege« die während der Zeit des Nationalsozialismus ergangenen Urteile nach § 175 gegen Homosexuelle auf und bat die Betroffenen um Entschuldigung. Allerdings kam diese Aufhebung, wie Pick in seiner Rede hervorhob, eigentlich 50 Jahre zu spät. Festzuhalten aber blieb: Sowohl die Bundesregierung als auch das Parlament hatten das nationalsozialistische Vorgehen gegen Homosexuelle auf die NS-Rassenpolitik zurückgeführt.

Die »Homosexuelle Initiative Wien« hatte 1984 einen Gedenkstein für die ermordeten homosexuellen Häftlinge im KZ Mauthausen errichtet. 1989 erinnerte die Stadt Berlin am Nollendorfplatz mit einer Gedenktafel an die homosexuellen Opfer des Nationalsozialismus. In Frankfurt erhielt ein Mahnmalprojekt der 1990 von einer Gruppe von Homosexuellen gegründeten »Initiative Mahnmal Homosexuellenverfolgung e. V.« die Zustimmung des Magistrats und der Stadtverordneten. 1994 konnte dort schließlich am Klaus-Mann-Platz die Skulptur »Frankfurter Engel« eingeweiht werden. In Köln ergriff ein »Arbeitskreis Lesben und Schwule« 1990 die Initiative zur Errichtung eines entsprechenden Mahnmals, das 1995 im Bereich des Rheingartens an der Hohenzollernbrücke eingeweiht wurde.

Die 1993 gegründete Gruppe Berliner Homosexueller mit der Bezeichnung »Der Homosexuellen NS-Opfer gedenken« und der »Lesben und Schwulenverband in Deutschland« wünschten sich darüber hinaus ein Denkmal für die im Nationalsozialismus verfolgten Homosexuellen in der Bundeshauptstadt Berlin. Der Bundestag folgte dieser Anregung und beschloss im Dezember 2003, ein solches Denkmal in Berlin-Mitte zu errichten. Im Mai 2008 konnte im Berliner Tiergarten – unweit des Brandenburger Tors und des Holocaust Denkmals – in Anwesenheit von Kulturstaatsminister Bernd Neumann und des Regierenden Bürgermeisters Klaus Wowereit das Denkmal für die während des Nationalsozialismus verfolgten Homosexuellen eingeweiht werden. Schließlich trat im Juli 2017 das »Gesetz zur strafrechtlichen Rehabilitierung der nach dem 8. Mai 1945 wegen einvernehmlicher homosexueller Handlungen verurteilten Personen« in Kraft. Im Juni 2018 erinnerte Bundespräsident Frank-Walter Steinmeier anlässlich eines Festakts zum zehnjährigen Jahrestag der Denkmaleröffnung an die in der Zeit des Nationalsozialismus verfolgten Homosexuellen. In seiner Rede vor dem Denkmal betonte er: »Ihr Land hat Sie zu lange warten lassen. Wir sind spät dran. Was gegenüber anderen Opfergruppen gesagt wurde, ist Ihnen bisher versagt geblieben. Deshalb bitte ich heute um Vergebung – für all das geschehene Leid und Unrecht, und für das lange Schweigen, das darauf folgte.«

In der Gedenkstunde des Deutschen Bundestages an die Opfer des Nationalsozialismus am 27. Januar 2023 wurde besonders der Menschen gedacht, die im Nationalsozialismus wegen ihrer sexuellen Neigung bzw. geschlechtlichen Identität verfolgt wurden.

# 8. Die Gewinnung von »Rassegut«

*»Die Vermehrung allein vermag die Zukunft eines Volkes nach menschlichem Ermessen sicherzustellen.«*[1]

*»Der völkischen Weltanschauung muss es im völkischen Staat endlich gelingen, jenes edlere Zeitalter herbeizuführen, in dem die Menschen ihre Sorge nicht mehr in der Höherzüchtung von Hunden, Pferden und Katzen erblicken, vielmehr im Emporheben des Menschen selbst.«*[2]

*»Denn hat erst ein Volk und ein Staat diesen Weg einmal beschritten, dann wird sich auch von selbst das Augenmerk darauf richten, gerade den rassisch wertvollen Kern des Volkes und gerade seine Fruchtbarkeit zu steigern, um endlich das gesamte Volkstum den Segen eines hochgezüchteten Rassengutes teilhaftig werden zu lassen.«*[3]

## 8.1 Die Förderung ehelicher Geburten

Zwischen dem Ende des Ersten Weltkriegs und 1933 waren in europäischen Staaten wie England, Frankreich, Italien und Polen die Geburtenzahlen gesunken, den größten Geburtenrückgang hatte jedoch Deutschland zu verzeichnen. Als eine Leistung des Staates wurde daher bereits der leichte Anstieg an Geburten in den beiden ersten Jahren des »Dritten Reichs« propagandistisch herausgestellt. Dabei bestimmten in Wirklichkeit zunächst Anti-Fortpflanzungsmaßnahmen die Rassenpolitik des NS-Staats. Zu diesen gehörten – wie bereits genannt – Heiratsverbote, Zwangssterilisationen, Abtreibungen aus »eugenischer« Notwendigkeit und schließlich Morde an »Minderwertigen« und »Fremdrassigen«.

Eine erste geburtenfördernde Maßnahme stellte die Unterbindung von Schwangerschaftsabbrüchen dar. Dass sich deren Zahl verminderte, hing jedoch weniger mit den angedrohten Strafen des NS-Staates zusammen. Der Rückgang dürfte wohl eher eine Folge der Anpassung der Mehrzahl der deutschen Ärzteschaft an den Nationalsozialismus einerseits und der geringer werdenden Zahl liberaler und vor allem jüdischer Ärzte andererseits gewesen sein. Abtreibungen gänzlich zu unterbinden, gelang dem Regime offensichtlich jedoch nicht; denn noch in den letzten Kriegsjahren musste eine »Verordnung zum Schutze von Ehe, Familie und Mutterschaft« erlassen werden. Sie drohte demjenigen, »der durch Abtreibung die Lebenskraft des deutschen Volkes fortgesetzt beeinträchtigt«, mit Zuchthaus und in schweren Fällen sogar mit der Todesstrafe.

Um die gewünschte Zunahme der Geburtenrate zu erreichen, widmete sich der NS-Staat zunächst der Förderung des Kinderreichtums von Familien. Dafür sorgen sollten »erbgesunde deutsche Frauen« und die »deutsche Mutter« als »Trägerin von Blut und Rasse«. Bereits dem Parteiprogramm der NSDAP ließ sich der enge Zusammenhang zwischen Rassenpolitik und Mutterschaft entnehmen. Dort hieß es: »Der Staat muss für die Hebung der Volksgesundheit durch den Schutz der Mutter und des Kindes sorgen.« In *Mein Kampf* hatte Hitler besonders die frühe Heirat propagiert, weil er davon überzeugt war, dass eine junge Ehe noch die Kraft habe, »aus der allein ein gesunder und widerstandsfähiger Nachwuchs« komme.[4]

Aus propagandistischen Überlegungen führte der NS-Staat den ursprünglich aus den USA stammenden Muttertag ein. In der Weimarer Republik hatte Anfang der 1920er

Jahre der »Verband Deutscher Blumengeschäftsinhaber« für diesen Tag geworben, um ihn als einen Anlass zum Überreichen von Blumen zu etablieren. Erstmals im Mai 1934 – und danach jährlich – wurde im »Dritten Reich« der »Gedenk- und Ehrentag der Deutschen Mutter« als Feiertag begangen. Die erste Muttertagsrede hielt Reichsinnenminister Frick – Vater von fünf Kindern – im Rundfunk. Er beklagte, dass sich die Kinderlosen und Kinderarmen ihrer »biologischen Pflichterfüllung entzögen und das Volk deshalb an Überalterung zu Grunde gehen könne«. Es folgten die Bekanntgabe von »Richtlinien für das Reichsmütterdienstwerk«, das künftig vom »Deutschen Frauenwerk« und der »NS-Frauenschaft« getragen wurde, sowie der Hinweis auf eine geplante Sammelaktion für das von der »Nationalsozialistischen Volksfürsorge« (NSV) gegründete Hilfswerk »Mutter und Kind«.

Den »erbbiologisch wertvollen« jungen Familien sollte ein Ehestandsdarlehen für Ehemänner dabei helfen, durch eine möglichst frühzeitige Ausnutzung der Fruchtbarkeitsperiode ihrer Frauen die Erhöhung der Geburtenzahl zu sichern. Litten Ehegatten allerdings an »erblichen, geistigen und körperlichen Gebrechen«, erhielten sie dieses Darlehen natürlich nicht. Für dessen Bewilligung musste die Ehefrau ihre Berufstätigkeit allerdings aufgeben. Aus Hitlers Sicht stellte die Ehe jedoch nicht nur eine wesentliche Voraussetzung für die Erhöhung der Geburtenziffer dar, sondern sollte einem höheren Ziel dienen, »der Vermehrung und Erhaltung der Art und Rasse. Nur das ist ihr Sinn und ihre Aufgabe.«[5] Bei der Erreichung eines solchen Ziels war aus nationalsozialistischer Sicht auf die Berufstätigkeit verheirateter Frauen keine Rücksicht zu nehmen. Beamtinnen wurden daher bei ausreichendem Einkommen des Ehemannes entlassen oder aus leitenden in geringer bezahlte Positionen herabgestuft. Dies ermöglichte zudem die Einlösung eines Versprechens der NSDAP, durch Abschaffung von Doppelverdienern mehr Arbeitsplätze zu schaffen. Die Zahl weiblicher Studienanfängerinnen durfte 10 Prozent der Neuimmatrikulationen nicht überschreiten. Ärztinnen, deren Ehemänner genügend verdienten, wurde die Approbation entzogen. Zudem wies man Krankenhäuser an, möglichst keine Ärztinnen mehr einzustellen. Künftig durften Frauen weder Richterinnen noch Anwältinnen mehr werden, und die im Staatsdienst befindlichen Juristinnen wurden allenfalls noch in der Verwaltung eingesetzt.

Das Ehestandsdarlehen, das eine Summe zwischen 500 und 1000 Reichsmark umfasste, konnte zinslos in Monatsraten von einem Prozent des Darlehens zurückgezahlt werden. Die Höhe der Rate reduzierte sich pro Kind um 25 Prozent. Eine Rückzahlung entfiel völlig, sobald ein Ehepaar vier Kinder hatte. Hinzu kam noch eine einmalige Kinderbeihilfe für die »arische Familie«. Bis Ende 1935 hatten fast 520 000 Ehepaare das Ehestandsdarlehen erhalten. Ab dem fünften Kind gab es noch eine Kinderbeihilfe von zehn Mark, die wenig später schon ab dem dritten Kind gezahlt wurde. Es folgte noch die Gewährung von Steuerfreibeträgen für den Familienvorstand, die sich nach Kinderzahl berechneten. Kinderlose Ehepaare zahlten höhere Steuern. Solche Zahlungen und Steuererleichterungen stellten allerdings keine nationalsozialistische Erfindung dar, sondern wurden zu dieser Zeit bereits von mehreren europäischen Staaten als notwendige Leistungen eines Sozialstaats angesehen.

Besonders Himmler glaubte an die Überlegung Hitlers, man könne mit Hilfe einer Steigerung der Geburtenfolge und einer beständigen »Blutspflege« die »nordisch-arische Kulturrasse« verbessern und zur globalen Führungsrasse entwickeln. In diesem Zusammenhang sah er die SS keineswegs nur als eine Organisationseinheit der NSDAP mit Polizeifunktion an, sondern vielmehr als einen aus »nordischen« Männern zusammengesetzten nationalsozialistischen soldatischen Orden. Die erforderliche und sorgfältig überprüfte »Rassereinheit« bildete daher für die Mitgliedschaft in dieser »Sippengemeinschaft« die entscheidende Voraussetzung. Die dazu notwendigen Überprüfungen und die Erstellung einer Ahnentafel auch für die künftige Ehefrau eines SS-Manns durch Spezialisten erforderten viel Zeit, was bei dem anfänglich kleinen Umfang der SS noch kein Problem war. Doch der Anstieg der Mitgliederzahl führte zu langen Wartezeiten. Bis zum Mai 1937 hatten sich in der SS bereits über 20 000 Heiratsanträge angestaut. Die wesentlichste Aufgabe eines SS-Angehörigen nach erfolgter Eheschließung stellte für Himmler die Zeugung möglichst vieler »nordischer« Kinder dar. Als Mindestkinderzahl einer »guten und gesunden« Ehe in der SS sah er vier Kinder an. Wie von Hitler angeregt, sollten auch SS-Männer möglichst in jungen Jahren heiraten. Für jedes Kind gab es in der SS eine Gehaltszulage als Anreiz, kinderlosen SS-Familien schlug Himmler die Adoption unehelich geborener Kinder vor.

Im Juni 1935 ließ Himmler an alle SS-Führer die Schrift *Geburtenrückgang. Ein Mahnruf an das deutsche Volk* verteilen. Damit sollten die Angehörigen der SS dazu angehalten werden, zur »Zeugung von Kindern guten Blutes« beispielgebend beizutragen. Im Dezember 1935 gründeten SS-Angehörige in Berlin auf Anregung des Reichsführers SS den »Lebensborn e. V.«. Dieser Verein hatte die Aufgabe, »rassisch und erbbiologisch wertvolle, kinderreiche Familien« der SS zu unterstützen. Da keineswegs bedürftige, sondern nur »rassisch hochwertige« Mütter und Kinder gefördert werden sollten, war der Verein »ausschließlich ein Instrument züchterischer Rassenpolitik« (Georg Lilienthal). Er blieb trotz seiner Rechtsform als eingetragener Verein fest in die SS eingegliedert und wurde 1938 dem »Persönlichen Stab des Reichsführers SS« unterstellt. Schließlich amtierte Himmler persönlich als Vorsitzender des Vereins.

Zunächst finanzierte sich dieser aus einer Zwangsabgabe aller SS-Angehörigen. Die Beitragspflicht endete erst bei vier eigenen ehelichen oder außerehelichen Kindern. Doch schon bald erreichte Himmler, dass der Verein aus dem vom Staat getragenen Parteibudget finanziert wurde. Die Förderung von SS-Familien mit fünf oder mehr Kindern erfolgte in Form einmaliger oder monatlicher Beihilfen. Ein Kuratorium aus SS-Führern entschied über Bedürftigkeit und Höhe der Zuwendungen. Bis zum Ende des Krieges erhielten ungefähr 1600 SS-Familien mit insgesamt 9600 Kindern eine solche Unterstützung. Die Gründung des Vereins machte Himmler in einem Rundschreiben Anfang 1936 allen SS-Führern bekannt. Bald erhielt die Arbeit des Vereins jedoch einen neuen Schwerpunkt.

In einer Rede vor den SS-Gruppenführern im Februar 1937 in Bad Tölz machte Himmler auch auf die Bedeutung der Geburtenrate aufmerksam, wobei er – wie so oft – auf Gedanken Hitlers aus *Mein Kampf* zurückgriff: »Das Volk, das sehr viel Kinder hat, hat die Anwartschaft auf die Weltmacht und Weltbeherrschung. Ein gutrassiges Volk, das sehr wenig Kinder hat, besitzt den sicheren Schein für das Grab, für die Bedeutungslosigkeit in 50 und 100 Jahren, für das Begräbnis in zweihundert und fünfhundert Jahren.«[6] Um einer solchen Entwicklung vorzubeugen, ließ er bei allen SS-Standarten »SS-Pflegestellen« gründen. Diese befassten sich mit allen Fragen der »Sippenpflege« und betreuten die SS-Familien am jeweiligen Stationierungsort. Sie halfen künftigen SS-Männern bei der Beschaffung der geforderten Verlobungs- und Heiratsgesuche sowie der notwendigen Abstammungsnachweise, leisteten materielle Fürsorge und kümmerten sich vor allem um die bisher aus Sicht Himmlers unbefriedigend verlaufene rassische Auslese der künftigen Ehefrauen von SS-Angehörigen.

Im Dezember 1938 stiftete Hitler »als sichtbares Zeichen des Dankes des Deutschen Volkes an kinderreiche Mütter das Ehrenkreuz des Deutschen Volkes«. Es sollte bei feierlichen Anlässen mit einem weiß-blau-weiß geränderten Band um den Hals oder als Miniaturkreuz am Revers getragen werden. Die Verleihung erfolgte in drei Stufen: Ab vier Kindern erhielt eine Mutter das bronzene, ab sechs Kindern das silberne und ab acht Kindern das goldene Mutterkreuz. Auf der Vorderseite des Kreuzes befand sich auf einer runden Scheibe ein Hakenkreuz mit der Umschrift: »Der Deutschen Mutter«. Die Rückseite trug die Inschrift: »Das Kind adelt die Mutter« und den Namenszug Hitlers. Im Mai 1939 erfolgten am Muttertag die ersten Verleihungen durch die jeweiligen Ortsgruppenleiter der NSDAP, und auch künftig wurden alle weiteren Mutterkreuze immer am Muttertag verliehen. Dabei ging es dem NS-Staat nicht nur um die bloße Erhöhung der Zahl der Geburten; vielmehr sollten die gewünschten Kinder vor allem den qualitativen Vorstellungen der künftigen »Herrenrasse« entsprechen. Deshalb musste die betreffende Mutter vor einer Verleihung des Ehrenkreuzes zunächst eine »Ariererklärung« unterzeichnen.

Zusätzlich wurden vor der Verleihung eines »Mutterkreuzes« Auskünfte über die betreffende Mutter beim Gesundheitsamt, dem Wohlfahrtsamt und der Polizei eingeholt. Damit sollte ausgeschlossen werden, dass »Mütter von erbkranken und asozialen Familien«, Frauen von Alkoholikern oder solche mit einem »unsittlichen« Lebenswandel die Ehrung erhielten. Falls später eine »Unwürdigkeit« entdeckt wurde, konnte das Ehrenkreuz wieder entzogen werden. Vorschlagsberechtigt waren sowohl staatliche Stellen als auch die NSDAP. Es wurde »misstrauisch registriert und weitergemeldet, wenn jemand das Mutterkreuz abgelehnt hatte«. (Irmgard Weyrather) Nach Schätzungen erhielten bis zum Kriegsende 1945 ungefähr fünf Millionen Frauen die im Volksmund als »Karnickelkreuz« verspottete Medaille. In der Öffentlichkeit mussten HJ-Mitglieder vor einer Trägerin des Mutterkreuzes salutieren, in Geschäften, Behörden, bei Veranstaltungen und in öffentlichen Verkehrsmitteln sollten diese Frauen bevorzugt behandelt werden. Zur Erhöhung der Geburtenrate trug das Mutterkreuz allerdings nur unwesentlich bei.

Hitler selbst, der erst kurz vor seinem Tod Eva Braun heiratete, blieb kinderlos. Innerhalb des engeren Führungskreises der Partei hatten Rudolf Heß, Himmler und Göring jeweils ein eheliches Kind. Die Familien Goebbels und Speer hatten jeweils sechs Kinder, und das Ehepaar Martin und Gerda Bormann sogar zehn Kinder.

### 8.1.1 Förderung unehelicher Geburten

Himmler erkannte schnell, dass eheliche Kinder allein die Geburtenrate »rassisch wertvoller« Kinder weder in der SS noch in der Bevölkerung beträchtlich erhöhen würden. Daher galt es, möglichst auch unverheiratete Frauen für die Geburt eines Kindes zu gewinnen. Dass er selbst zwei uneheliche Kinder mit seiner Sekretärin hatte, blieb allerdings während des »Dritten Reichs« unbekannt. Um die Geburt unehelicher Kinder zu erleichtern, richteten sich die Aktivitäten von Staat und Partei gegen die in weiten Teilen Deutschlands immer noch übliche Stigmatisierung unverheirateter Mütter. Dazu wurden bereits bestehende Institutionen neu ausgerichtet und neue geschaffen, so das »Deutsche Institut für Jugendhilfe« und das von der »Nationalsozialistischen Volkswohlfahrt« eingerichtete »Hilfswerk Mutter und Kind«.

Nach der Gründung des »Lebensborn e. V.« wurde schnell deutlich, dass der Verein in erster Linie dem Wunsch des Reichsführers SS nach Unterstützung und Unterbringung »erbbiologisch wertvoller« lediger Mütter nachkommen sollte. (Lilienthal) Natürlich hatten auch diese Mütter »in rassischer und erbbiologischer Hinsicht alle Bedingungen zu erfüllen, die in der Schutzstaffel allgemein« galten. Für ledige schwangere Frauen wurden im Reichsgebiet acht Entbindungsheime und drei Kinderheime geschaffen, um die Geheimhaltung einer Geburt zu ermöglichen. Das erste Entbindungsheim entstand 1936 in Steinhöring bei Ebersberg in Oberbayern. Es erhielt den Namen »Heim Hochland« und diente als Vorbild für weitere Einrichtungen. Der Verein verfügte aus Gründen der Geheimhaltung über eigene polizeiliche Meldestellen und Standesämter. Zudem übernahm er, falls von der Mutter gewünscht, die Vormundschaft über die in seinen Einrichtungen zur Welt gekommenen Kinder. Ein Rundschreiben des »Rasse- und Siedlungshauptamts der SS« unterstrich, dass der Verein unverheirateten Müttern beistehen müsse; denn man wolle »nicht bewusst der Abtreibung und dem dauernden Bevölkerungsrückgang Vorschub leisten«. Um Kritik aus den eigenen Reihen zu entkräften, betonte das Amt im gleichen Rundschreiben, dass die Grundlage »von Volk und Staat« weiterhin die Ehe sei.

Nach der Eröffnung von »Heim Hochland« gab Himmler den SS-Führern die Gründung des »Lebensborn e. V.« in einem Rundschreiben bekannt. Dabei wies er erneut auf die Notwendigkeit hin, die Zahl der »rassisch und erbgesundheitlich wertvollen Kinder« zu steigern. Von den zwischen 1936 und Ende 1939 in den Heimen des »Lebensborn e. V.« aufgenommenen 1445 Müttern waren 613, also 42,4 Prozent, verheiratet. Erst in den ersten Kriegsjahren stieg die Zahl der ledigen Mütter auf über 50 Prozent Doch ab Mitte 1944 hielten sich wieder mehr Ehefrauen von SS-Angehörigen in den Heimen auf, zumal diese Heime abseits der von Bomben bedrohten Städte lagen. Von einer Steigerung der Adoptionen wurde aus verschiedenen Gründen abgesehen, so dass bei Kriegsende von 260 seit 1936 eingeleiteten Adoptionsverfahren lediglich 100 die notwendige amtsgerichtliche Bestätigung erhalten hatten. Der hohe Grad der Geheimhaltung förderte natürlich die Entstehung von Gerüchten, die Heime des »Lebensborn e. V.« seien Zuchtanstalten der SS, in denen gelenkte Fortpflanzung betrieben werde. Diese Gerüchte konnten erst nach dem Krieg durch die historische Forschung widerlegt werden.

Am 28. April 1936 erstellte Himmler ein Memorandum zur Geburt unehelicher Kinder in der SS. Diese Kinder wollte er im Rahmen der Bevölkerungspolitik fördern und auf diese Weise gleichzeitig die Moralvorstellungen der Kirchen attackieren. Zwar sollte eine Akzeptanz von unehelichen Kindern niemals zu Beeinträchtigung der Institution Ehe führen, aber Himmler glaubte: »Bestimmt schon in hundert Jahren, vielleicht schon viel früher, sind wir um jeden Menschen froh, den wir mehr haben in Deutschland, und es könnte einmal der Zeitpunkt kommen, wo wir für jedes Bataillon, das wir zu Bekämpfung des Bolschewismus an unsere Ostgrenze schicken können, von Herzen dankbar sind.«[7] Er hoffe, so führte er weiter aus, von jedem Bataillon der SS-Verfügungstruppe jährlich zwei- bis dreihundert Kinder zu erhalten. Über die Verlogenheit der vom Christentum aufgebauten moralischen Gesetze wolle er sich mit der SS hinwegsetzen. Deshalb werde er alles tun, »um die unehelichen gutrassigen, meist hochbegabten Kinder unserer SS aufzuziehen« und deren Mütter »mit allen Ehren« neben die ehelichen Mütter stellen.

»Mit Händen und Füßen«, so erklärte er im Juni des folgenden Jahres dem »Sachverständigenbeirat für Bevölkerungs- und Rassenpolitik«, werde er sich »gegen jede gesetzliche oder auch stimmungsmäßige allzu große moralische Einschränkungen im Verhältnis von Mann zu Mädel wehren«. Und er fügte warnend hinzu: »denn alles, was wir hier zu stark einschränken, landet drüben auf der anderen Seite bei den Homosexuellen«. Deshalb riet er zur Tolerierung sowohl des vorehelichen Geschlechtsverkehrs als auch unehelicher Geburten. Den ihm für die Heiratsgesuche von SS-Männern vorzulegenden Ahnentafeln glaubte er im Übrigen entnommen zu haben, dass kaum eine Familie existiere, in der es nicht uneheliche Kinder gegeben habe. Deshalb solle man diese Frage »mit einer einigermaßen germanischen Großzügigkeit behandeln«.

Ein erster Schritt zur Aufwertung lediger Mütter erfolgte im Mai 1937 durch einen Erlass des Reichsjustizministeriums. Schon seit 1919 konnte gemäß einer Verfügung des preußischen Innenministeriums in Preußen keiner ledigen weiblichen Person mehr die Bezeichnung »Frau« verwehrt werden. Dennoch war für ledige Frauen und für ledige Mütter weiterhin die Bezeichnung »Fräulein« gebräuchlich geblieben. Der Erlass gestattete ledigen Müttern im Reichsgebiet jetzt ausdrücklich die Anrede »Frau«. Einen entsprechenden Wunsch konnten sie bei der Ortspolizei ihres Wohnorts anmelden. Die Bezeichnung »Frau« wurde sodann in die als allgemeiner polizeilicher Inlandsausweis geltende Kennkarte eingetragen. Diese Maßnahme sollte zur gesellschaftlichen Aufwertung lediger Mütter beitragen. Wesentlicheres Gewicht besaß jedoch eine noch im gleichen Jahr ergehende Verfügung des RMdI. Seitdem musste die Geburt eines unehelichen Kindes, das außerhalb des normalen Wohnsitzes einer ledigen Mutter zur Welt gekommen war, nicht mehr – wie bisher üblich – an ihrem Wohnsitz polizeilich gemeldet werden.

Die ersten Kriegsverluste mögen Himmler Ende Oktober 1939 dazu bewogen haben, sich mit einem Befehl zugunsten unehelicher Kinder an die SS und Polizei im Reichsgebiet zu wenden. Darin hieß es: »Über die Grenzen vielleicht sonst notwendiger bürgerlicher Gesetze und Gewohnheiten hinaus wird es auch außerhalb der Ehe für deutsche Frauen und Mädel guten Blutes eine hohe Aufgabe sein können, nicht aus Leichtsinn, sondern in tiefstem sittlichem Ernst Mütter der Kinder ins Feld ziehender Soldaten zu werden, in denen das Schicksal allein weiß, ob sie heimkehren oder für Deutschland fallen. Auch für die Männer und Frauen, deren Platz durch den Befehl des Staates in der Heimat ist, gilt gerade in dieser Zeit die heilige Verpflichtung, wiederum Väter und Mütter von Kindern zu werden.«[8] In der Wehrmacht rief dieser »Zeugungserlass« Unruhe hervor und veranlasste den Oberbefehlshaber des Heeres, Generaloberst von Brauchitsch, zu einem Gespräch mit Himmler. Der Reichsführer SS sah sich danach zu einem ergänzenden Erlass genötigt. Darin änderte er zwar nicht seine Haltung zur Notwendigkeit unehelicher Kinder, verbot jedoch SS und Polizei, sich den Frauen von im Felde stehenden Soldaten zu nähern. In einer späteren Rede vor der SS-Führung schwächte er den Inhalt des Erlasses jedoch wieder ab. Eine weitere offene Propagierung unehelicher Kinder vermied Himmler, das Thema beschäftigte ihn jedoch weiterhin.

Noch im Verlauf des Angriffskriegs gegen die Sowjetunion wies er im Mai 1942 den Leiter des »Lebensborn e. V.« Max Sollmann in München an, dort für den Verein eine neue Zentrale zu errichten. Darüber unterrichtete er SS-Obergruppenführer Oswald Pohl in einem geheimen Schreiben unter anderem mit den Worten: »Ich habe SS-Standartenführer Sollmann völlig *geheim* den Auftrag gegeben, die Zentrale unter dem Gesichtswinkel der rund 400 000 heute wohl vorhandenen Frauen, die durch den

Krieg und seine Gefallenen keine Männer bekommen können, zu planen und auszubauen. Das Gebäude muss entsprechend dem edlen Gedanken und der Ehre der nicht verheirateten Mutter anständig und repräsentativ sein.«[9]

### *8.1.2 Die Förderung von Wehrmachtkindern*

Im April 1940 überfielen deutsche Truppen Dänemark und Norwegen, um die wichtigen Nachschubwege für Eisenerz aus dem norwegischen Narvik und dem schwedischen Kiruna sowie die Ostseezugänge zu sichern. Am 10. Mai marschierten deutsche Truppen im Rahmen des Angriffsplans gegen Frankreich in den drei Beneluxstaaten ein. Nachdem die Kämpfe unterschiedlicher Dauer und Intensität beendet waren, wurden diese Länder durch deutsche Verbände in verschiedener Personalstärke besetzt. Die mit unterschiedlicher Leitung und Organisationsstruktur versehenen Besatzungsregime setzten dort die deutschen Interessen durch.

Himmler ging es bei seinen Zukunftsüberlegungen »nicht einfach um die Installierung einer historisch legitimierten deutschen Kontinentalhegemonie konventioneller Provenienz. Die Eigenart seiner rassisch geprägten Weltsicht ließ ihn weitaus weniger die Bildung eines ›deutschen‹ als vielmehr die Schaffung eines ›germanischen‹ Weltreiches anvisieren« (Frank-Lothar Kroll). In den zu bildenden neuen Reichsverband gedachte er allerdings nur »verwandtes Blut« aufzunehmen. Zunächst galten seine Bemühungen der Gewinnung von Freiwilligen für die SS. Indem er aus ausländischen Freiwilligen SS-Verbände bilden ließ, versuchte Himmler, die vonseiten der Wehrmacht für Deutschland festgelegte Rekrutierungszahl für die Waffen-SS zu vergrößern. Dafür boten sich wegen ihrer aus seiner Sicht »germanischen Bevölkerung« besonders Norwegen, Dänemark, der flämische Teil Belgiens und die Niederlande an. Im Januar 1941 vereidigte Himmler in Oslo persönlich die 300 ersten norwegischen Freiwilligen für einen »germanischen SS-Verband«, das Regiment »Nordland«. Es setzte sich zur Hälfte aus Deutschen, zur anderen Hälfte aus Freiwilligen aus Dänemark und Norwegen zusammen. Die ausländischen Angehörigen der Waffen-SS wurden den gleichen rassischen Auswahlkriterien und Heiratsvorschriften wie im Reichsgebiet unterworfen. Für entsprechende erbbiologische und rassenanthropologische Untersuchungen sorgte in diesen Ländern eine »Germanische Freiwilligen-Leitstelle«.

»Einen Ansatzpunkt für eine planvolle bevölkerungsbiologische Verschmelzung der germanischen Völker mit dem deutschen Volk sah Himmler in den Kindern, die deutsche Besatzungsangehörige mit einheimischen Frauen hatten« (Lilienthal). Überall, wo Wehrmacht, SS und deutsche Polizei stationiert waren, kam es zwischen Deutschen und einheimischen Frauen zu engeren Beziehungen sowie schließlich zur Geburt von allerdings erst in der Rückschau so benannten »Wehrmachtkindern«. »Kaum ein zweites Thema dürfte bis heute derartig verdrängt worden sein«, bemerkt Rolf-Dieter Müller. Die genaue Zahl dieser Kinder lässt sich aus verschiedenen Gründen nicht mehr ermitteln. Die ersten Kinder aus Beziehungen zwischen deutschen Soldaten und Norwegerinnen kamen im Frühjahr 1941 zur Welt. Bis zum Kriegende 1945 wurden 10 000 bis 12 000 solche Kinder geboren. In Dänemark erblickten in diesem Zeitraum

6000 bis 8000 Besatzungskinder das Licht der Welt, und in den Niederlanden weitere 12 000 bis 15 000. Jüngere Forschungen sprechen für Belgien von 20 000, für Frankreich von 200 000 und für Griechenland von 100 »Wehrmachtkindern«.

Ende 1940 machte der »Höhere SS- und Polizeiführer beim Reichskommissar für die besetzten norwegischen Gebiete«, Josef Terboven, Himmler darauf aufmerksam, dass Norwegen demnächst mit einem größeren Zuwachs unehelicher Kinder rechne. Deren Väter seien Angehörige der Wehrmacht, der SS und der deutschen Polizei. Nur wenige dieser Kinder würden durch Heirat ins Deutsche Reich kommen, da die meisten durch ihre Mütter automatisch die norwegische Staatsbürgerschaft erhielten. Nach dem Vorbild des »Lebensborn e. V.« oder durch entsprechende Verordnungen könnten diese Kinder dennoch übernommen und dadurch der »Volksgemeinschaft rassisch wertvolles Blut« zugeführt werden. Ähnliche Vorschläge erreichten Himmler vonseiten des »Reichsgesundheitsführers« Leonardo Conti. Sogleich traf Himmler entsprechende organisatorische Vorbereitungen, zumal er sich – wie er am 10. Januar 1941 in einem Schreiben SS-Obergruppenführer Friedrich Wilhelm Rediess, dem »Höheren SS- und Polizeiführer beim Reichskommissar für die besetzten norwegischen Gebiete«, mitteilte – »über jedes Kind freue, das wir von dort bekommen«.[10] Im Frühjahr 1941 richtete daher die Münchener Zentrale des »Lebensborn e. V.« eine Zweigstelle in Oslo ein; denn am »rassischen Wert« der weiblichen »germanischen« Bevölkerung Norwegens hatte Himmler keinen Zweifel.

Im April 1941 schlug das Oberkommando der Wehrmacht vor, Unterhaltsansprüche für die Kinder deutscher Besatzungstruppen in Belgien, Frankreich, den Niederlanden, Norwegen und den Kanalinseln rechtlich zu regeln. Dahinter stand die Überlegung, bei der dortigen Bevölkerung Sympatien für die Besatzungsmacht und das Deutsche Reich nach Ende des Krieges zu schaffen. Für Hitler war dies weniger eine rechtliche als eine »rassenpolitische Frage«. Er wollte die Angelegenheit zunächst allerdings nur für Norwegen und die Niederlande regeln. Dabei ging es ihm erklärtermaßen darum, nur »uneheliche germanische Kinder zu schützen und betreuen; an Franzosen haben wir rassenpolitisch kein Interesse«. Schließlich hatte Hitler Frankreich schon in *Mein Kampf* als ein zunehmend einer »Vernegerung« anheimfallendes Land bezeichnet.

Im Juli 1942 unterzeichnete Hitler die »Verordnung über die Betreuung von Kindern deutscher Wehrmachtsangehöriger in den besetzten Gebieten«. Deren erster Paragraph lautete: »Zur Erhaltung und Förderung rassisch wertvollen germanischen Erbgutes wird Kindern, die in den besetzten norwegischen und niederländischen Gebieten von deutschen Wehrmachtangehörigen gezeugt und von Norwegerinnen oder Niederländerinnen geboren sind, auf Antrag der Mütter eine besondere Fürsorge und Betreuung durch Dienststellen der Reichskommissare für die norwegischen und niederländischen Gebiete gewährt.« Diese Fürsorge umfasste die Übernahme der Entbindungskosten, Unterhaltsbeihilfen sowie die Unterbringung der Mütter in Kliniken und Heimen. Durch die Betreuung der Mütter sollte jeder Nachteil von ihnen ferngehalten und die Entwicklung der Kinder gefördert werden. Ausdrücklich sah die Verordnung vor, dass ihr Geltungsbereich bei Bedarf und nach

Rücksprache mit der Reichskanzlei ganz oder teilweise auf weitere besetzte Gebiete ausgedehnt werden konnte.

Die Verordnung Hitlers sicherte die finanzielle Unterstützung des Staates, und im April 1942 eröffnete der »Lebensborn e. V.« sein erstes Entbindungsheim in Norwegen. Bis zum Ende des Krieges folgten weitere elf Entbindungs- und Kinderheime. Ihre Leitung übernahmen Schwestern und Hebammen, und für die medizinische Betreuung sorgten in der Nähe stationierte Ärzte der Wehrmacht. Insgesamt registrierten die neun Heime in Norwegen 8000 Geburten. Die finanziellen Zuwendungen waren durchaus großzügig, denn sie deckten praktisch alle anfallenden Kosten von der Geburt bis zur Säuglingsausstattung ab. Die Unterhaltszahlungen der deutschen Väter wurden ebenfalls vom Staat übernommen und sollten bis zur Volljährigkeit der Kinder gezahlt werden.

Anders als in Norwegen gelang es dem »Lebensborn e. V.« nicht, auch in Dänemark Fuß zu fassen; denn dort blieb zumindest formal die staatliche Souveränität des Landes erhalten. Der deutsche Gesandte in Kopenhagen vermied es daher, sich in seiner Eigenschaft als »Bevollmächtigter des Reiches« in die Arbeit der dänischen Regierung einzumischen. Nur wenige deutsche Besatzungstruppen wurden im Land stationiert. Da sich die Rechtsstellung dieser Truppen in Dänemark somit von der in den übrigen besetzten Staaten unterschied, kam Hitlers Verordnung dort nicht zum Tragen. Immerhin erfolgte 1942 eine Abmachung über die Unterhaltsverpflichtungen deutscher Soldaten gegenüber dänischen Müttern. Erst nach dem Rücktritt der dänischen Regierung im August 1943 stimmte Himmler der Errichtung einer dortigen Dienstelle des »Lebensborn e. V« zu. Ein in Dänemark geplantes Entbindungsheim konnte seine Arbeit jedoch nicht mehr aufnehmen.

Nach der Kapitulation der Niederlande am 14. Mai 1940 besetzten Einheiten der Wehrmacht, der Waffen-SS und der Ordnungspolizei das Land. Im Mai 1933 hatte Hitler die »Nationalsozialistische Volksfürsorge« als Organisation innerhalb der Partei für das Deutsche Reich anerkannt. Inzwischen verfügte sie über 15 Millionen Mitglieder. Die NSV betreute im Reichsgebiet mit dem »Hilfswerk Mutter und Kind« in vielfältiger Weise »arische« verheiratete und ledige Mütter. Hitler ließ dessen Leiter Erich Hilgenfeldt Anfang Juni 1940 zu sich kommen und befahl ihm, den Einsatz der Organisation auf die besetzten Gebiete auszudehnen. Nach Meinung des deutschen Wehrmachtbefehlshabers in den Niederlanden behandelten die dortigen Behörden und die Bevölkerung der Niederlande die Kinder und Geliebten der deutschen Besatzer schlecht. Häufig würden sie von ihrem familiären Umfeld verstoßen und sähen sich persönlichen Angriffen ausgesetzt.

Einer Betreuung dieser »Wehrmachtkinder« und ihrer Mütter stand aus Sicht des Regimes nichts im Weg, zumal es sich bei ihnen zweifelsfrei um »Deutsche und Angehörige artverwandten Blutes« handelte. Im Frühjahr 1941 wurden Entbindungsheime und Mutterhäuser in Amsterdam, im durch deutsche Luftangriffe schwer zerstörten Rotterdam und in Den Haag eröffnet. Bald kamen weitere Heime in Apeldoorn, Valkenburg und Velp hinzu. Deutsche Standesämter halfen bei der Erbringung notwendiger Unterlagen und bei eventuellen Adoptionsfragen. Von ihren niederländischen Müttern abgegebene Kinder wurden in niederländischen oder in Heimen im Reichsgebiet untergebracht. Vergeblich hatte sich der »Lebensborn e. V.« darum bemüht, auch in die Kinderbetreuung in den Niederlanden einbezogen zu werden. Der zuständige SS-Offizier in Den Haag schrieb Himmler, er habe mehrfach vergeblich »um die rassisch wertvollen Kinder der NSV für den Lebensborn geworben«. Erst die Feier der 1000. Entbindung eines »Wehrmachtkindes« im Amsterdamer Mütter- und Säuglingsheim führte Ende 1943 zu einer entsprechenden Abmachung. Allerdings wurde die vereinbarte Übernahme der vom »Lebensborn e. V.« erwünschten Kinder in den Niederlanden durch den Kriegsverlauf verhindert.

Auch im besiegten Belgien, das dem »Militärbefehlshaber Belgien und Nordfrankreich« unterstand, wurden die unehelichen Kinder deutscher Besatzungssoldaten betreut. Dem »Lebensborn e. V.« gelang es hingegen erst Anfang 1943, in dem zwischen Lüttich und Aachen gelegenen Ort Wégimont das Entbindungsheim »Ardennen« zu eröffnen. Aufnehmen sollte es »werdende Mütter germanischen Blutes«, die ein Kind eines reichsdeutschen Wehrmachtsangehörigen erwarteten. Aber auch jene Mütter, die ein Kind von »fremdländischen Angehörigen deutscher Hilfsorganisationen germanischen Blutes« – wie Waffen-SS, Wallonische Legion oder Flämische SS – erwarteten, konnten das Heim nutzen. Das Heim verfügte zwar über einen Kindergarten, bot allerdings lediglich Platz für 30 Mütter. Da es bei der einheimischen Bevölkerung auf wenig Zustimmung stieß, musste es beständig von der »Germanischen SS« bewacht werden.

Die für die britischen Kanalinseln zuständige Wehrmachtskommandantur auf Jersey machte sich Sorgen um die dortigen 60 bis 80 unehelichen Kinder der deutschen

Besatzer, denn Mütter und Kinder sähen sich starken Anfeindungen der Bevölkerung ausgesetzt. Ein Schreiben der Kommandantur an die für die Inseln zuständige deutsche Militärverwaltung in Paris hob hervor: »Bei dem nordischen Einschlag der hiesigen Bevölkerung handelt es sich zum großen Teil um rassisch einwandfreie Kinder und Mütter. Im Allgemeinen kann sogar angenommen werden, dass es sich gegenüber Frankreich um rassisch wertvolleres Material handelt.« Es ging also auch auf den besetzten Kanalinseln ganz im Sinn Himmlers weniger um das Schicksal von Müttern und Kindern, sondern um »rassisch wertvolles Material«. Eine Übersiedelung der Mütter mit ihren Kindern von den Kanalinseln nach Deutschland wurde zwar in Paris erwogen, doch die alliierte Landung in der Normandie beendete alle weiteren Überlegungen. Außerdem sah sich die deutsche Militärverwaltung in Paris mit einer steigenden Zahl von »Wehrmachtkindern« in Frankreich selbst konfrontiert.

Auch im Osten Europas zeugten deutsche Soldaten in Polen und nach dem Überfall auf die Sowjetunion mit den dortigen »fremdvölkischen Frauen« uneheliche Kinder. In diesen Fällen suchte die Führung der Wehrmacht allerdings – wie ein Erlass des Oberkommandos der Wehrmacht vom September 1942 mit dem Titel »Unerwünschter Verkehr deutscher Soldaten mit Einwohnern in den besetzten Ostgebieten« zeigte – die Geburt von Kindern möglichst zu unterbinden. Heinrich Himmler war zwar durchaus daran gelegen, diese Kinder als Träger der »deutschen Blutsanteile« ihrer Soldatenväter für die »deutsche Volksgemeinschaft« zu gewinnen. Doch der »Reichsminister für die besetzten Ostgebiete« Alfred Rosenberg wollte verhindern, dass »den fremden Völkern des Ostens durch die außerehelich von Deutschen erzeugten Kinder ein deutscher Blutstrom zugeführt wird und gleichzeitig dem deutschen Volkstum wertvolle Kräfte verloren gingen.«

Im Oktober 1943 gab Hitler einen Erlass »über die Betreuung der unehelichen Kinder von Deutschen in den besetzten Ostgebieten« heraus. Zunächst sollten diese Kinder durch die Gebietskommissare, die SS, Polizei oder Wehrmacht aufgelistet werden. »Das Reich«, so Hitler weiter, »übernimmt die Fürsorge der erfassten Kinder, wenn sie rassisch wertvoll sind. Die Auslese nimmt der Reichsführer SS als ›Reichskommissar für die Festigung des deutschen Volkstums‹ in Zusammenarbeit mit der NSV vor«. Es stellte sich allerdings heraus, dass die Besatzungskinder gar nicht so leicht zu ermitteln waren. Die Angehörigen der deutschen Besatzungsmacht, die zudem teilweise verheiratet waren, zeigten kaum Interesse, eine Vaterschaft mit einer »fremdvölkischen Frau« zu melden. Nur wenige Vaterschaften wurden anerkannt. Manche Väter erfuhren durch die ständige Verlegung ihrer Einheiten vielleicht auch gar nicht von ihrem Kind. Im Übrigen war in Estland, Lettland, Litauen und der Ukraine die Eintragung des Namens eines unehelichen Vaters generell unüblich. Die Staatsangehörigkeit der Kinder entsprach der Staatsangehörigkeit der Mutter. Die Mütter osteuropäischer und russischer »Wehrmachtkinder« hatten anders als jene im Westen oder Norden Europas bei einer Registrierung keinerlei Vorteile für sich oder ihre Kinder. Vielmehr mussten sie fürchten, dass ihnen ihre Kinder abgenommen würden. Keineswegs alle Mütter von »Wehrmachtkindern« wollten jedoch ihr Kind durch eine Adoption verlieren. Einige Mütter verschwiegen daher den Namen des entsprechenden Besatzungssoldaten, sofern sie ihn überhaupt kannten. Außerdem wollten sie in ihrer Umgebung künftig nicht als »Deutschenhure« diffamiert oder gar getötet werden. So manche werdende Mutter versuchte deshalb einen Schwangerschaftsabbruch.

Die Himmler Mitte 1944 übermittelte Anzahl unehelicher Kinder deutscher Soldaten im Reichskommissariat Ostland, also in den drei früheren baltischen Staaten und Teilen Weißrusslands, lag bei 500. Davon waren allerdings weniger als 150 als »rassisch wertvoll« eingestuft worden. Die Heeresgruppe Mitte registrierte bis April 1944 für ihren Bereich lediglich 70 »Wehrmachtkinder«. Diese Zahlen unterschritten bei weitem die zuvor angestellten Schätzungen. Angesichts der sich für Deutschland verschlechternden militärischen Lage durch das erfolgreiche Vorrücken der Roten Armee schlug Himmler vor, in den noch in deutscher Hand befindlichen Gebieten förmliche Verfahren zu ignorieren und so viele Kinder von Wehrmachtsangehörigen wie möglich einfach »mitzunehmen«, zumal diese zumindest zur Hälfte über einen »deutschen Bluteinschlag« verfügten: »Es genügt hier, wenn die betreffenden Kinder rassisch tragbar sind, d. h. dass sie mindestens dem Durchschnitt des deutschen Volkes entsprechen.« Die Mütter der Kinder sollten in der Sowjetunion bleiben. Wie viele »Wehrmachtkinder« aus der Sowjetunion tatsächlich das Gebiet des »Altreichs« erreichten und dort vielleicht sogar adoptiert wurden, bleibt ebenso offen wie das Schicksal der »Wehrmachtkinder«, die in der Sowjetunion verblieben.

Das Schicksal der Kinder deutscher Besatzungsangehöriger und ihrer Mütter nach 1945 spiegelte die generelle Haltung der Bevölkerung aller Staaten nach dem Ende der deutschen Besatzung. Die intime Beziehung einer einheimischen Frau mit einem Soldaten des »Feindstaats« Deutschland galt als Schande und als besonders schwerer Verrat an der eigenen Nation, der entsprechend geahndet werden musste. Überall wurden den Müttern die Haare geschoren, sie erlitten Übergriffe und Gewalttätigkeiten. In manchen Ländern wurden die Mütter und ihre Kinder anfangs in Lagern interniert und mussten Zwangsarbeit leisten. Die sonst im Land üblichen Sozialleistungen wie Kindergeld oder Mutterhilfe wurden ihnen ebenso wenig gewährt wie ein Ersatz für die von deutscher Seite entfallende väterliche Unterhaltszahlung. Einige Kinder wurden ihren Müttern einfach weggenommen und zur Adoption an eine Familie im eigenen Land weitergegeben. Die 3000 norwegischen Frauen, die während der Kriegsjahre einen Deutschen geheiratet hatten, verloren die norwegische Staatsbürgerschaft und wurden mit ihrem Kind des Landes verwiesen. Die meisten der in ihrem Geburtsland verbleibenden »Wehrmachtkinder« mussten ein Leben lang Diskriminierungen ertragen.

### *8.1.3 Die »Germanisierung« verschleppter Kinder*

Um weitere Kinder zur Vergrößerung des »rassisch wertvollsten Kerns des Volkes« zu gewinnen, begann das Regime mit der Verschleppung und anschließenden »Eindeutschung« »rassisch wertvoller« Kinder aus den von der Wehrmacht besetzten Gebieten. Diese Kinder wurden gewaltsam aus ihren Familien oder Pflegefamilien, aus Kinderheimen oder Waisenhäusern entführt und von Mitarbeitern des RuSHA rassebiologisch untersucht, um ihre Eignung festzustellen. Allein für Polen nahm der »Internationale Suchdienst des Roten Kreuzes« später eine Zahl von zwischen 12 500 und 20 000 verschleppten Kindern an. Weitere Hunderte kamen aus Rumänien, der Tschechoslowakei und Slowenien, und selbst aus Belgien und Norwegen wurden einzelne Verschleppungen gemeldet. Eine Gesamtzahl lässt sich nicht mehr ermitteln; das gilt besonders für die älteren Kinder, die gegen Ende des Krieges noch in den Volkssturm oder die Wehrmacht und schließlich in Kriegsgefangenschaft gerieten.

Am 6. Oktober 1939 bezeichnete Hitler in einer Reichstagsrede als wichtigste Aufgabe nach der Beendigung des Krieges gegen Polen die dortige Neuordnung der ethnographischen Verhältnisse durch eine Zwangsumsiedlung der Nationalitäten. Himmler, der neu ernannte »Reichskommissar für die Festigung deutschen Volkstums«, betonte, es gelte dabei vor allem, »dafür zu sorgen, dass im Osten nur Menschen wirklich deutschen, germanischen Blutes wohnen«. Dazu sollten die hinzugekommenen Teile des Deutschen Reichs so schnell wie möglich »entpolonisiert« und »eingedeutscht« werden. Deshalb verfügte Himmler im September 1940 den »Erlass über die Überprüfung und Aussonderung der Bevölkerung in den eingegliederten Ostgebieten«. Im März 1941 folgte die »Verordnung über die deutsche Volksliste und die deutsche Staatsangehörigkeit in den eingegliederten Ostgebieten«. Neben der Auswahl von »eindeutschungsfähigen« polnischen Familien spielten in den von der SS angestellten Überlegungen zur Volkstumspolitik »rassisch wertvolle« Kinder eine besondere Rolle. Sie sollten zum einen zum für künftige Kriege notwendigen deutschen Bevölkerungszuwachs beitragen, zum anderen wollte man verhindern, dass die polnische Bevölkerung »rassisch wertvollen« Zuwachs erhielt.

Daraus resultierte die »langfristige Strategie der ›Volkstums-Experten‹ in der Inneren Verwaltung, der Behörde des Reichsführers SS und der Reichsleitung der NSDAP, die Erziehung allen wertvollen Blutes unter den besiegten Völkern den natürlichen Erziehungsberechtigten zu entziehen und in arische Hände zu legen« (Diemut Majer). Noch vor einer zentralen Regelung der Frage hatte der Reichsgau Wartheland bereits Kinder aus polnischen Waisenhäusern, Kinderheimen und Pflegefamilien verschleppen und auf ihre vermeintliche rassische Eignung untersuchen lassen. Ungefähr 250 Kinder wurden dabei für eine »Eindeutschung« ausgewählt. An der gesamten Aktion nahmen verschiedene, durchaus miteinander rivalisierende nationalsozialistische Institutionen teil. Dazu zählten das für außerhalb des Deutschen Reiches lebende Volksdeutsche zuständige »Hauptamt Volksdeutsche Mittelstelle« der SD und die »Nationalsozialistische Volksfürsorge« mit ihren zahlreichen Heimen. Nicht selten kam es außerdem zu nicht abgestimmten Einzelaktionen von Gauleitern, höheren Verwaltungsbeamten, Polizeiführern sowie Angehörigen der SS und des SD.

Erst die »Anordnung Nr 67/I: Eindeutschung von Kindern aus polnischen Familien und aus ehedem polnischen Waisenhäusern« legte ab Februar 1942 ein einheitliches Vorgehen fest. Schließlich sollten nur die eindeutig »als wertvolle Blutsträger für das Deutschtum erkannten Kinder« ausgewählt werden. Besonders geschulte Mitarbeiter des SD und der SS hielten Ausschau nach »blauäugigen und blonden« Kindern. Verfügten diese über ein »arisches Erscheinungsbild«, erhielten sie die Beurteilung als »rassisch wertvoll« und »eindeutschungsfähig«. Daraufhin wurden sie ohne Skrupel aus Heimen, Pflegeanstalten und sogar aus Familien verschleppt. Außerdem kamen Kinder von solchen Eltern in Frage, die eine Unterzeichnung der deutschen Volksliste ablehnten, als »politisch belastet« oder als Regimegegner galten. Nach einem Aufenthalt in einem Übergangsheim kamen die Kinder zumeist in ein Kinderheim, in dem sie mehrere Wochen unter Beobachtung standen. Ein Beauftragter Himmlers entschied schließlich, welches Kind von Pflegerinnen ins »Altreich« gebracht werden durfte. Über die meisten Heime verfügte die »Nationalsozialistische Volksfürsorge«, die in den eingegliederten Gebieten und im Generalgouvernement ein dichtes Netz von Beratungsstellen und Heimen errichtet hatte. Allein im Reichsgau Wartheland existierten bis Ende 1942 600 solcher Kindergärten für 12 000 Kinder, damit hatte sie die »Eindeutschung der fremdvölkischen Kinder« in diesen Gebieten unter ihre Kontrolle gebracht. Diese Arbeit wurde ab September 1942 noch auf die von der Wehrmacht besetzten sowjetischen Gebiete ausgedehnt.

Der »Lebensborn e. V.« konzentrierte sich hingegen weiterhin auf das Reichsgebiet sowie den Norden und Westen Europas, daher verfügte der Verein in den im Osten besetzten Gebieten über keine Entbindungs- oder Kinderheime. Dennoch konnte er sich an »Eindeutschungsmaßnahmen« für einige jugoslawische, tschechische und polnische Kinder beteiligen. Nach der Erfassung und ihrer rassischen Überprüfung kamen einige dieser ein- bis sechsjährigen Kinder in die Lebensborn-Heime »Pommern« in Bad Polzin in Westpommern und »Hochland« im bayerischen Steinhöring. Die bis zu 17 Jahre alten Jugendlichen schickte man für einen Aufenthalt von bis zu anderthalb Jahren in die speziellen »Heimschulen für Volksdeutsche«. So kamen 50 Mädchen nach Achern in Baden und 60 Jungen nach Niederalteich in Bayern. In den Heimschulen erhielten sie vor allem Deutschunterricht und mussten in die dortige HJ eintreten. Schließlich stellte der »Lebensborn e. V.« auch sein neues Kinderheim »Alpenland« im Schloss Oberweis in der »Ostmark« zur Verfügung. Über die ihnen im Zuge der »Germanisierung« zugefügten vielfältigen Misshandlungen haben die Betroffenen später berichtet. Am Ende des Aufenthalts stand für einige Kinder ihre Vermittlung in deutsche Pflegefamilien. Viele verfügten je nach Lebensalter über keine Erinnerungen an ihre leiblichen Eltern, ihre wirkliche Herkunft oder ihre Verwandten. Außerdem waren ihre ursprünglichen Namen getilgt und durch neue »deutsche« Namen ersetzt worden.

Nicht nur in Polen, sondern auch in anderen von der Wehrmacht besetzten Ländern fanden sich für eine »Germanisierung« geeignete Kinder. So untersuchten im Sommer 1941 Mediziner des »Lebensborn e. V.« in Heidelberg 25 Jungen und Mädchen zwischen drei und 21 Jahren auf ihren »rassischen Wert«. Diese Kinder waren aus Rumänien mit einem Sammeltransport nach Deutschland gebracht worden. Nach der Begutachtung konnten zwei Jungen und ein Mädchen aus der Gruppe als »rassisch wertvoll« an Pflegefamilien in Berlin und Graz vermittelt werden. Das Schicksal der übrigen Kinder ist unbekannt und lässt schlimmste Befürchtungen zu.

Nach dem Attentat auf den »Stellvertretenden Reichsprotektor von Böhmen und Mähren«, Reinhardt Heydrich, im Mai 1942 nahm die SS an, das westböhmische Dorf Lidice habe die Attentäter unterstützt. Deshalb zerstörte sie am 9. Juni den Ort völlig und tötete die dort lebenden 173 Männer. Die 198 Frauen des Dorfes wurden in das KZ Ravensbrück deportiert, wo 43 von ihnen umkamen. Von den 98 Kindern Lidices überlebten lediglich 17 den Krieg, neun von ihnen nur deshalb, weil sie als »eindeutschungsfähig« beurteilt und ins »Altreich« verschleppt worden waren. Auch zwei der 13 Kinder aus dem ebenfalls in einem Vergeltungsakt für das Attentat samt seiner Einwohner vernichteten kleinen Weiler Ležáky überlebten aus diesem Grund.

Nach der Zerschlagung Jugoslawiens im April 1941 wurden Teile Sloweniens als Oberkrain und Untersteiermark in das Deutsche Reich eingegliedert. Die dortige Partisanentätigkeit machte den deutschen Besatzern schwer zu schaffen. Zur »Unterdrückung der Bandentätigkeit« erließ Himmler deshalb einen Befehl, der sich gegen Familien richtete, welche angeblich die Tätigkeit von Partisanen unterstützten. Die Männer aus diesen Familien sollten erschossen, die Frauen in ein KZ eingewiesen werden: »Die Kinder sind aus ihrer Heimat zu entfernen und im Altreichsgebiet des Gaues zu sammeln. Über Anzahl und rassischen Wert dieser Kinder erwarte ich gesonderte Meldungen.« Der zuständige SS-Führer in Salzburg hielt die Entfernung der Kinder allerdings schon allein deshalb für notwendig, weil diese sonst von den Todesumständen ihrer Väter erführen und zum Hass gegen das Deutschtum erzogen werden könnten.

Auch Kinder aus der Untersteiermark wurden gewaltsam von ihren Eltern getrennt und zunächst in ein Auffanglager der »Volksdeutschen Mittelstelle« in Slowenien gebracht. Nach Feststellung ihrer rassischen Eignung gelangten schließlich 430 Kinder von dort und einige Kinder aus Oberkrain in ein Jugendlager in der Nähe Bayreuths. Von den dort befindlichen 600 Kindern kamen einige der unter Sechsjährigen in das Heim »Sonnenwiese« des »Lebensborn e. V.« in Kohren-Salis in Sachsen. In diesem Heim wurden zwischen 1942 und 1945 ungefähr 500 Kinder versorgt. Im bereits erwähnten Heim »Alpenland« befanden sich gegen Ende des Krieges noch 230 Kinder, die überwiegend aus dem Reichsgau Wartheland stammten. Dort wie auch in den übrigen Heimen und Lagern wurden sie für die »Eindeutschung« durch entsprechenden Deutschunterricht vorbereitet. Der »Lebensborn e. V.« war außerdem wohl an der Verschleppung von weiteren 300 Kindern aus Polen, der Tschechoslowakei und Jugoslawien beteiligt.

Seit dem Überfall auf die Sowjetunion setzte Himmler auch dort seine Suche nach »gutem Blut« fort. Am 11. Juli 1941 erteilte er der »Volksdeutschen Mittelstelle« den Befehl, »deutschstämmige Volksgenossen« in den eroberten Gebieten der Sowjetunion zu erfassen. Denn in den Jahren 1763 bis 1767 waren Siedler aus deutschen Ländern einer Einladung der deutschstämmigen Zarin Katharina II. in die Wolgaregion gefolgt. Das Gebiet war schließlich Teil der »Autonomen Sozialistischen Sowjetrepublik der Wolgadeutschen« geworden. Da die Sowjetunion eine Kooperation der dort lebenden Deutschstämmigen mit den angreifenden Deutschen befürchtete, hatte sie die Republik aufgelöst und bereits einen großen Teil der Bevölkerung in entferntere Gebiete deportiert. SS-Standartenführer Guntram Pflaum, der zuvor im »Lebensborn e. V.« mitgearbeitet hatte, erhielt von Himmler den Sonderauftrag, sich in der Wolgaregion sogleich um »noch blutlich gute und unvermischte volksdeutsche Kinder« zu kümmern.[11] Im August erweiterte Himmler – auf Wunsch Pflaums – diesen Auftrag auf das gesamte bisher besetzte Gebiet der Sowjetunion. Der SS-Standartenführer richtete bis Mitte 1942 ein Kinderheim mit Kindergarten in Bobruisk ein. Von ihm persönlich ausgewählte 40 russische Kinder sollten von dort ins »Altreich« gebracht werden und in deutschen Familien Aufnahme finden. Das Vorhaben zerschlug sich jedoch bald, als die Rote Armee näherkam. Dennoch könnten einige dieser Kinder noch in Heime im Reichsgau Wartheland verschleppt worden sein.

In einer Rede vor SS-Gruppenführern in Posen führte Himmler am 4. Oktober 1943 aus, es sei ihm gleich, wie es den Russen oder Tschechen gehe und ob andere Völker in Wohlstand lebten »oder verreckten«. Ihn interessiere lediglich, ob diese als Sklaven für die deutsche Kultur brauchbar seien. Ausdrücklich hob er hervor: »Das was in den Völkern an gutem Blut unserer Art vorhanden ist, werden wir uns holen, indem wir ihnen, wenn notwendig, die Kinder rauben und bei uns großziehen.«[12] Im Reichskommissariat Ostland gab es schließlich wie in fast allen Städten der von der Wehrmacht besetzten Gebiete im Osten Kinderheime, in denen sich verschleppte oder angeblich »volksdeutsche« Kinder befanden. Der Verlauf des Krieges vereitelte allerdings sowohl weitere »Eindeutschungsmaßnahmen« als auch die vollständige Durchführung der »Heuaktion«. Diese sah vor, im Bereich der Heeresgruppe Mitte befindliche russische Waisen in größerer Zahl als Arbeitssklaven für das Reichsgebiet zusammenzutreiben. Auf der Basis umfassender Forschungen beziffert die Historikerin Isabel Heinemann die Zahl der aus Ost- und Südosteuropa verschleppten Kinder auf 50 000.

## 8.2 Bundesrepublik: Weder Entschädigung noch Rehabilitierung

Mit der gewaltsamen Verschleppung »rassebiologisch wertvoller« Kinder aus von der Wehrmacht besetzten Ländern befassten sich lange Zeit weder Geschichtswissenschaft noch Politik. Nachdem 2010 eine Darstellung zur Verschleppung polnischer Kinder erschienen war, musste sich im Juni des folgenden Jahres der Petitionsausschuss des Deutschen Bundestages erstmals mit diesem Thema beschäftigen. Ein Betroffener hatte eine Petition eingereicht und Entschädigung gefordert. Der Ausschuss lehnte seinen Antrag Ende 2012 ab. Im Rahmen des Verfahrens hatte das Bundesministerium der Finanzen das Schicksal des Betroffenen als »allgemeines Kriegsfolgenschicksal« bezeichnet.

Mit dem negativen Bescheid im Petitionsausschuss wollte die Fraktion Die Linke sich jedoch nicht zufrieden geben. Sie richtete daher im Februar 2013 eine Kleine Anfrage mit dem Titel »Entschädigung für entführte und zwangsgermanisierte Kinder« an die Bundesregierung. Die Fraktion wollte zunächst wissen, ob die Bundesregierung die Entführung von Kindern aus den besetzten Gebieten zum Zweck der »Eindeutschung« als einen Ausdruck rassistischer Volkstumspolitik betrachte. Die historische Forschung – die allerdings erst begonnen hatte, sich damit zu befassen – habe ergeben, »dass die Entführung der Kinder kein bloßes ›Kriegsschicksal‹, sondern typisches, rassistisch motiviertes NS-Unrecht« gewesen sei. Dennoch seien die Betroffenen bis heute nicht als Opfer anerkannt, und Anträge nach dem Entschädigungsgesetz könnten nicht mehr gestellt werden. Die Bundesregierung solle mitteilen, ob sie die ablehnende Haltung des Bundesministeriums der Finanzen teile oder an eine Öffnung des Entschädigungsgesetzes und an neue Entschädigungsmöglichkeiten denke. Aus Sicht der Fraktion sei es überfällig, den Opfern Entschädigungen zu gewähren und die Erforschung dieses Teils der NS-Geschichte voranzubringen. Deshalb interessierten sich die Fragesteller auch für den Stand der staatlichen Förderung, um bestehende Forschungslücken in diesem Bereich zu schließen.

In ihrer Antwort auf die Anfrage wies die Bundesregierung zunächst auf das umfangreiche System von Wiedergutmachungsgesetzen hin. Sie räumte allerdings ein: »Die unterschiedlichen Verfolgungstatbestände und Schädigungen konnten naturgemäß nicht von vornherein alle denkbaren Wiedergutmachungsfälle regeln.« Eine erneute Öffnung des Bundesentschädigungsgesetzes sei nicht vorgesehen, jedoch könnten von der Verschleppung und »Eindeutschung« Betroffene unter Umständen zum Ausgleich für erlittene physische oder psychische Gesundheitsschäden Ansprüche nach dem Bundesversorgungsgesetz geltend machen. Eine darüber hinausgehende spezielle Wiedergutmachungsregelung für die Fälle von Zwangsgermanisierung und eine Vergabe von Forschungsaufträgen zu deren historischer oder politischer Aufarbeitung sei jedoch nicht vorgesehen. Die Bundesregierung kam jedoch nicht umhin – wie 2011 bereits das Bundesministerium der Finanzen – festzustellen: »Die Zwangsgermanisierung ist angesichts der Tatsache, dass die SS an Kindern in den besetzten Ländern auf der Grundlage der nationalsozialistischen Rassenhygiene und Gesundheitsideologie rassebiologische Untersuchungen durchführte, um ›rassisch wertvollen‹ Nachwuchs zu gewinnen, durchaus als Ausdruck der rassistischen Volkstumspolitik der Nationalsozialisten zu bewerten.« Damit gehörte also nach Ansicht der Bundesregierung auch die Zwangsgermanisierung zum Kanon der NS-Rassenpolitik.

Im Juni 2013 gründete sich ein Förderverein mit der Bezeichnung »geraubte Kinder – vergessene Opfer e. V.«, der beim Amtsgericht in Freiburg eingetragen und vom dortigen Finanzamt als gemeinnützig anerkannt wurde. Der Verein wollte zum einen mit entsprechenden Aktivitäten an die geraubten sowie nach Deutschland verschleppten Kinder aus Europa erinnern und zum anderen für diese Untaten Entschädigungen einfordern. Er erstellte eine Wanderausstellung, die in verschiedenen Städten gezeigt wurde, und lieferte Informationen für eine Sendung des Deutschlandfunks am 8. August 2016 zur »Eindeutschung« blonder und blauäugiger Kinder. Allerdings waren die Betroffenen inzwischen über viele Staaten verstreut und hatten keinen Kontakt untereinander. Zudem waren sich wohl die meisten der Verschleppten, die als Kinder in Deutschland adoptiert worden waren, ihrer wahren Herkunft entweder nicht bewusst oder sie wollten diese aus verschiedenen Gründen gar nicht offenlegen. Dass es sich bei ihren Eltern in Wirklichkeit um Pflegeeltern gehandelt hatte, erfuhren viele – wenn überhaupt – erst in hohem Alter.

Das Land Nordrhein-Westfalen hatte einer Person, die unter den Folgen von Verschleppung und Zwangsgermanisierung litt, eine Entschädigung nach den Richtlinien des Härtefonds des Landes zugesprochen. Diese Entscheidung regte Abgeordnete der Fraktion Die Linke Ende August 2016 zu der Kleinen Anfrage zum Thema »Entschädigungsrechtliche Anerkennung von ›Zwangsgermanisierten‹ als NS-Opfer« an. Die Abgeordneten wollten wissen, warum die Bundesregierung, obwohl sie die Entführung und Zwangsgermanisierung von Kindern als Ausdruck der rassistischen Volkstumspolitik und somit als NS-Unrecht ansehe, sich weiterhin dagegen sperre, diese NS-Opfer auch entschädigungsrechtlich als solche zu behandeln. Die Fraktion betonte weiterhin, dass die Betroffenen sich ausdrücklich ihre Anerkennung als NS-Opfer wünschten. Den Verweis der Bundesregierung auf Leistungen »im Rahmen der allgemeinen Sozialgesetze« hielten diese angesichts ihres NS-typischen Verfolgungsschicksals daher nicht für angemessen. Deshalb spreche nichts dagegen, bestehende Regelungen zur Entschädigung von NS-Opfern zu erweitern oder einen neuen Härtefonds aufzulegen.

In ihrer Antwort machte die Bundesregierung deutlich, dass die Entscheidung in Nordrhein-Westfalen sie keineswegs von ihrer bisherigen ablehnenden Haltung abbringen würde, zumal diese bereits der Petitionsausschuss des Bundestages 2011 kundgetan habe. Vielmehr halte sie ein kollektives Gedenken zur Würdigung der Betroffenen und Anerkennung ihres Schicksals für angebracht. Einer früheren Anregung des Petitionsausschusses folgend, welcher der Bundestag im Mai 2014 zugestimmt habe, setze sie auf Projekte zur Erinnerung. So habe die im August 2000 errichtete Stiftung »Erinnerung, Verantwortung und Zukunft« bereits einen Dokumentarfilm (*Die gestohlenen Kinder*) über zwangsgermanisierte slowenische Kinder gefördert, der 2014 in Ljubljana uraufgeführt worden sei. 2015 habe die Stiftung zudem die Wanderausstellung »geraubte Kinder – vergessene Opfer« des gleichnamigen Vereins gefördert.

Im Frühjahr 2017 scheiterte im Haushaltsausschuss des Bundestages der Antrag der Fraktion Die Linke, die Zwangsgermanisierten als neue Gruppe von NS-Opfern im Sinne der AKG-Härterichtlinien zu behandeln. Im September desselben Jahres stellte die Fraktion Die Linke erneut eine Kleine Anfrage mit dem Titel »Rentenrechtliche Würdigung verfolgter deutscher Staatsbürgerinnen und Staatsbürger polnischer Herkunft und polnischer Zivilarbeiterinnen und Zivilarbeiter«. Darin regte sie eine Beihilfe für zwangsgermanisierte Personen an und versuchte schließlich, in das Haushaltsgesetz für 2019 einen »Fonds zur Entschädigung von Opfern der Zwangsgermanisierung« einzubringen. Doch der Antrag stieß erneut auf Ablehnung. Damit war die Angelegenheit erledigt, beziehungsweise wird sie sich eventuell neuen Bundesregierungen als Aufgabe stellen.

# 9. Fazit

Bereits vor über zwanzig Jahren kam der Freiburger Historiker Ulrich Herbert zu dem Schluss, dass der nationalsozialistische Rassismus weder zu verstehen noch einzuordnen ist, wenn er nur auf bestimmte Teile der Ausgrenzungs- und Vernichtungspolitik reduziert wird. Dennoch werden bis heute – schon aus nachvollziehbaren arbeitsökonomischen Gründen – von der historischen Forschung zumeist Einzelaspekte der nationalsozialistischen Rassenpolitik untersucht und dargestellt.

Auch die verschiedenen Erinnerungs- und Gedächtnisorte, an denen jeweils Teile der Ausgrenzungs- und Vernichtungspolitik dargestellt werden, erleichtern nicht gerade den Überblick über das Gesamtspektrum der NS-Rassenpolitik. So befindet sich in Berlin-Buch im nördlichen Teil der deutschen Hauptstadt – weit entfernt vom Zentrum – ein »Denkzeichen« für die Opfer der nationalsozialistischen Zwangssterilisationen und der »Euthanasie«-Morde. In Berlin-Mitte, in der Nähe der Berliner Philharmonie an der Tiergartenstraße 4, erinnert ein Gedenk- und Informationsort an die von dieser Adresse aus organisierten »Euthanasie«-Morde in Deutschland und Europa. In unmittelbarer Nähe des Brandenburger Tors stehen die 2117 Betonstelen des Denkmals für die ermordeten Juden Europas. Gegenüber dem Reichstagsgebäude erinnert am Simsonweg im Tiergarten ein Denkmal an die im Nationalsozialismus ermordeten Sinti und Roma Europas. Ein weiteres Denkmal für die im Nationalsozialismus verfolgten Homosexuellen befindet sich – unweit des Bundespräsidialamts – im Tiergarten, und außerdem erinnert die Gedenktafel »Rosa Winkel« am U-Bahnhof Nollendorfplatz an das Schicksal der in KZ verbrachten und dort zumeist ums Leben gekommenen Homosexuellen.

All die verschiedenen Orte des Gedenkens unterstreichen jedoch, dass Rassismus den Kern des Nationalsozialismus ausmachte. Hitler verfügte über ein mehrere Teile umfassendes rassenpolitisches Programm. Der für ihn so wichtigen »Reinerhaltung des Blutes« dienten Zwangsterilisationen, Abtreibungen und die »unbarmherzige Absonderung«, sprich: die Ermordung »Erbkranker« und die »Entfernung«, sprich: Ermordung von »Fremdrassigen« wie Juden und »Zigeunern« (Sinti und Roma). Schließlich wurde mit der »Gewinnung von Rassengut« begonnen, um seine Überlegungen zur Züchtung des erwünschten rassisch homogenen und leistungsfähigen Volkes umzusetzen. Nur das Ende des Zweiten Weltkriegs und damit des »Dritten Reichs« verhinderte weitere rassistische Maßnahmen.

Dass inzwischen einzelne Teile dieses Programms und der betroffenen Personengruppen herausgearbeitet und in den Gesamtzusammenhang der NS-Rassenpolitik eingeordnet sind, ist der nationalen wie internationalen historischen Forschung zu verdanken. Nach anfänglichen Wirren um die Anerkennung verschiedener Personengruppen, die eindeutig Opfer dieser Rassenpolitik waren, haben die Aktivitäten einzelner Bürger und politischer Parteien im Deutschen Bundestag schließlich Entschädigungen zur Rehabilitierung der meisten Betroffenen erwirkt.

Gedenkstätten, Gedenkveranstaltungen und Gedenkreden vermögen allerdings nicht darüber hinwegzutäuschen, dass der Rassismus auch im 21. Jahrhundert noch keineswegs überwunden ist und daher weiterhin entschieden bekämpft werden muss. Ein entsprechender Bildungskanon, zu dem nicht zuletzt fundierte Geschichtskenntnisse gehören, könnte dazu beitragen.

Der allzu früh verstorbene Kölner Historiker Andreas Hillgruber hat die sich aus der NS-Rassenpolitik ergebende Herausforderung für Historiker schon 1985 deutlich beschrieben: »Die offenkundige Leichtfertigkeit, unter den zivilisatorischen Bedingungen des 20. Jahrhunderts Menschen dafür zu gewinnen, sie dahingehend zu ›manipulieren‹, Menschen wie Waren zu behandeln und in großer Zahl umzubringen, wie es bei der Aufklärung vieler Einzelfälle in den Prozessen gegen Täter zutage trat, ist dabei das am meisten Beunruhigende, der hohe Anteil von Akademikern daran das zutiefst Erschreckende. Es stellt sich die ins Anthropologische, ins Sozialpsychologische wie ins Individualpsychologische reichende Frage möglicher Wiederholungen unter anderen ideologischen Rahmenbedingungen in tatsächlich oder vermeintlich wiederum extremen Situationen und Konstellationen. Über das Wachhalten der Erinnerung an die Millionen Opfer, das dem Historiker aufgegeben ist, stellt diese Frage, die auf ein zentrales Problem der Gegenwart und Zukunft verweist und somit die Aufgabe des Historikers transzendiert, eine fundamentale Herausforderung an uns alle dar.«[1]

# Anhang

# Abkürzungsverzeichnis

| | |
|---|---|
| AKG | Gesetz zur allgemeinen Regelung durch den Krieg und den Zusammenbruch des Deutschen Reiches entstandener Schäden |
| BEG | Bundesgesetz zur Entschädigung für Opfer der NS-Verfolgung |
| BErG | Bundesergänzungsgesetz für die Entschädigung der Opfer der NS-Verfolgung |
| BEZ | Bund der »Euthanasie«-Geschädigten und Zwangssterilisierten e. V. |
| BMG | Bundesministerium für Gesundheit |
| BMJ | Bundesministerium der Justiz |
| BRüG | Bundesrückerstattungsgesetz |
| DDR | Deutsche Demokratische Republik |
| DEST | Deutsche Erd- und Steinwerke GmbH |
| DGSP | Deutsche Gesellschaft für Soziale Psychiatrie |
| DM | Deutsche Mark |
| EVZ | Stiftung Erinnerung, Verantwortung und Zukunft |
| FDP | Freie Demokratische Partei |
| Gekrat | Gemeinnützige Krankentransport GmbH |
| Gestapa | Geheimes Staatspolizeiamt |
| Gestapo | Geheime Staatspolizei |
| GzVeN | Gesetz zur Verhütung erbkranken Nachwuchses |
| HJ | Hitlerjugend |
| JCC | Jewish Claims Conference |
| KdF | Kanzlei des Führers der NSDAP |
| KZ | Konzentrationslager |
| IKL | Inspektion der Konzentrationslager |
| NS | Nationalsozialismus |
| NSDAP | Nationalsozialistische Deutsche Arbeiterpartei |
| NSDStB | Nationalsozialistischer Deutscher Studentenbund |
| NSV | Nationalsozialistische Volksfürsorge |
| OdF | Opfer des Faschismus |
| OLG | Oberlandesgericht |
| RKPA | Reichskriminalpolizeiamt |

| | |
|---|---|
| RM | Reichsmark |
| RSHA | Reichssicherheitshauptamt |
| SA | Sturmabteilung der NSDAP |
| SBZ | Sowjetische Besatzungszone |
| SD | Sicherheitsdienst des Reichsführers SS |
| SED | Sozialistische Einheitspartei Deutschlands |
| SIPO | Sicherheitspolizei |
| RHF | Rassenhygienische und Erbbiologische Forschungsstelle |
| RMdI | Reichsministerium des Innern |
| RSHA | Reichssicherheitshauptamt |
| RuSHA | Rasse-und Siedlungshauptamt der SS |
| UNESCO | United Nations Educational Scientific and Cultural Organization |
| USEG | Gesetz zur Wiedergutmachung nationalsozialistischen Unrechts |
| VdN | Verfolgte des Naziregimes |
| WhK | Wissenschaftliches-humanitäres Komitee |

# Anmerkungen

## Vorwort

1 Jäckel, *Hitlers Weltanschauung*, S. 7.

## 1. Einleitung

1 Zit. nach: Chaumont, *Die Konkurrenz der Opfer*, S. 80.

## 3. Hitlers rassenpolitisches Programm

1 Hitler, *Mein Kampf*, Bd. II, S. 354.
2 Ebd., S. 13.
3 *Hitlers Zweites Buch*, S. 62.
4 Hitler, *Mein Kampf*, Bd. I, S. 305 f.
5 *Hitlers Zweites Buch*, S. 65.
6 Hitler, *Mein Kampf*, Bd. II, S. 30.
7 Ebd., S. 12.
8 Ebd., Bd. I, S. 305.
9 Ebd., Bd. II, S. 12.
10 Ebd., S. 29.
11 Ebd., S. 25.
12 Ebd., S. 64.
13 Ebd., S. 35.
14 Ebd., S. 38.
15 Ebd., Bd. I, S. 302.
16 Ebd., Bd. II, S. 36 f.
17 *Hitlers Zweites Buch*, S. 56 f.
18 Hitler, *Mein Kampf*, Bd. I, S. 270.
19 Ebd., Bd. II, S. 34.
20 *Hitlers Zweites Buch*, S. 221.
21 Brief Hitlers an Adolf Gemlich, München, 16. 9. 1919, in: Jäkel/Kuhn, *Hitler. Sämtliche Aufzeichnungen 1905–1924*, Dok. 61, S. 89 f.

22 Adolf Hitler, Diskussionsbeitrag auf einer NSDAP-Versammlung in München, 6.4.1920, in: Jäkel/Kuhn, *Hitler*, Dok. 91, S. 119 f.
23 Adolf Hitler, Rede auf einer NSDAP-Versammlung in München, 6.7.1920, in: Jäkel/Kuhn, *Hitler*, Dok. 118, S. 160.
24 Adolf Hitler, Rede auf einer NSDAP-Versammlung, in München, 18.1.1923, in: Jäkel/Kuhn, *Hitler*, Dok. 462, S. 796.
25 Hitler, *Mein Kampf*, Bd. I, S. 851.
26 Adolf Hitler, Rede auf einer NSDAP-Versammlung in München, 6.12.1921, in: Jäkel/Kuhn, *Hitler*, Dok. 331, S. 531.
27 Hitler, *Mein Kampf*, Bd. II, S. 38.
28 Ebd., S. 13.
29 Ebd., S. 38 f.
30 *Hitlers Zweites Buch*, S. 53 f.
31 Ebd., S. 28.
32 Hitler, *Mein Kampf*, Bd. II, S. 37.
33 Ebd., S. 49.
34 Ebd., S. 36.
35 Salewski, *Deutsche Quellen zur Geschichte des Zweiten Weltkrieges*, Dok. 173, S. 310.

## 4. Zwangssterilisation, Abtreibung, »unbarmherzige Aussonderung«

1 Hitler, *Mein Kampf*, Bd. II, S. 35.
2 Ebd., S. 36 f.
3 Akten der Reichskanzlei, Regierung Hitler 1933–1938, Tl. I: 1933/34, Bd. 1: 30. Januar 1933 – 31. August 1939, Dok. Nr. 1–206. Boppard 1983, hier Dok. Nr. 193, S. 664 f.
4 Zit. nach: Alfons Labisch / Florian Tennstedt, »50 Jahre Gesetz über Vereinheitlichung des Gesundheitswesens. Dr. med. Arthur Gütt und die Gründung des öffentlichen Gesundheitsdienstes«, in: *Das öffentliche Gesundheitswesen* 46 (1984) S. 291–298, hier S. 298.
5 Adolf Hitler, Rede auf einer NSDAP-Versammlung in München, 20.7.1921, in: Jäckel/Kuhn, *Hitler*, Dok. 264, S. 444.

6 Hitler, *Mein Kampf*, Bd. I, S. 851.
7 Ebd., Bd. II, S. 981.
8 Ebd., Bd. I, S. 270.
9 Ebd., S. 302.
10 Ebd., Bd. II., S. 34.
11 Adolf Hitler, Rede auf dem NSDAP-Parteitag in Nürnberg, am 4. 8. 1929, in: Hitler, *Reden, Schriften, Anordnungen*, Februar 1925 bis Januar 1933, Bd. III, Tl. 1: Zwischen den Reichstagswahlen Juli 1928 – September 1930, hrsg. und komm. von Klaus A. Lankheit, München 1994, Dok. 64, S. 348.
12 Zit. nach: Faksimile des Schreibens mit Hitlers Unterschrift, in: Trus, *Die »Reinigung des Volkskörpers«*, S. 152.
13 *Die Tagebücher von Joseph Goebbels*, Tl. I, Bd. 9: Dezember 1940 – Juli 1941. München 1998, S. 119.
14 Gall, *Der Bankier Hermann Josef Abs*, S. 186.
15 Brunn/Hebenstreit, *Bundesentschädigungsgesetz*, S. 418.

## 5. »Entfernung der Juden aus dem deutschen Volkskörper«

1 Adolf Hitler, Rede auf einer NSDAP-Versammlung in München, 6. 7. 1920, in: Jäckel/Kuhn, *Hitler*, Dok. 118, S. 160.
2 Adolf Hitler, Diskussionsbeitrag auf einer NSDAP-Versammlung in München, 6. 4. 1920, in: Jäkel/Kuhn, *Hitler*, Dok. 91, S. 119 f.
3 Memorandum des SD-Amtes IV/2 an Heydrich, 24. 5. 1934, zit. nach: Wildt, *Die Judenpolitik des SD*, Dok. 1, S. 60–69, hier S. 66.
4 Vermerk Wisliceny zur Judenfrage, 7. 4. 1937, in: Wildt, *Die Judenpolitik des SD*, Dok. 11, S. 108–110, hier S. 108 f.
5 Lagebericht der Abteilung II 112 für die Zeit vom 1. 1.–31. 3. 1937, 8. 4. 1937, in: Wildt, *Die Judenpolitik des SD*, Dok. 10, S. 105–108, hier S. 106.
6 *Die Tagebücher von Joseph Goebbels*, Tl. I, Bd. 6: August 1938 – Juni 1939. München 1998, S. 180.
7 Adolf Hitler, »Denkschrift über die Aufgaben eines Vierjahres-

plans«, in: *Vierteljahrshefte für Zeitgeschichte* 3 (1955) H. 2, S. 204–210, hier S. 210.

8 Zum Originaltext vgl. Kamrath, *Die »Besprechung über die Judenfrage«*, S. 49–96.

9 Ebd., S. 71.

10 Reichstag – 1. Sitzung, Montag den 30. 1. 1939, in: *Verhandlungen des Reichstags*, 4. Wahlperiode 1939, Bd. 460, S. 1–21, hier S. 16, digitalisiert durch das Bundesarchiv.

11 Generaloberst Halders Kriegstagebuch. Tägliche Aufzeichnungen des Chefs des Generalstabes des Heeres 1939–1942, hrsg vom Arbeitskreis für Wehrforschung, bearb. von Hans-Adolf Jacobsen, Bd. I, Stuttgart 1963, S. 25 f.

12 Max Domarus, *Hitler. Reden und Proklamationen 1932–1945*, Bd. II: Untergang. Zweiter Halbband 1941–1945, München 1965, S. 1844.

## 6. »Rassische Absonderung des Zigeunertums«

1 Hitler, *Mein Kampf*, Bd. I, S. 313.

2 Ebd., S. 347.

3 »Bekämpfung der Zigeunerplage«, Runderlass des Reichsführers SS und Chefs der Deutschen Polizei im Reichsministerium des Innern, 8. 12. 1938, in: *Ministerialblatt des Reichs- und Preußischen Ministers des Innern* 99 (1938) Nr. 51, Sp. 2105–2110.

4 Kotze, *Heeresadjutant bei Hitler 1938–1943*, S. 79.

5 Blessin/Ehrig/Wilden, *Bundesentschädigungsgesetz*, S. 182.

## 7. »Staatsfeind« Homosexueller

1 Aktenvermerk aus dem Führerhauptquartier, 19. 8. 1941, zit. nach: Grau, *Homosexualität in der NS-Zeit*, Dok. 53, S. 213 f.

2 Hitler, *Mein Kampf*, Bd. II, S. 36.

3 Zweiter Runderlass des Preußischen Ministers des Innern, 23. 2. 1933, zit. nach: Grau, *Homosexualität in der NS-Zeit*, Dok. 2, S. 56 f.

4 *Die Tagebücher von Joseph Goebbels*, Tl. I, Bd. 2/I: Dezember 1929 – Mai 1931, München 2005, S. 407.

5 Untersturmführer Karl August Eckhardt, »Widernatürliche Unzucht ist todeswürdig«, in: *Das Schwarze Korps*. Zeitung der Schutzstaffeln der NSDAP, Organ der Reichsführung SS, 22. 5. 1935, Jg. 1, Folge 12, S. 13.

6 Geheimerlass zur Bekämpfung der Homosexualität und Abtreibung, 10. 10. 1936, zit. nach: *Homosexualität in der NS-Zeit*, Dok. 27, S. 122–125.

7 Smith/Peterson, *Heinrich Himmler*, S. 93–104, hier S. 93.

8 »Das sind Staatsfeinde!«, Leitartikel, in: *Das Schwarze Korps*, 4. 3. 1937, Jg. 3, Folge 9, S. 1.

9 Richtlinie der Kriminalpolizeistelle Kassel, 11. 5. 1937, zit. nach: Grau, Grau, *Homosexualität in der NS-Zeit*, Dok. 29, S. 129.

10 Kotze, *Heeresadjutant bei Hitler*, S. 78.

11 Aktenvermerk aus dem Führerhauptquartier, 19. 8. 1941, zit. nach: Grau, *Homosexualität in der NS-Zeit*, Dok. 53, S. 213 f.

12 Bundesministerium der Finanzen / Walter Schwarz, *Die Wiedergutmachung nationalsozialistischen Unrechts durch die Bundesrepublik Deutschland*, Bd. IV, Tl. 1, S. 13 f.

## 8. Die Gewinnung von »Rassegut«

1 *Hitlers Zweites Buch*, S. 53 f.

2 Hitler, *Mein Kampf*, Bd. II, S. 38 f.

3 *Hitlers Zweites Buch*, S. 38.

4 Hitler, *Mein Kampf*, Bd. I, S. 266.

5 Ebd.

6 Smith/Peterson, *Heinrich Himmler*, S. 94.

7 Stellungnahme zu dem Problem unehelicher Kinder, 28. 4. 1936, zit. nach: Longerich, *Heinrich Himmler*, S. 383 f.

8 SS-Befehl für die gesamte SS und Polizei, 28. 10. 1939, zit. nach: Faksimile, in: Ackermann, *Himmler als Ideologe*, Dok. 4, S. 240.

9 Geheimes Schreiben Himmlers an den Chef des SS-Wirtschafts- und Verwaltungshauptamtes SS-Obergruppenführer Oswald

Pohl, 8.5.1942, zit. nach: Faksimile, in: in: Ackermann, *Himmler als Ideologe*, Dok. 3, S. 239.

10 Schreiben Himmler an Rediess, 10.1.1941, zit. nach: Lilienthal, *Der »Lebensborn e. V.«*, S. 176.

11 Vgl. dazu Longerich, *Heinrich Himmler*, S. 615.

12 *Der Prozess gegen die Hauptkriegsverbrecher vor dem Internationalen Militärgerichtshof*. D. 29: Urkunden und anderes Beweismaterial Nr. 1850–2233, Nürnberg 1948, Dok. 1919–PS, S. 110–173, hier S. 123.

## 9. Fazit

1 Hillgruber, »Der geschichtliche Ort der Judenvernichtung, S. 223.

# Literaturhinweise

## 1. Quellen

Der Prozess gegen die Hauptkriegsverbrecher vor dem Internationalen Militärgerichtshof. Nürnberg 14. November 1945 – 1. Oktober 1946. Amtlicher Text, deutsche Ausgabe. Bd. 29: Urkunden und anderes Beweismittel Nr. 1850 – Nr. 2233. Nürnberg 1948.

Die Tagebücher von Joseph Goebbels. Im Auftrag des Instituts für Zeitgeschichte und mit Unterstützung des Staatlichen Archivdienstes Russlands. Hrsg von Elke Fröhlich. Tl. I: Aufzeichnungen 1923–1941. 9 Bde. in 14 Teilbänden. Tl. II: Diktate von 1941–1945. 15 Bde. München 1993–2006. Tl. III: Register 1923–1945. 3 Bde. München 2008.

Gesetz zur Verhütung erbkranken Nachwuchses vom 14. Juli 1933. Bearb. und erl. von Arthur Gütt, Ernst Rüdin, und Falk Ruttke. 2., neubearb. Aufl. München 1936.

Hitler, Adolf: Mein Kampf. Eine kritische Edition. Hrsg. im Auftrag des Instituts für Zeitgeschichte von Christian Hartmann, Thomas Vordermayer, Othmar Plöckinger und Roman Töppel. 2 Bde. München/Bern 2016.

– Reden, Schriften, Anordnungen. Hrsg. vom Institut für Zeitgeschichte. Bde. I–VI. München / New York / London / Paris 1992.

Hitlers Zweites Buch. Ein Dokument aus dem Jahre 1928. Eingel. und komm. von Gerhard L. Weinberg. Mit einem Geleitwort von Hans Rothfels. Stuttgart 1961. (Quellen und Darstellungen zur Zeitgeschichte. 7.)

Jäckel, Eberhard / Axel Kuhn (Hrsg.): Hitler. Sämtliche Aufzeichnungen 1905–1924. Stuttgart 1980.

– / – Zu einer Edition von Aufzeichnungen Hitlers. In: VfZ 29 (1981) S. 304 f.

– / – (Hrsg.): Neue Erkenntnisse zur Fälschung von Hitler-Dokumenten. In: VfZ 32 (1984) S. 163 f.

Kotze, Hildegard von (Hrsg.): Heeresadjutant bei Hitler 1938–1943. Aufzeichnungen des Majors Engel. Stuttgart 1974.

Salewski, Michael (Hrsg.): Deutsche Quellen zur Geschichte des Zweiten Weltkrieges. Darmstadt 1998. (Freiherr vom Stein Gedächtnisausgabe. Reihe B: Ausgewählte Quellen zur deutschen Geschichte der Frühen Neuzeit. 34a.)

Smith, Bradley F. / Agnes F. Peterson (Hrsg.): Heinrich Himmler. Geheimreden 1933 bis 1945 und andere Ansprachen. Frankfurt a. M. / Berlin / Wien 1974.

Stuckart, Wilhelm / Hans Globke: Kommentar zur deutschen Rassengesetzgebung. Bd. I. München/Berlin 1936.

Verträge der Bundesrepublik Deutschland. Serie A. Bd. 7: Vertrag zur Regelung aus Krieg und Besatzung entstandener Fragen. Tl. 4: Entschädigung für Opfer der nationalsozialistischen Verfolgung. Abs. 1. S. 279.

Vogel, Rolf: Der deutsch-israelische Dialog. Dokumentation eines erregenden Kapitels deutscher Außenpolitik. Tl. 1: Politik. Bd. 1. München 1987.

Walk, Joseph (Hrsg.): Das Sonderrecht für die Juden im NS-Staat. Eine Sammlung der gesetzlichen Maßnahmen und ihre Bedeutung. Heidelberg/Karlsruhe 1981.

Wildt, Michael (Hrsg.): Die Judenpolitik des SD 1935–1938. Eine Dokumentation. München 1995. (Schriftenreihe der Vierteljahrshefte für Zeitgeschichte. 71.)

## 2. Zeitgenössisches Schrifttum

Ahlwardt, Hermann: Der Verzweiflungskampf der arischen Völker mit dem Judentum. 3 Bde. Berlin 1890–1892.

Baur, Erwin / Eugen Fischer / Fritz Lenz (Hrsg.): Grundriss der menschlichen Erblichkeitslehre und Rassenhygiene. 2 Bde. München 1921.

Binding, Karl / Alfred E. Hoche (Hrsg.): Die Freigabe der Vernichtung unwerten Lebens. Ihr Maß und ihre Form. Leipzig 1920.

Blasbalg, Jenny: Ausländische und deutsche Gesetze über Unfruchtbarmachung. In: Zeitschrift für die gesamte Strafrechtswissenschaft 52 (1932) S. 490.

Chamberlain, Houston Stewart: Die Grundlagen des neunzehnten Jahrhunderts. Bd. 1. München 1906.

– Rasse und Persönlichkeit. Aufsätze von H. S. C. München 1925.
Dühring, Eugen: Die Juden als Racen-, Sitten-, und Culturfrage. Mit einer weltgeschichtlichen Antwort. Karlsruhe/Leipzig 1881.
Dupré, Fritz: Weltanschauung und Menschenzüchtung. Berlin 1926.
Ehrenfels, Freiherr Christian von: Zuchtwahl und Monogamie. In: Politisch-Anthropologische Revue 1 (1902/03) S. 611–619, 689–702.
Feldscher, Werner: Rassen- und Erbpflege im deutschen Recht. Berlin 1943.
Fetscher, Rainer: Heiratsberatung und Sterilisierung. In: Die Blindenwelt 20 (1932) S. 68.
Fritsch, Theodor: Die wahre Natur des Judentums. Leipzig 1926.
Franze, Paul Christian: Höherzüchtung des Menschen auf biologischer Grundlage. Leipzig $^{2}$1926.
Galton, Francis: Genie und Vererbung. Leipzig 1910.
Gobineau, Joseph Arthur de: Versuch über die Ungleichheit der Menschenrassen. Deutsche Ausg. von Ludwig Schemann (1900). 5 Bde. Stuttgart $^{5}$1940.
Grellmann, Heinrich Moritz Gottlieb: Die »Zigeuner«. Ein historischer Versuch über die Lebensart und Verfassung, Sitten und Schicksal dieses Volkes in Europa, nebst ihrem Ursprunge. Dessau/Leipzig 1783.
Günther, Hans F. K.: Rassenkunde des deutschen Volkes. München 1922.
Gütt, Arthur: Bevölkerungs- und Rassenpolitik. Berlin 1935.
– / Herbert Linden / Franz Maßfeller (Hrsg): Blutschutz- und Ehegesundheitsgesetz; Gesetz zum Schutze des deutschen Blutes und der deutschen Ehre und Gesetz zum Schutz der Erbgesundheit des deutschen Volkes nebst Durchführungsverordnungen und einschlägige Bestimmungen. München 1936.
Haeckel, Ernst: Natürliche Schöpfungs-Geschichte. Gemeinverständliche wissenschaftliche Vorträge über die Entwicklungslehre im Allgemeinen und diejenige von Darwin, Goethe und Lamarck im Besonderen. Berlin 1870.
– Die Lebenswunder. Stuttgart 1904.

Hentschel, Willibald: Zucht, eine Lebensfrage für die weiße Rasse. Sonderdr. aus der Politisch-anthropologischen Revue 8 (1909) H. 5.
– Mittgart. Ein Weg zur Erneuerung der germanischen Rasse. Programmschrift des Mittgartbundes. Breslau 1911.
Jost, Adolf: Das Recht auf den Tod. Göttingen 1895.
Kraemer, Rudolf: Kritik der Eugenik aus der Sicht eines Betroffenen. Berlin 1933.
Krüger, Alf: Die Lösung der Judenfrage in der deutschen Wirtschaft. Berlin 1940.
Marr, Wilhelm: Der Sieg des Judenthums über das Germanenthum – Vom nichtconfessionellen Standpunkt betrachtet. Bern 1879.
Näcke, Paul Adolf: Die Kastration bei gewissen Klassen von Degenerierten als ein wirksamer socialer Schutz. In: Archiv für Kriminalanthropologie und Kriminalistik 3 (1900) S. 58–84.
Ploetz, Alfred: Die Tüchtigkeit unserer Rasse und der Schutz der Schwachen: ein Versuch über Rassenhygiene und ihr Verhältnis zu den humanen Idealen, besonders zum Socialismus. Grundlinien einer Rassenhygiene. 1. Tl. Berlin 1895.
– Volksaufartung. Erbkranke. Eheberatung. Berlin 1930.
Schallmayer, Wilhelm: Über die drohende körperliche Entartung der Culturmenschheit und die Verstaatlichung des ärztlichen Standes. Berlin/Neuwied 1891.

## 3. Literatur

### *3.1 Allgemeines*

Ackermann, Josef: Heinrich Himmler als Ideologe. Göttingen / Zürich / Frankfurt am Main 1970.
Altgeld, Wolfgang: Die Ideologie des Nationalsozialismus und ihre Vorläufer. In: Faschismus und Nationalsozialismus. Hrsg. von Karl Dietrich Bracher und Leo Valiani. Berlin 1991. S. 108–136.
Aly, Götz: Hitlers Volksstaat. Raub, Rassenkrieg und nationaler Sozialismus. Frankfurt a. M. [3]2005.
Ayaß, Wolfgang: »Ein Gebot der nationalen Arbeitsdisziplin«. Die

Aktion »Arbeitsscheu Reich« 1938. In: W. A. / Reimar Gilsenbach / Ursula Körber / Klaus Scherer / Patrick Wagner / Matthias Winter (Hrsg.): Feinderklärung und Prävention. Kriminalbiologie, »Zigeunerforschung« und Asozialenpolitik. Berlin 1988. S. 43–74.

Banach, Jens: Heydrichs Elite: Das Führerkorps der Sicherheitspolizei und des SD 1936–1945. Paderborn 1998.

Becker, Peter Emil: Wege ins Dritte Reich. Sozialdarwinismus, Rassismus, Antisemitismus und völkischer Gedanke. Stuttgart 1990.

Bein, Alex: Die Judenfrage. Biographie eines Weltproblems. 2 Bde. Stuttgart 1980.

Berger, Michael: Judenzählung und Zerfall des Burgfriedens. In: Eisernes Kreuz – Doppeladler – Davidstern. Juden in deutschen und österreichisch-ungarischen Armee. Der Militärdienst jüdischer Soldaten durch zwei Jahrhunderte. Berlin 2010. S. 50–106.

Bleuel, Hans Peter: Das saubere Reich. Theorie und Praxis des sittlichen Lebens im Dritten Reich. München 1972.

Brechtken; Magnus: Aufarbeitung des Nationalsozialismus. Ein Kompendium. Göttingen 2021.

Breger, Claudia: Heinrich Moritz Gottlieb Grellmann – Überlegungen zur Entstehung und Funktion rassistischer Deutungsmuster im Diskurs der Aufklärung. In: Barbara Danckworth / Thorsten Querg / Claudia Schöningh (Hrsg.): Historische Rassismusforschung. Mit einem Vorw. von Wolfgang Wippermann. Hamburg 1995. S. 34–69.

Breitling, Rupert: Die nationalsozialistische Rassenlehre. Meisenheim 1971.

Burleigh, Michael / Wolfgang Wippermann (Hrsg.): The Racial State. Germany 1933–1945. Cambridge 1991.

Chaumont, Jean-Michel: Die Konkurrenz der Opfer. Genozid, Identität und Anerkennung. Lüneburg 2001.

Christians, Annemone: Amtsgewalt und Volksgesundheit. Das öffentliche Gesundheitswesen im nationalsozialistischen München. Göttingen 2013.

Danckwortt, Barbara / Thorsten Querg / Claudia Schöningh (Hrsg.): Historische Rassismusforschung. Ideologen – Täter – Opfer. Hamburg 1995.

Dworok, Gerrit: »Historikerstreit« und Nationswerdung. Ursprünge und Deutung eines bundesrepublikanischen Konflikts. Köln 2015.

Essner, Cornelia: Die »Nürnberger Gesetze« oder die »Verwaltung des Rassenwahns« 1939–1945. Paderborn 2002.

Fritz, Sven: Houston Stewart Chamberlain. Rassenwahn und Welterlösung. Paderborn 2022.

Frey, Norbert: Der Führerstaat: Nationalsozialistische Herrschaft 1933 bis 1945. München 1987.

Gall, Lothar: Der Bankier. Hermann Josef Abs. Eine Biographie. München 2004.

Gellately, Robert: Die Gestapo und die deutsche Gesellschaft. Die Durchsetzung der Rassenpolitik 1933–1940. Paderborn [3]2001.

Geulen, Christian: Geschichte des Rassismus. 2., durchges. Aufl. München 2014.

Heinemann, Isabel: »Rasse, Siedlung, deutsches Blut«. Das Rasse- und Siedlungshauptamt der SS und die rassenpolitische Neuordnung Europas. Göttingen 2003.

Henke, Klaus-Dietmar (Hrsg.): Tödliche Medizin im Nationalsozialismus. Von der Rassenhygiene zum Massenmord. Köln/Weimar/Wien 2008.

Herrn, Rainer: »Der Liebe und dem Leid«. Das Institut für Sexualwissenschaft 1919–1933. Berlin 2022.

Herbert, Ulrich: Best. Biographische Studien über Radikalismus, Weltanschauung und Vernunft, 1903–1989. Bonn 1996.

– (Hrsg.): Nationalsozialistische Vernichtungspolitik 1939–1945. Neue Forschungen und Kontroversen. Frankfurt a. M. [2]1998.

Herbst, Ludolf: Das nationalsozialistische Deutschland 1933–1945. Die Entfesselung der Gewalt, Rassismus und Krieg. Frankfurt a. M. 1996.

Hillgruber, Andreas: England's Place in Hitler's Plans for World Dominion. In: Journal of Contemporary History 9 (1974) S. 5–22.

– Die »Endlösung« und das deutsche Ostimperium als Kernstück des rassenideologischen Programms des Nationalsozialismus. In: A. H.: Deutsche Großmacht und Weltpolitik im 19. und 20. Jahrhundert. Düsseldorf 1977. S. 252–275.

– Der geschichtliche Ort der Judenvernichtung. Eine Zusammenfassung. In: Der Mord an den Juden im Zweiten Weltkrieg. Hrsg. von Eberhard Jäckel und Jürgen Rohwer. Stuttgart 1985.

Jäckel, Eberhard: Hitlers Weltanschauung. Entwurf einer Herrschaft. Tübingen ²1981.

Kotowski, Georg: Rasse statt Nation. Die Ideologie des Nationalsozialismus. In: Klaus Megerle (Hrsg.): Warum gerade die Nationalsozialisten? Berlin 1983. S. 68–113.

Kroll, Frank-Lothar: Utopie als Ideologie. Geschichtsdenken und politisches Handeln im Dritten Reich. Paderborn 1998.

Kühl, Stefan: Die Internationale der Rassisten. Aufstieg und Niedergang der internationalen Bewegung für Eugenik und Rassenhygiene im 20. Jahrhundert. Frankfurt a. M. / New York 1997.

Leniger, Markus: Nationalsozialistische »Volkstumsarbeit« und Umsiedlungspolitik 1933–1945: von der Minderheitenbetreuung zur Siedlerauslese. Berlin 2006.

Longerich, Peter: Heinrich Himmler. Biographie. München ⁴2010.

Mitscherlich, Alexander / Mielke, Fritz (Hrsg.): Medizin ohne Menschlichkeit. Dokumente des Nürnberger Ärzteprozesses. Frankfurt a. M. ¹⁶2004.

Pohl, Dieter: Verfolgung und Massenmord in der NS-Zeit: 1933–1945. Darmstadt 2000.

Proctor, Robert: Racial Hygiene. Medicine under the Nazi. Cambridge 1988.

Quack, Sibylle: Dimension der Verfolgung. Opfer und Opfergruppen im Nationalsozialismus. München 2003.

Reichel, Peter / Harald Schmid / Peter Steinbach (Hrsg.): Der Nationalsozialismus – Die zweite Geschichte. Überwindung – Deutung – Erinnerung. München 2009.

Rössler, Mechthild / Sabine Schleiermancher / Cordula Tollmien (Hrsg.): Der »Generalplan Ost«. Hauptlinien der nationalsozialistischen Planungs- und Vernichtungspolitik. Berlin 1993.

Thies, Jochen: Architekt der Weltherrschaft. Die Endziele Hitlers. Düsseldorf ²1976.

Seidler Horst / Andreas Rott: Das Reichssippenamt entscheidet. Rassenbiologie im Nationalsozialismus. Wien/München 1982.

Töppel, Roman: »Volk und Rasse«. Hitlers Quellen auf der Spur. In: VfZ 64 (2016) S. 1–37.

Von zur Mühlen, Patrik: Rassenideologien: Geschichte und Hintergründe. Berlin / Bonn / Bad Godesberg 1977.

Vorländer, Herwart: Die NSV. Darstellung und Dokumente einer nationalsozialistischen Organisation. Boppard 1988.

Weindling, Paul Julian: Nazi Medicine and the Nuremberg Trials. From Medical War Crimes to Informed Consent. New York 2004.

Weingart, Peter: Politik und Vererbung. In: Peter Propping / Heinz Schott (Hrsg.): Wissenschaft auf Irrwegen: Biologismus – Rassenhygiene – Eugenik. Bonn 1992. S. 23–43.

### 3.2 *Zwangssterilisation, Abtreibungen, »unbarmherzige Absonderung«*

Aly, Götz: Die Belasteten. ›Euthanasie‹ 1939–1945. Eine Gesellschaftsgeschichte. Frankfurt a. M. 2014.

Benzendorfer, Udo: Der gute Tod? Geschichte der Euthanasie und Sterbehilfe. Berlin 2019.

Biesold, Horst: Klagende Hände. Betroffenheit und Spätfolgen in Bezug auf das Gesetz zur Verhütung erbkranken Nachwuchses, dargestellt am Beispiel der »Taubstummen«. Solms 1988.

Bock, Gisela: Zwangssterilisation im Nationalsozialismus. Studien zur Rassenpolitik und Frauenpolitik. Opladen 1986. Neuaufl. Münster 2010.

– Gleichheit und Differenz in der nationalsozialistischen Rassenpolitik. In: Geschichte und Gesellschaft 6 (1993) H. 5. S. 277–310.

Braun, Kathrin / Ole Brekke / Svea Louise Herrmann (Hrsg.): Zwischen Gesetz und Gerechtigkeit. Staatliche Sterilisationspraktiken und der Kampf der Opfer um Wiedergutmachung. In: Kritische Justiz 45 (2012) S. 298–315.

Coché, Stefanie: Psychiatrie und Gesellschaft. Psychiatrische Einweisungspraxis im »Dritten Reich«, in der DDR und der Bundesrepublik 1941–1963. Göttingen 2017.

Dörner, Klaus: Nationalsozialismus und Lebensvernichtung. In: VjZ 15 (1967) S. 121–152.

Faulstich, Heinz: Hungersterben in der Psychiatrie 1914–1949. Mit einer Topographie der NS-Psychiatrie. Freiburg 1998.

Friedlander, Henry: Der Weg zum Genozid. Von der Euthanasie zur Endlösung. Berlin 1997.

Gansmüller, Christian: Die Erbgesundheitspolitik des Dritten Reiches. Planung, Durchführung und Durchsetzung. Köln/Wien 1987.

Grode, Walter: Die »Sonderbehandlung 14f13« in den Konzentrationslagern des Dritten Reiches. Ein Beitrag zur Dynamik faschistischer Vernichtungspolitik. Frankfurt a. M. / Bern / New York 1987.

– »Euthanasie«-Ärzte in den NS-Konzentrationslagern. Verlauf und Entwicklung der »Sonderbehandlung 14f13«. In: Psychologie und Gesellschaftskritik 13 (1989) S. 73–86.

Grübler, Gerd: Quellen zur deutschen Euthanasie-Diskussion 1895–1941. Berlin [2]2020. (Geschichte in Quellen. 2.)

Hamm, Margret: Lebensunwert – Zerstörte Leben. Zwangssterilisation und »Euthanasie«. Frankfurt a. M. 2005.

– (Hrsg.): Ausgegrenzt! Warum? Zwangssterilisierte und Geschädigte der NS-»Euthanasie« in der Bundesrepublik Deutschland. Berlin 2017.

Hamann, Matthias / Hans Asbek (Hrsg.): Halbierte Vernunft und totale Medizin. Zu Grundlagen, Realgeschichte der Psychiatrie im Nationalsozialismus. Berlin 1997.

Herrmann, Svea Louise / Kathrin Braun: Das Gesetz, das nicht aufhebbar ist. Vom Umgang mit den Opfern der NS-Zwangssterilisation in der Bundesrepublik. In: Kritische Justiz 43 (2010) S. 338–352.

Hoffmann, Ute: Von der »Euthanasie« zum Holocaust. Die »Sonderbehandlung 14f13« am Beispiel der »Euthanasie«-Anstalt Bernburg. In: Margret Hamm (Hrsg.): Lebensunwert – Zerstörte Leben. Zwangssterilisation und »Euthanasie«. Frankfurt a. M. 2005. S. 158–167.

Hohendorf, Gerrit: Der Tod als Erlösung vom Leiden. Geschichte und Ethik der Sterbehilfe seit dem Ende des 19. Jahrhunderts. Göttingen 2013.

Jaedicke, Martin / Wolfgang Schmidt-Block (Hrsg.): Blinde unterm Hakenkreuz – Erkennen, Trauern, Begegnen. Marburg 1991.

Kaminsky, Uwe: Zwangssterilisation und »Euthanasie« im Rheinland. Köln 1995.

Kepplinger, Brigitte / Gerhart Marckgott / Hartmut Reese: Tötungsanstalt Hartheim (Oberösterreich in der Zeit des Nationalsozialismus. 3). Linz [3]2013.

Klee, Ernst: »Euthanasie« im Dritten Reich. Die »Vernichtung lebensunwerten Lebens«. Vollst. überarb. Aufl. Frankfurt a. M. 2010.

Ley, Astrid: Vom Krankenmord zum Genozid. Die »Aktion 14f13« in den Konzentrationslagern. In: Dachauer Hefte. Studien und Dokumente zur Geschichte der nationalsozialistischen Konzentrationslager 25 (2009) S. 36–49.

Morsch, Günter / Bertrand Perz / Astrid Ley (Hrsg.): Neue Studien zu nationalsozialistischen Massentötungen durch Giftgas – Historische Bedeutung, technische Entwicklung, revisionistische Leugnung. Berlin 2011. (Schriftenreihe der Stiftung Brandenburgische Gedenkstätten. 29.)

Müller-Hill, Benno: Tödliche Wissenschaft. Die Aussonderung von Juden, Zigeunern und Geisteskranken 1933–1945. Reinbek b. Hamburg 1984.

Nowak, Kurt: ›Euthanasie‹ und Sterilisierung im ›Dritten Reich‹. Die Konfrontation der evangelischen Kirche mit dem ›Gesetz zur Verhütung erbkranken Nachwuchses‹ und der ›Euthanasie-Aktion‹. Göttingen 1978.

Pommerin, Reiner: Sterilisierung der Rheinlandbastarde. Das Schicksal einer farbigen deutschen Minderheit 1918–1937. Düsseldorf 1979.

Richter, Gabriel: Blindheit und Eugenik 1918–1945. Freiburg i. Br. 1986.

Roos, Julia: Die »farbigen Besatzungskinder« der zwei Weltkriege. In: Aus Politik und Zeitgeschichte 12 (2022) S. 11–18.

Rost, Karl Ludwig / Till Bastian / Karl Bonhoeffer (Hrsg.): Thema Behinderte. Stuttgart 1991.

Rotzoll, Maike / Gerrit Hohendorf / Petra Fuchs / Paul Richter / Christoph Mundt / Wolfgang U. Eckart (Hrsg.): Die nationalsozialistische »Euthanasie«-Aktion »T4« und ihre Opfer. Geschichte und ethische Konsequenzen für die Gegenwart. Paderborn/München/Wien/Zürich 2010.

Rudnick, Martin: Aussondern-Sterilisieren-Liquidieren. Die Verfolgung Behinderter im Nationalsozialismus. Berlin 1990.

Schilter, Thomas: Unmenschliches Ermessen. Die nationalsozialistische »Euthanasie«-Tötungsanstalt Pirna-Sonnenstein 1940/41. Leipzig 1998.

Schröder, H. W.: Die Sterilisation ein Verbrechen? In: Das Deutsche Gesundheitswesen 2 (1947) S. 113–115.

Schmuhl, Hans-Walter: Rassenhygiene, Nationalsozialismus, Euthanasie: Von der Verhütung zur Vernichtung »lebensunwerten Lebens«, 1890–1945. Göttingen 1987.

Schwanninger, Florian: »Wenn Du nicht arbeiten kannst, schicken wir Dich zum Vergasen«. Die »Sonderbehandlung 14f13« im Schloß Hartheim 1941–1944. In: Brigitte Kepplinger / Gerhart Marckhgott / Hartmut Reese (Hrsg.): Tötungsanstalt Hartheim. 2., erw. Aufl. Linz 2008. S. 155–208.

Süß, Wilfried: »Dann ist keiner von uns seines Lebens mehr sicher«. Bischof von Galen, der katholische Protest gegen die »Euthanasie« und der Stopp der »Aktion T44«. In: Martin Sabrow (Hrsg.): Skandal und Öffentlichkeit in der Diktatur. Göttingen 2004. S. 102–129.

Tasche, Gisela: Handeln auf Befehl des Führers. Die illegale und streng geheime Zwangssterilisation der »Rheinlandbastarde« von 1937 und die Strafverfolgung der ärztlichen Täter nach 1945. In: Deutsches Ärzteblatt 113 (2016) S. 420–422.

Trus, Armin: Die »Reinigung des Volkskörpers«. Eugenik und »Euthanasie« im Nationalsozialismus. Berlin 2019.

Tümmers, Henning: Anerkennungskämpfe. Die Nachgeschichte der nationalsozialistischen Zwangssterilisationen in der Bundesrepublik. Göttingen 2011.

Westermann, Stefanie: Verschwiegenes Leid. Der Umgang mit den NS-Zwangsterilisationen in der Bundesrepublik Deutschland. Köln/Wien 2010.

Wiesemann, Claudia / Andreas Frewer (Hrsg.): Medizin und Ethik im Zeichen von Auschwitz. 50 Jahre Nürnberger Ärzteprozess. Erlangen 1996.

*3.3 »Entfernung der Juden aus dem deutschen Völkskörper«*

Aly, Götz: »Endlösung«. Völkerverschiebung und der Mord an den europäischen Juden. Frankfurt a. M. 1995.

Bamberger, Edgar / Annegret Ehrmann (Hrsg.): Kinder und Jugendliche als Opfer des Holocaust. Heidelberg 1995.

Barkai, Avraham: Vom Boykott zur »Entjudung«. Der wirtschaftliche Existenzkampf der Juden im Dritten Reich. 1933–1945. Frankfurt a. M. 1988.

Berenbaum, Michael: The Uniqueness and Universality of the Holocaust. In: M. B. (Hrsg.): A Mosaic of Victims. Non Jews Persecuted and Murdered by the Nazis. London 1990. S. 20–36.

Berg, Nicolas: Der Holocaust und die westdeutschen Historiker: Erforschung und Erinnerung. Göttingen 2003.

Benz, Wolfgang (Hrsg.): Dimension des Völkermords. Die Zahl der jüdischen Opfer des Nationalsozialismus. München 1996.

Brechtken, Magnus: Madagaskar für die Juden. München 1997.

Browning, Christopher: Die Entfesselung der Endlösung. Nationalsozialistische Judenpolitik 1939–1942. München 2003.

Damskis, Linda Lucia: Zerrissene Biographien. Jüdische Ärzte zwischen nationalsozialistischer Verfolgung, Emigration und Wiedergutmachung. München 2009.

Die Verfolgung und Ermordung der europäischen Juden durch das nationalsozialistische Deutschland 1933–1945. Hrsg. im Auftrag des Bundesarchivs, des Instituts für Zeitgeschichte, des Lehrstuhls für Neuere und Neueste Geschichte an der Albert-Ludwigs-Universität Freiburg und des Lehrstuhl für Geschichte Mitteleuropas an der Freien Universität Berlin. 16 Bde. München/Berlin 2008–2021.

Dörner, Bernward: Die Deutschen und der Holocaust. München 2007.

Döscher, Hans-Jürgen: »Reichskristallnacht«. Die November-Pogrome 1938. Frankfurt a. M. / Berlin 1990.

Faludi, Christian (Hrsg.): Die »Juni-Aktion« 1938. Eine Dokumentation zur Radikalisierung der Judenverfolgung. Frankfurt a. M. / New York 2013.

Friedländer, Henry: Das Dritte Reich und die Juden. Bd. 1: Die Jahre der Verfolgung 1933–1939. München 1998.
– Die Jahre der Vernichtung. Das Dritte Reich und die Juden. Bd. 2: 1939–1945. München 2006.
Gottwaldt, Alfred / Diana Schulle: Die Judendeportationen aus dem Deutschen Reich 1941–1945. Eine kommentierte Chronologie. Wiesbaden 2005.
Gross, Raphael: November 1938. Die Katastrophe vor der Katastrophe. München 2013.
Gruner, Wolf: Öffentliche Wohlfahrt und Judenverfolgung. Wechselwirkung lokaler und zentraler Politik im NS-Staat (1933–1942). München 2002.
Gruner, Wolf: Die Verfolgung und Ermordung der europäischen Juden durch das nationalsozialistische Deutschland 1933–1945. Bd. 1: Deutsches Reich 1933–1937. München 2008.
Gutman, Israel (Hrsg.): Enzyklopädie des Holocaust – Die Verfolgung und Ermordung der europäischen Juden. (Dt. Ausg.: Eberhard Jäckel, Peter Longerich, Hans Joachim Schoeps.) 4 Bde. München 1995.
Hauff, Lisa: Die Verfolgung und Ermordung der europäischen Juden durch das nationalsozialistische Deutschland 1933–1945. Bd. 11: Deutsches Reich und Protektorat Böhmen und Mähren April 1943–1945. Berlin 2020.
Heim, Susanne: Die Verfolgung und Ermordung der europäischen Juden durch das nationalsozialistische Deutschland 1933–1945. Bd. 2. Deutsches Reich 1938 – August 1939. München 2009.
– / Beate Meyer / Francis R. Nicosia (Hrsg.): Wer bleibt, opfert seine Jahre, vielleicht sein Leben. Deutsche Juden 1938–1941. Göttingen 2010.
– / Maria Wilke: Die Verfolgung und Ermordung der europäischen Juden durch das nationalsozialistische Deutschland. 1933–1945. Bd. 6: Deutsches Reich und Protektorat Böhmen und Mähren Oktober 1941 – März 1943. Berlin 2019.
Hermann, Angela: Hitler und sein Stoßtrupp in der »Reichskristallnacht«. In: VfZ 56 (2008) S. 603–619.
Hilberg, Raul: Die Vernichtung der Juden 1933–1945. Frankfurt a. M. [3]1992.

Hödl, Klaus: Die Pathologisierung des jüdischen Körpers. Antisemitismus, Geschlecht und Medizin im Fin de Siècle. Wien 1997.

Jäckel, Eberhard / Jürgen Rohwer (Hrsg.): Der Mord an den Juden im Zweiten Weltkrieg. Entschlußbildung und Verwirklichung. Stuttgart 1985.

Kamrath, Ronny: Die »Besprechung über die Judenfrage« unter Vorsitz Hermann Görings im Reichsluftfahrtministerium am 12. November 1938. Zur Radikalisierung der Judenpolitik. Oldenburg [2]2020.

Kundrus, Birthe: »Dieser Krieg ist der große Rassenkrieg«. Krieg und Holocaust in Europa. München 2018.

Laqueur, Walter: Was niemand wissen wollte. Die Unterdrückung der Nachrichten über Hitlers »Endlösung«. Frankfurt 1981.

Löw, Andrea: Die Verfolgung und Ermordung der europäischen Juden durch das nationalsozialistische Deutschland. Bd. 3: Deutsches Reich und Protektorat 1939–1941. München 2012.

Longerich, Peter: Politik der Vernichtung. Eine Gesamtdarstellung der nationalsozialistischen Judenverfolgung. München 1998.

Maurer, Trude: Abschiebung und Attentat. Die Ausweisung der polnischen Juden und der Vorwand für die »Kristallnacht«. In: Walter H. Pehle (Hrsg.): Der Judenpogrom 1938. Von der ›Reichskristallnacht‹ zum Völkermord. Frankfurt a. M. 1988. S. 52–73.

Mayer, Michael A.: Deutsch-jüdische Geschichte in der Neuzeit. Bd. IV: Aufbruch und Zerstörung 1918–1945. München 1997.

Moses, Siegfried: Die jüdischen Nachkriegsforderungen (Tel Aviv 1944). Mit Einleitungen von Prof. Dr. Paul Kirchhoff und Rachel Heuberger. Hrsg. von Wolf-Dieter Barz. Münster 1998. (Jus vivens. Abt. A: Quellentexte zur Rechtsgeschichte. 4.)

Nicosia, Francis R.: Hitler und der Zionismus: Das Dritte Reich und die Palästinafrage 1933–1939. Leoni am Starnberger See 1989.

– Zionismus und Antisemitismus im Dritten Reich. Göttingen 2012.

Osterloh, Jörg: Nationalsozialistische Judenverfolgung im Reichsgau Sudetenland 1938–1945. München 2006.

Ohenhusen, Albrecht Götz von: Die »nichtarischen« Studenten an den deutschen Hochschulen. Zur nationalsozialistischen Rassenpolitik 1933–1945. In: VfZ 14 (1966) S. 175–206.

Pohl, Dieter: Holocaust. Die Ursachen – das Geschehen – die Folgen. Freiburg [2]2000.
– Die Deportation von Juden aus dem Deutschen Reich 1941–1943. In: Staatsarchiv Würzburg / Institut für Zeitgeschichte (Hrsg.): Wege in die Vernichtung. Die Deportation der Juden aus Mainfranken 1941–1943. München 2003. S. 57–72.
Reitlinger, Gerald, Die Endlösung. Hitlers Versuch der Ausrottung der Juden Europas. München [4]1961.
Thies, Jochen: Évian 1938. Als die Welt die Juden verriet. Essen 2017.
Wims, Susanne / Frank Schumann / Fritz Schumann (Hrsg.): Auschwitz. Die Geschichte des Vernichtungslagers. Berlin 2015.
Yahil, Leni: Die Schoah. Überlebenskampf und Vernichtung der europäischen Juden. München 1998.

### *3.4 »Rassische Absonderung des Zigeunertums« (Sinti und Roma)*

Bonillo, Marion: »Zigeunerpolitik« im Deutschen Kaiserreich 1871–1918. Frankfurt a. M. 2001.
Buchheim, Hans: Die Zigeunerdeportation vom Mai 1940. In: Gutachten des Instituts für Zeitgeschichte. Bd. 1. München 1958. S. 51–61.
Calvelli-Adorno, Franz: Die rassische Verfolgung der Zigeuner vor dem 1. März 1943. In: Rechtsprechung zum Wiedergutmachungsrecht (RzW) 12 (1961) S. 529 ff.
Fings, Karola / Frank Sparing (Hrsg.): Rassismus, Lager, Völkermord. Die nationalsozialistische Zigeunerverfolgung in Köln. Köln 2005.
Giere, Jaqueline (Hrsg.): Die gesellschaftliche Konstruktion des »Zigeuners«. Zur Genese eines Vorurteils. Frankfurt a. M. 1996.
Gress, Daniela: The Beginnings of the Sinti and Roma Civil Rights Movement in the Federal Republic of Germany. In: Jan Selling (Hrsg.): Antiziganism. What's in a Word? Newcastle upon Tyne 2015. S. 48–60.
Hehemann, Rainer: Die »Bekämpfung des »Zigeunerunwesens« im Wilhelminischen Deutschland und in der Weimarer Republik, 1871–1933. Frankfurt a. M. 1987.
Kelch, Christian Gerhard: Dr. Hermann Arnold und seine »Zigeuner«. Zur Geschichte der »Grundlagenforschung« gegen Sinti und

Roma in Deutschland unter Berücksichtigung der Genese des Antiziganismusbegriffs. Phil. Diss. Friedrich-Alexander-Universität Erlangen-Nürnberg 2018.

Kenrick, Donald / Grattan Paxton: Sinti und Roma – die Vernichtung eines Volkes im NS-Staat. Göttingen 1981.

Lewy, Guenter: »Rückkehr nicht erwünscht«. Die Verfolgung der »Zigeuner« im Dritten Reich. München/Berlin 2001.

Lotto-Kusche, Sebastian: Spannungsfelder im Vorfeld der Anerkennung des Völkermords an den Sinti und Roma. Das Gespräch zwischen dem Zentralrat Deutscher Sinti und Roma und der Bundesregierung der Bundesrepublik Deutschland am 17. März 1982. In: Marco Brenneisen (Hrsg.): Stigmatisierung-Marginalisierung-Verfolgung. Beiträge zum 19. Workshop zur Geschichte und Gedächtnisgeschichte der nationalsozialistischen Konzentrationslager. Berlin 2015. S. 224–344.

Luchterhandt, Martin: Der Weg nach Birkenau. Entstehung und Verlauf der nationalsozialistischen Verfolgung der »Zigeuner«. Lübeck 2000.

Margalit, Gilad: Die deutsche »Zigeunerpolitik« nach 1945., In: VfZ 45 (1997) Nr. 4. S. 557–588.

– Die Nachkriegsdeutschen und »ihre »Zigeuner«. Die Behandlung der Sinti und Roma im Schatten von Auschwitz. Berlin 2001.

Matras, Yaron: The Development of the Romani Civil Rights Movement in Germany 1945–1996. In: Susan Tebbutt: Sinti and Roma in German-Speaking Society and Literature. Providence 2008. S. 49–63.

Milton, Sybil: Vorstufe zur Vernichtung. Die »Zigeunerlager« nach 1933. In: VfZ 43 (1995) S. 115–130.

Pientka, Patricia: Das Zwangslager für Sinti und Roma in Berlin-Marzahn. Alltag, Verfolgung und Deportation. Berlin 2013.

Reuss, Anja: Kontinuität der Stigmatisierung. Sinti und Roma in der deutschen Nachkriegszeit. Berlin 2015.

Rose, Romani: Bürgerrechte für Sinti und Roma. Das Buch zum Rassismus in Deutschland. Heidelberg 1987.

– (Hrsg.): Der nationalsozialistische Völkermord an Sinti und Roma. Heidelberg 1995.

– (Hrsg.): »Den Rauch hatten wir täglich vor Augen«. Der nationalsozialistische Völkermord an den Sinti und Roma. Heidelberg 1999.
Reemtsma, Katrin: Sinti und Roma. Geschichte, Kultur und Gegenwart. München 1996.
Richter, Hans-Jörg: Die Sterilisationspolitik gegenüber Sinti und Roma. Münster 1995.
Riechert, Hansjörg: Im Schatten von Auschwitz. Die nationalsozialistische Sterilisationspolitik gegenüber Sinti und Roma. Münster / New York 1995.
Schmidt-Degenhard, Tobias Joachim: Robert Ritter 1901–1951. Zu Leben und Werk des NS-»Zigeunerforschers«. Med. Diss. Universität Tübingen 2008.
Selma Steinmetz: Österreichs »Zigeuner« im NS-Staat. Wien 1966.
Sulzbacher, Cornelia: Das »Zigeunerlager« Lackenbach im österreichischen Burgenland. 6. November 2004: http://www.zukunft-braucht-erinnerung.de/
Thurner, Erika: Nationalsozialismus und »Zigeuner« in Österreich. Wien/Salzburg 1983.
– Kurzgeschichte des nationalsozialistischen »Zigeunerlagers« in Lackenbach (1940 bis 1945). Eisenstadt 1984.
Uerlings, Herbert / Julia-Karin Patrut (Hrsg.): »Zigeuner« und Nation. Repräsentation-Inklusion-Exklusion, Inklusion/Exklusion. Studien zur Fremdheit und Armut von der Antike bis zur Gegenwart. Frankfurt a. M. 2008.
Vossen, Rüdiger: »Zigeuner«: Roma, Sinti, Gitanos, Gypsies zwischen Verfolgung und Romantisierung. Frankfurt a. M. / Berlin / Wien 1992.
Wippermann, Wolfgang: Geschichte der Sinti und Roma in Deutschland. Darstellung und Dokumente. Heidelberg 1995.
– »Wie die »Zigeuner«. Antisemitismus und Antiziganismus im Vergleich. Berlin 1997.
– Geschichte der Sinti und Roma in Deutschland. Darstellung und Dokumente. Berlin 2000.
– Denken statt Denkmalen. Gegen den Denkmalwahn der Deutschen. Berlin 2010.

– »Auserwählte Opfer?«. Shoah und Porrajmos im Vergleich. Eine Kontroverse. 2., durchges. Aufl. Berlin 2012.
Zimmermann, Michael: Verfolgt, vertrieben, vernichtet. Die nationalsozialistische Vernichtungspolitik gegen Sinti und Roma. Essen [2]1993.
– Rassenutopie und Genozid. Die nationalsozialistische »Lösung der »Zigeunerfrage«. Hamburg 1996.
– (Hrsg.): Zwischen Erziehung und Vernichtung. »Zigeunerpolitik« und »Zigeunerforschung« im Europa des 20. Jahrhunderts. Stuttgart 2007.
Zülich, Tilman (Hrsg.): In Auschwitz vergast, bis heute verfolgt. Reinbek b. Hamburg 1979.

### 3.5 *»Staatsfeind« Homosexueller*

Allers, Dieter: Gelber Stern, rosa Winkel, schwarze Haut: ausgegrenzt, gefangen, ermordet. Dessau 2008.
Bastian, Till: Homosexuelle im Dritten Reich. Geschichte einer Verfolgung. München 2000.
Beachy, Robert: Das andere Berlin. Die Erfindung der Homosexualität. Eine deutsche Geschichte 1867–1933. München 2015.
Blazek, Helmut: Rosa Zeiten für rosa Liebe. Zur Geschichte der Homosexualität. Frankfurt a. M. 1996.
Burgi, Martin / Daniel Wolff (Hrsg.): Rechtsgutachten zur Frage der Rehabilitierung der nach § 175 StGB verurteilten Männer: Auftrag, Optionen und verfassungsrechtlicher Rahmen. Erstellt im Auftrag der Antidiskriminierungsstelle des Bundes. Baden-Baden 2016.
Davidsen-Nielsen, Hans / Niels Høiby / Niels-Birger Danielsen / Jakob Rubin (Hrsg.): Carl Værnet. Der Dänische SS-Arzt im KZ Buchenwald. Wien 2004.
Domeier, Norman: Der Eulenburg-Skandal. Eine politische Kulturgeschichte des Kaiserreichs. Frankfurt a. M. 2010.
– /Rainer Nicolaysen / Maria Borowski / Martin Lücke / Michael Schwartz (Hrsg.): Gewinner und Verlierer. Beiträge zur Geschichte der Homosexualität in Deutschland im 20. Jahrhundert. Göttingen 2015.

Eschebach, Insa (Hrsg.): Homophobie und Devianz. Weibliche und männliche Homosexualität im Nationalsozialismus. Berlin 2012.

Grau, Günter: Homosexualität in der NS-Zeit. Dokumente einer Diskriminierung und Vernichtung. Frankfurt a. M. [2]2013.

Hoffschildt, Rainer: Die Verfolgung der Homosexuellen in der NS-Zeit: Zahlen und Schicksale in Norddeutschland. Berlin 1999.

Jellonnek, Burkhard: Homosexuelle unterm Hakenkreuz. Die Verfolgung von Homosexuellen im Dritten Reich. Paderborn 1990.

Jellonnek, Burkhard / Rüdiger Lautmann (Hrsg.): Nationalsozialistischer Terror gegen Homosexuelle. Verdrängt und ungesühnt. Paderborn 2002.

KZ-Gedenkstätte Mittelbau-Dora (Hrsg.): Homosexuelle in Konzentrationslagern. Bad Münstereifel 2000.

KZ-Gedenkstätte Neuengamme (Hrsg.): Ausgegrenzt. Asoziale und Kriminelle im nationalsozialistischen Lagersystem. Beiträge zur Geschichte der nationalsozialistischen Verfolgung in Norddeutschland. Bremen 2009.

Lautmann, Rüdiger: Seminar Gesellschaft und Homosexualität. Frankfurt a. M. 1977.

Müller, Joachim / Andreas Sternweiler (Hrsg.): Homosexuelle Männer im KZ Sachsenhausen. Berlin 2000.

Nieden, Susanne zur: Homosexualität und Staatsräson. Männlichkeit, Homophobie und Politik in Deutschland 1900–1945. Frankfurt a. M. / New York 2005.

Pretzel, Andreas / Gabriele Rossbach (Hrsg.): Wegen der zu erwartenden hohen Strafe … Homosexuellenverfolgung in Berlin 1933–1945. Berlin 2000.

Rahe, Thomas / Rainer Hoffschildt: Homosexuelle in Bergen-Belsen. Celle 2019.

Roell, Wolfgang: Homosexuelle Häftlinge im Konzentrationslager Buchenwald. Weimar 1994.

Schoppmann, Claudia: Nationalsozialistische Sexualpolitik und weibliche Homosexualität. 2., überarb. Aufl. Pfaffenweiler 1997.

– Verbotene Verhältnisse. Frauenliebe 1938–1945. Berlin 1999.

Schwartz, Michael (Hrsg.): Homosexualität im Nationalsozialismus. Neue Forschungsperspektiven zu Lebenssituationen von lesbi-

schen, schwule, bi-, trans- und intersexuellen Menschen 1933 bis 1945. München 2014.
Stümke, Hans-Georg / Rudi Finkler (Hrsg.): Rosa Winkel, Rosa Listen. Homosexuelle und »Gesundes Volksempfinden« von Auschwitz bis heute. Hamburg 1981.
– Homosexuelle in Deutschland. Eine politische Geschichte. München 1989.
Storkmann, Klaus: Tabu und Toleranz. Der Umgang mit Homosexualität in der Bundeswehr von 1955 bis 2000. Berlin/Boston 2021.
Sommer, Kai: Die Strafbarkeit der Homosexualität von der Kaiserzeit bis zum Nationalsozialismus. Eine Analyse der Straftatbestände im Strafgesetzbuch und in den Reformentwürfen (1871–1945). Frankfurt a. M. 1998.
Tamagne, Florence: Homosexuels et Lesbiennes dans L' Europe Nazie. Memorial de la Shoah. Paris 2021.
Van Dijk, Lutz: Homosexuelle. Zwischen Todesstrafe und Emanzipation. München 2000.
Wahl, Nico: Verfolgung und Vermögensentzug Homosexueller auf dem Gebiet der Republik Österreich während der NS-Zeit. Bemühungen um Restitution, Entschädigung und Pensionen in der Zweiten Republik. Wien 2004.
Zinn, Alexander: »Aus dem Volkskörper entfernt«? Homosexuelle Männer im Nationalsozialismus. Frankfurt a. M. 2018.

### *3.6 Gewinnung von »Rassengut«*

Diederichs, Monika: Kinderen van Duitse militarien in Nederland. Een verborgen Leven. Soesterberg 2012.
Drolshagen, Ebba D.: Wehrmachtskinder. Auf der Suche nach dem nie gekannten Vater. München 2007.
Helbing, Iris: Polens verlorene Kinder. Die Suche und Repatriierung verschleppter polnischer Kinder nach 1945. Phil. Diss. Europa-Universität Viadrina. Frankfurt (Oder) Mai 2015: https://opus4.kobv.de/opus4-euv/frontdoor/deliver/index/docId/290/file/Helbing+Iris.pdf.

Hopfer, Ines: Geraubte Identität. Die gewaltsame »Eindeutschung« von polnischen Kindern in der NS-Zeit. Wien 2010.

Koop, Volker: Dem Führer ein Kind schenken. Die SS-Organisation Lebensborn e. V. Köln/Weimar/Wien 2007.

Lilienthal, Georg: Der »Lebensborn e. V.« Ein Instrument nationalsozialistischer Rassenpolitik. Stuttgart / New York 1985.

– Kinder als Beute des Rassenkriegs. »Der Lebensborn e. V.« und die Eindeutschung von Kindern aus Polen, der Tschechoslowakei und Jugoslawien. In: Ute Benz (Hrsg.): Die Verfolgung von Kindern und Jugendlichen. Dachau 1993. S. 181–196. (Dachauer Hefte. 9.)

Miertsch, Martin / Heide Glaesmer / Ingvill C. Mochmann / Marie Kaiser / Harald J. Freyberger / Jan Terock / Ketil J. Ødegaard / Philipp Kuwert: Norwegische ›Wehrmachtskinder‹: Psychosoziale Aspekte, Identitätsentwicklung und Stigmatisierung. In: Traum & Gewalt: Forschung und Praxisfelder 9 (2015) Nr. 4. S. 304–313.

Mochmann, Ingvill C. / Sabine Lee / Barbara Stelzl-Marx: The Children of Occupations Born During the Second World War and Beyond. In: Historical Social Research 34 (2009) Nr. 3. S. 263–282.

Mühlhäuser, Regina: »Diskriminiert als sei es ein Negerbastard«. Der nationalsozialistische Blick auf die Kinder deutscher Soldaten und einheimischer Frauen in den besetzten Gebieten der Sowjetunion (1942–1945). In: Werkstattgeschichte 51 (2009) S. 43–55.

– Eroberungen. Sexuelle Gewalttaten und intime Beziehungen deutscher Soldaten in der Sowjetunion. Hamburg 2010.

Müller, Rolf-Dieter: Liebe im Vernichtungskrieg. Geschlechterspezifische Aspekte des Einsatzes deutscher Soldaten im Russlandkrieg 1941–1944. In: Frank Becker / Thomas Großbölting / Armin Owzar / Rudolf Schlögl (Hrsg.): Politische Gewalt in der Moderne. Festschrift für Ulrich Thamer. Münster 2003. S. 239–267.

Picaper, Jean-Paul / Ludwig Norz: Kinder der Schande. Das tragische Schicksal deutscher Besatzungskinder in Frankreich. München/Zürich 2004.

Sørlie, Sigurd: Sonnenrad und Hakenkreuz. Norweger in der Waffen-SS 1941–1945. Paderborn 2019.

Westpahl, Angelika / Ruth Keseberg-Alt (Hrsg.): Geraubte Kindheit. Russische Jugendliche in deutschen Arbeitslagern. Berlin 2011.

Weyrather, Irmgard: Muttertag und Mutterkreuz. Der Kult um die »deutsche Mutter« im Nationalsozialismus. Frankfurt a. M. 1993.

Baetz, Michaela / Heike Herzog / Oliver von Mengersen: Die Rezeption des nationalsozialistischen Völkermords an den Sinti und Roma in der sowjetischen Besatzungszone und der DDR. Heidelberg 2007.

### 3.7 *»Wiedergutmachung« / Entschädigung in Bundesrepublik und DDR*

Blessin, Georg / Hans-Georg Ehring / Hans Wilden (Hrsg.): Bundesentschädigungsgesetze. Kommentar. Berlin/München 1957.

Brodesser, Herman-Josef [u. a.]: Wiedergutmachung und Kriegsfolgenliquidation. Geschichte, Regelungen, Zahlungen. München 2000.

Brunn, Walter / Richard Hebenstreit: Bundesentschädigungsgesetz (BEG-Schlussgesetz). Kommentar. Berlin 1965.

Bundesministerium der Finanzen in Zusammenarbeit mit Walter Schwarz (Hrsg.): Die Wiedergutmachung nationalsozialistischen Unrechts durch die Bundesrepublik Deutschland. Bd. IV: Das Bundesentschädigungsgesetz. Tl. 1. München 1981.

Fritsche, Christiane (Hrsg.): »Arisierung« und Wiedergutmachung in deutschen Städten. Köln/Weimar/Wien 2014.

Frei, Norbert: Vergangenheitspolitik. Die Anfänge der Bundesrepublik und die NS-Vergangenheit. München 1996.

– / José Brunner / Constantin Goschler (Hrsg.): Die Praxis der Wiedergutmachung. Geschichte, Erfahrung und Wirkung in Deutschland und Israel. Göttingen 2009.

Goschler, Constantin: Wiedergutmachung. Westdeutschland und die Verfolgten des Nationalsozialismus (1945–1954). München 1992. (Quellen und Darstellungen zur Zeitgeschichte. Hrsg. vom Institut für Zeitgeschichte. 34.)

– Schuld und Schulden. Die Politik der Wiedergutmachung für NS-Verfolgte seit 1945. Göttingen 2005. (Beiträge zur Geschichte des 20. Jahrhunderts. III.)

Görtemaker, Manfred / Christoph Safferling (Hrsg.): Die Akte Rosen-

burg: Das Bundesministerium der Justiz und die NS-Zeit. München [2]2016.
Haury, Thomas: Antisemitismus von links: Kommunistische Ideologie, Nationalsozialismus und Antizionismus in der frühen DDR. Hamburg 2002.
Herbst, Ludolf / Constantin Goschler (Hrsg.): Wiedergutmachung in der Bundesrepublik Deutschland. München 1989.
Herf, Jeffrey: Antisemitismus in der SED. Geheime Dokumente zum Fall Paul Merker aus SED- und MfS-Archiven. In: VjZ 42 (1994) S. 635–667.
Hockerts, Hans Günter / Christiane Kuller (Hrsg.): Nach der Verfolgung: Wiedergutmachung nationalsozialistischen Unrechts in Deutschland? Göttingen 2003.
Hölscher, Christoph: NS-Verfolgte im »antifaschistischen Staat«. Vereinnahmung und Ausgrenzung in der ostdeutschen Wiedergutmachung (1945–1989). Berlin 2002.
Hundsalz, Andreas: Situation der Sinti und Roma in der Bundesrepublik Deutschland. Stuttgart 1982. (Schriftenreihe des Bundesministeriums für Jugend, Familie und Gesundheit. 129.)
Meyer, Gabi: Offizielles Erinnern und die Situation der Sinti und Roma in Deutschland: Der nationalsozialistische Völkermord in den parlamentarischen Debatten des Deutschen Bundestages. Wiesbaden 2012.
Pawlita, Cornelius: »Wiedergutmachung« als Rechtsfrage. Die politische und juristische Auseinandersetzung um Entschädigung für die Opfer nationalsozialistischer Verfolgung (1945 bis 1990). Frankfurt a. M. [u. a.] 1993.
Pross, Christian: Wiedergutmachung. Der Kleinkrieg gegen die Opfer. Frankfurt a. M. 1988.
Robel, Yvonne: Verhandlungssache Genozid. Zur Dynamik geschichtspolitischer Deutungskämpfe. München 2013.
Schmitz-Berg, Manfred: Wieder gut gemacht? Die Geschichte der Wiedergutmachung seit 1945. Düsseldorf 2017.
Schulz, Nina / Elisabeth Mena Urbitsch: Spiel auf Zeit. NS-Verfolgte und ihre Kämpfe um Anerkennung und Entschädigung. Berlin/Hamburg 2016.

Tümmers, Henning: Nach Verfolgung und Vernichtung. Das Dritte Reich und die Deutschen nach 1945. Stuttgart 2021.

# Personenregister